本书列入"十三五"国家重点图书出版规划

本书荣获中国大学出版社图书奖 第二届优秀学术著作奖一等奖

北大高等教育文库
·大学之道丛书·

GENERAL EDUCATION
IN A FREE SOCIETY
Report of Harvard Committee

哈佛通识教育红皮书

哈佛委员会 著

李曼丽 译

北京大学出版社
PEKING UNIVERSITY PRESS

图书在版编目(CIP)数据

哈佛通识教育红皮书/哈佛委员会著;李曼丽译.—北京:北京大学出版社,2010.12
(大学之道丛书·第三辑)
ISBN 978－7－301－18062－4

Ⅰ.①哈… Ⅱ.①哈… ②李… Ⅲ.①高等学校－素质教育－研究－美国 Ⅳ.①G649.712

中国版本图书馆 CIP 数据核字(2010)第 218528 号

General Education in A Free Society: Report of the Harvard Committee
by the Harvard Committee, with an introduction by James Bryant Conant
1945 by Harvard University Press

| 书　　　　名:哈佛通识教育红皮书
| 著作责任者:哈佛委员会　著　李曼丽　译
| 丛 书 策 划:周雁翎
| 责 任 编 辑:周志刚
| 标 准 书 号:ISBN 978－7－301－18062－4/G·2995
| 出 版 发 行:北京大学出版社
| 地　　　　址:北京市海淀区成府路 205 号　100871
| 网　　　　址:http://www.pup.cn　新浪微博:@北京大学出版社
| 微信公众号:通识书苑(微信号:sartspku)　科学元典(微信号:kexueyuandian)
| 电 子 邮 箱:编辑部 jyzx@pup.cn　总编室 zpup@pup.cn
| 电　　　　话:邮购部 62752015　发行部 62750672　编辑部 62753056
| 　　　　　　出版部 62754962
| 印　刷　者:三河市北燕印装有限公司
| 经　销　者:新华书店
| 　　　　　　965 毫米×1300 毫米　16 开本　16.5 印张　240 千字
| 　　　　　　2010 年 12 月第 1 版　2023 年 12 月第 12 次印刷
| 定　　　　价:50.00 元

未经许可,不得以任何方式复制或抄袭本书之部分或全部内容。
版权所有,侵权必究
举报电话:010－62752024　电子邮箱:fd@pup.cn

目 录

译者序言 …………………………………………… (1)
科南特导言 ………………………………………… (1)
报告呈送函 ………………………………………… (1)
致谢 ………………………………………………… (1)

一 美国的教育 ……………………………………… (1)
  1.1 问题 ………………………………………… (1)
  1.2 中学的扩张 ………………………………… (4)
  1.3 社会变革的冲击 …………………………… (10)
  1.4 杰斐逊主义和杰克逊主义 ………………… (23)
  1.5 追求统一性 ………………………………… (27)

二 通识教育理论 …………………………………… (32)
  2.1 遗产与变革 ………………………………… (32)
  2.2 通识教育和专业教育 ……………………… (39)
  2.3 知识的领域 ………………………………… (45)
  2.4 心智的品质 ………………………………… (49)
  2.5 "好"人和公民 ……………………………… (57)

三 多元化问题 ……………………………………… (61)
  3.1 学生之间的差异性 ………………………… (61)
  3.2 受差异性限制的统一性 …………………… (72)
  3.3 为学校所做的基本规划 …………………… (77)

四 中学的通识教育 ………………………………… (82)
  4.1 马可·霍普金斯与"原木" ………………… (82)

	4.2 人文学科 ……………………………………	(85)
	4.3 社会科课程 …………………………………	(107)
	4.4 科学与数学 …………………………………	(120)
	4.5 教育与人 ……………………………………	(133)
五	哈佛学院的通识教育 ………………………………	(141)
	5.1 学院的类型 …………………………………	(142)
	5.2 文理学院的通识教育 ………………………	(144)
	5.3 哈佛学院的目前状况 ………………………	(145)
	5.4 对通识教育提出的要求 ……………………	(154)
	5.5 管理 …………………………………………	(158)
	5.6 对通识教育课程的建议 ……………………	(160)
	(a) 人文学科 …………………………………	(160)
	(b) 社会科学 …………………………………	(167)
	(c) 科学和数学 ………………………………	(172)
	5.7 导师制与辅导 ………………………………	(179)
	5.8 作为大学学院的哈佛 ………………………	(188)
六	社会中的通识教育 …………………………………	(193)
	6.1 干扰与障碍 …………………………………	(193)
	6.2 作为学习者的成人 …………………………	(196)
	6.3 教育的新媒介 ………………………………	(205)

附录一 哈佛大学核心课程述评 ………………………… (209)
附录二 哈佛大学新制通识教育方案及其实施效果辨惑 …… (217)
译者后记 ………………………………………………… (233)

译者序言

《自由社会中的通识教育》(General Education in A Free Society,俗称"哈佛通识教育红皮书",本书中译本也称为"哈佛通识教育红皮书")是美国教育史尤其是美国高等教育史上的一部经典文献,1945年发表之初就引起了美国社会各界的广泛关注,迄今为止一直是美国高等教育研究中被引用最多的文献之一。1980年,范德比尔特大学(University of Vanderbilt)教育史学家帕克(Franklin Parker)在美国学术期刊《社会研究》(Social Studies)上发表的长达22页的论文 Turning Points: Ideas in Books Affecting American Education,分析了对美国教育思想和实践影响最大的10本书。其中,他把《哈佛通识教育红皮书》与杜威的《民主主义与教育》、布鲁纳的《教育过程》等并列为对美国教育史具有重大影响的10本著作。①

2000年,美国学院与大学联合会(AAC&U)发表的一份题为"本科教育大事记"的报告,回顾了现代(1945年—1999年)美国高等教育史上的重要事件,在被提及的事件中,由哈佛大学通识教育委员会撰写、发表于1945年的《哈佛通识教育红皮书》高居第四位。

另外,在美国学院与大学联合会(AAC&U)所列举的与美国本科教育相关的31件大事中,有4件是关于著作出版的。这4本著作中

---

① 这10本著作是:Readers (William H. McGuffey,1836—1944), Medical Education in the United States and Canada (Flexner, 1910), The Measurement of Intelligence (Terman, 1916), Democracy and Education (Dewey, 1916), Dare the Schools Build a New Social Order? (Counts, 1932), General Education in a Free Society(The Harvard Report,1945), The Process of Education (Bruner, 1960), Equality of Educational Opportunity (Coleman, 1966), The Irony of Early School Reform (Katz, 1968), Beyond Freedom and Dignity (Skinner, 1971)。

的第一本就是哈佛大学1945年出版的《哈佛通识教育红皮书》。另外三本分别是:《贝尔报告》(Reforming of General Education, 1966, Daniel Bell);《哥伦比亚报告》(General Education and the Reintegration of the University: A Columbia Report, 1977);《狄百瑞报告》(Report of the Commission on the Core Curriculum [De Bary Report], 1988)。从以上回顾可以看出,《哈佛通识教育红皮书》的确在美国教育史上具有重大影响,它是研究和探讨高等教育以及高等教育中的通识教育问题的不可回避的重要报告。

关于本书的成书背景,众所周知,与第二次世界大战以后美国教育(包括高等教育)发展所面临的挑战有关。第二次世界大战期间和战后美国经济的暂时繁荣,带来了现代化大工业生产的发展,经济发展需要补充大量掌握新知识、新技术的工人和管理人员。知识的扩展要求改变课程组织,更新教材内容,注重教学方法,培养学生的学习态度、公民意识和思维能力。在这种新的形势下,教育思想理论界展开了激烈的争论:美国教育为什么差强人意？教育改革怎样进行？对此,时任哈佛大学校长的科南特(James Bryant Conant)组织该校12名各学科的专家、教授作出了积极的应对。

早在1943年春,科南特任命了分别来自文理学院和教育学院的12位专家教授,组织专门委员会来筹划哈佛大学的本科教育,其任务是探讨"通识教育在民主社会中的目的"。1945年,该委员会发表了题为"自由社会中的通识教育"的报告书,即美国高等教育史上著名的《哈佛通识教育红皮书》。《哈佛通识教育红皮书》反映了当时哈佛大学不同学科里的12名专家、教授对教育问题尤其是高等教育中的诸多问题进行理性思考的集体智慧的结晶。

《哈佛通识教育红皮书》的发表,反映了哈佛大学实施通识教育计划的指导思想和总体构想,揭开了哈佛大学全面实施通识教育的序幕,使得通识教育从几所高校的尝试变成全国性的运动,使人文教育再次成为高等教育的重要组成部分,成为通识教育在美国大学走向制度化的象征,也使美国本科教育得到了完善和发展。《哈佛通识教育红皮书》报告成为美国数百所大学新的课程改革浪潮的主要推动力。现代意义上的通识教育就是从1945年哈佛大学提出《哈佛通识教育红皮书》的报告后蓬勃发展起来的。

在任何国家,如何通过高等教育在文化遗产以及现存的可贵经验中进行认同、择取都是一件很有挑战性的工作,把哪些有价值的知识内化成为年轻人心智的一部分,可能一直是教育研究者和实践工作者不得不审慎对待的问题。在我看来,重读和翻译《哈佛通识教育红皮书》对我国整个教育事业的发展,尤其是高等教育的发展和改革具有重要意义。

首先,《哈佛通识教育红皮书》有助于我们在教育哲学层面上正确地理解高等教育要培养什么样的人以及如何培养这样的人才。《哈佛通识教育红皮书》指出,高等教育应该致力于培养"成人"(manhood),不仅要使学生学会"做事"(to do),更重要的是要使学生学会"做人"(to be)。本书反对大学一味迎合社会暂时的或短期需要的过分功利化的教育价值观,主张大学的发展要遵循自身的逻辑,以追求真理为崇高理想。本书指出,现代大学教育不仅应当进行以培养科学知识、技能、能力为目的的专业教育,而且同时应当进行以提高人的基础综合素质为目的的通识教育,即现代高等教育要坚持通识与专识的有机结合和统一。这一观点自本书发表之后就引起了国际高等教育界有识之士的认同。但是,随着人类社会的发展,通识教育在本科教育中的地位、作用在实际操作的过程中却历经了几起几伏。例如,每当人们在战争、生态、能源、人口、道德等社会问题面前束手无策时,过分偏重专业教育、忽视人文教育或通识教育的高等教育机构则会成为人们的批评对象之一,通识教育也因此受到前所未有的重视。

在中国高等教育改革与发展的五十多年的探索中,情形也非常类似。20世纪八九十年代高等教育发展的现实状况,就迫切要求高等学校在指导思想上加强学生的文化素质培养,要求将人文精神与科学精神结合起来,在课程安排上将人文教育和科学教育结合起来,在培养过程上将关心学生的个性发展和培养学生的社会责任感结合起来……总而言之,都可以归结到如何将通识教育与专业教育有机地结合起来这个经典的话题上。这与半个世纪以前《哈佛通识教育红皮书》所表达的当时美国高等教育的实际发展情形具有惊人的一致性。

《哈佛通识教育红皮书》就是针对当时美国社会各界关于高等教育之目的与课程理论的种种争论所做的积极的、充满理性的回应,因此我们有必要从重读中进一步获得思想的力量。

其次,重读和翻译有助于澄清高等学校文化素质教育改革中已经或正在流传的两种对立的误解,即:第一种看法是"高等教育就等于通识教育";第二种看法与之相反,则认为高等教育之所以被称为高等教育就在于"专业性",因此将高等教育完全等同于专业教育。从整个高等教育的发展来看,尽管一直存在着两种相左的教育思想观念,但实际上这两种价值观并非绝对对立。毕竟,价值的多元性是一个社会现实,任何一方都可以在现实中找到其合法性,在某种程度上不同的观念是可以调和的,甚至可以找到其结合点。《哈佛通识教育红皮书》就是一个典型的例子。虽然该书的出发点是针对教育中的过分专门化、实用化的忧虑,但报告并不反对专业教育作为大学教育的重要组成部分,相反,它还指出:"广义地说,教育可以被分成两个部分:通识教育(general education)和专业教育(special education)。……'通识教育'……指学生整个教育中的一部分,该部分旨在培养学生成为一个负责任的人和公民。而'专业教育'这个术语,指的是旨在培养学生将来从事某种职业所需的能力的教育。"而且,它还特别指出专业教育和通识教育不是两种教育,而是一个人所应该接受的教育的两个方面。两者不可割裂,它们共同构成高等教育的目的。这一思想被国际高等教育界普遍接受,成为20世纪后半叶大学课程改革的指导思想。重读和翻译这一经典著述,可以帮助我们消解关于专业教育、通识教育的一些成见,帮助我们建立起专业教育与通识教育有机结合的大学教育观。从时机上看,翻译本书既是及时的,也是必要的。

最后,我还要指出,本书的另外一个重要的但是在以往没有引起充分重视的观点,就是本书不仅提出了大学教育阶段的关于通识教育思想和实践的框架,而且指出了通识教育是一个贯穿于人的一生各个不同阶段的持续的过程。本书针对当时美国高等教育中过分专业化和功利化的弊端,认为广泛而全面的知识,只有在一种科学的结构中才能成为有序的、完整的、系统的知识,而非散乱的、庞杂的、零碎的知识,从而取得教育上的合理性。每一门类的知识,按其深入程度均可分为基础知识和专业知识,按其抽象程度可分为理论知识和应用知识;与通常只涉及特殊技术的直接应用的专门知识相比,理论性的基础知识更具有普遍性、一般性,作为知识和文化体系的一般基础,相对地讲,则更为稳定不变。教育的重点,应转到接受基本原理、基础的公理和带普遍性的主题上来。学生学到的概念越是普遍而深刻,对新知识和新问题的适应性就越强,通识的能力主要来源于深厚扎实的基础理论根基。该书所提出的课程计划要求每个大学生毕业时修满16门课程(学年课程),其中应有6门是和通识教育有关的。这6门课程应包括人文、社会科学、自然科学三个方面。学生必须在人文课程中的"文学名篇选读"、社会科学中的"西方制度和思想"和自然科学中的生物学和物理学中选修一门(或选一门两者结合的课程),再从这三个领域中各选一门较高深的或跨学科的课程,如"人类关系"、"科学史"等。《哈佛通识教育红皮书》所提出的观点和课程方案构建了通识教育课程的基本框架,奠定了哈佛以实施通识教育为其目的的核心课程的基础。

  更为可贵的是,本书虽然是哈佛大学为了解决自身教育教学改革的问题而进行的研讨,然而在研究中指出通识教育是一个教育的系统工程,本书的内容也涉及学前教育、小学教育、中学、大学以及学校后教育的各个阶段,指出民主社会中通识教育目标的实现应该注意不同教育阶段通识教育内容的衔接。因此,本书可以被看做是对民主社会中的通识教育进行的总体规划和设想。本书提出了通识教育的目标:努力培养"全人"(Whole Man)。全人不是抽象的,而是指"好"人(Good Man)、善良正直的公民(Good Citizen)和有用的人(Useful Man)。以人的全面发展为其逻辑起点和理想目标的通识教育,要求建立一种新的人才观和教育价值观;主张从追求割裂的、残缺的知识,转向追求广泛的、全面的教育内容;主张从单一的、片面的培养目标转向完整的、全面的培养目标;从相互脱节和对立的教育体制,转向完整的、统一的教育体制,并对中学阶段、大学后阶段的通识教育的实施提出了框架性的设想。这一观点,我国学者在以往的研究和论说中关注较少,相信本书中译版的问世会使我们的教育研究人员、第一线的教育工作者对如何通过完整的、统一的教育体制的改革与完善来实现我们的教育理想产生更深刻的认识。

因此,1945年《哈佛通识教育红皮书》的问世,不仅宣告了现代大学开展通识教育的重大意义,而且呈现了对高等教育、通识教育等问题的深入思考,见识深邃,目光远大,它在观念上的创新性和开拓性超越了所处的时代。虽然,科南特校长及其12位同事中的大多数已经作古,我们依然在此要对当年为"红皮书"的撰写和发表作出过贡献的他们深表致谢,向他们的博学、睿智和深邃致敬!

李曼丽于清华园

科南特导言

战争促使众多探讨教育问题的书籍和文章纷纷出炉。尤其是,文理学院的未来已经在学术界内外成为一个引起广泛讨论的主题。在近几年的战时岁月里,我们国家的几乎每个大学或学院都有一个委员会专门负责考虑教育的基本问题,并制订课程改革的计划。同时,一些较大的团体组织也很活跃。例如,美国学院协会(AAC)不仅资助出版了一本研究文理学科(liberal arts)的著作,还安排了许多重要会议,讨论涉及学院教育(college education)方方面面的问题。一旦知晓了这些背景,读者可能会问,为什么应该将另一个大学委员会的报告以著作的形式呈现给公众?读者也许还会问,学院教育是大家都很熟悉的主题,但是我们却给予它如此特殊的对待,这样做到底有什么好处呢?

答案蕴藏于事实之中。尽管这本书起源于对学院教育的思考,但是学院教育并不是它关注的主要问题。相反,它是主要由文理学院教员所组成的委员会针对中学和学院的通识教育问题所提出的质询和探索,委员会成员都在各自的专业领域内享有声望。换句话说,哈佛委员会发表的"自由社会中的通识教育目标"报告(本书收录了其全部内容)呈现了对美国教育全景的理解。其中,有关改革哈佛学院课程的建议(到适当的时候将会经过全体教员的讨论)是委员会历经数月,在充分考虑为所有的美国青年提供适当的教育的基础上提出的。因此,在某一方面来说,这是一份专家报告;在另一方面,它也是由一群决心寻求真理的门外汉组成的公正的评判委员会所提交的报告。

这个致力于大学事务的团队花费了大量的精力和时间调查美国

的教育现状,我相信,这一壮举是史无前例的。此外,教育学院的同事们也参与进来了。他们经验丰富,熟知各级学校的情况。这一点使得这个团队的工作不同凡响。因此,这本书的前四章是美国教育史中独特的研究成果。

这份报告的一个更加不同寻常的(如果不是独一无二的)特征就是:它并非是基于不同的分歧意见而达成的折中方案,而是获得了委员会成员的一致通过。显然,如果考虑到委员会的成员既有文理学院的教员,也有来自教育学院的教员,那么此报告能毫无异议地通过就不仅是罕见的,而且还具有重要意义。多年来,让人不胜惶恐的是,学校里"教育专家及中小学教育工作者"与"教授"之间一直保持着对立。因此,双方这次达成了共识,就仿佛让人看到了欢迎破晓的晨曦。虽然本导言的作者是个"有偏见的目击证人",但是在他看来,本书前四章还是传达出了一个令人振奋的迹象,即本科学院教授和专业学院教师以及管理人员如果愿意齐心协力、共同协作,那么他们就能够理解彼此的困难。因为我认为,委员会的成员最先感受到的一点就是:正如在通常的学术委员会中所发生的那样,如果他们只有在进行了数月的深思熟虑之后才能写出一份报告,那么一旦他们在研究中缺席,对所研究问题的性质达成理解和共识将是不可思议的事情。这本书不妨称为"美国教育研究"。

转送函中曾简要提过委员会实施此项研究的方法。但是,一个粗心的读者如果不加留意,就很容易忽略一个重点,即委员会不仅用了将近3年的时间来考虑所研究的问题,而且,在相当于多至数周的时间里,每天工作8个小时,用于调查研究和反复讨论。除了时间上的投入,此项研究还动用了大量的人力资源,众多合作者都具有丰富的经验和崇高的声望,而且委员会成员还跟许多其他中学和学院里的那些访问坎布里奇*的学者就研究内容进行了交流。当然,这使得研究经费大大超过了人们的预期,大家都认为一个由教员所组成的委员会不应有如此巨大的花销。实际上,哈佛大学董事会拨给委员会的6万

---

* 坎布里奇(Cambridge),位于马萨诸塞州波士顿的西郊,坎布里奇又译剑桥城,是哈佛大学所在地。本书脚注中加星号("*")者,均由译者所加。

美元是对其工作的经济成本的相当精确的估算。至于时间和精力上投入的成本,严格来说,是无法准确衡量的。但是,有一点很明显,那就是,它跟学校在这个研究上投入的金钱不在同一个数量级上。通常,正是因为这种成本才会使得此类研究昂贵得无人问津。尽管如此,就目前的状况而言,本研究问题的重要性和急迫性使得本研究势在必行。

本书的读者在感受了作者对研究成果所持有的热情之后将意识到,哈佛大学应该感谢转送函上所提及的12位委员会成员。其中,首先应该感谢委员会主席、文理学院院长保罗·H.巴克(Paul H. Buck)教授。熟悉委员会工作的人都不得不承认他在此项目中所显现出的才华,如果没有他的有效管理和大力支持,研究者们所付出的辛勤努力就无法取得这样的成功。

本书适合三类读者:关注中等教育问题的教育家、关注大学和学院问题的教育家(这一类读者也包括人文、艺术和各专业学科的所有教授,不管他们是否满意这种分类)和对此问题感兴趣的非专业人士。在此,我们需要提醒第三类读者:一本书,即使它只是一部教育报告,也要求人们将其作为一个整体来阅读。对于中学和学院的老师和管理人员而言,情形也许略微不同。但是,每类读者都有可能只对自己关心的问题予以关注。因此,我要提出一个严肃的警告:经过断章取义所得出的任何结论都是错误的,这种做法对本书的作者是不公平的。这本书的内容前后关联,形成了一个完整的结构。比方说,第五章研究了哈佛大学的本科学院的问题,它对其他大学的本科学院有着重要的借鉴意义,但是如果将这一章的内容同前四章分开,那么对其造成误解几乎是难以避免的。同样的道理也适用于第四章的内容,它论及了中等教育的一些问题。

有些读者在打开此书时就存有一些偏见,偏见也许来自于对书名的不理解。"通识教育,"他们可能说,"那是什么?我只对自由教育(liberal education)感兴趣——那才是我们国家现在所需要的。"在此,我用"通识教育"这一术语代替了"自由教育",而且,我已经准备好面对可能的责难。在委员会任命后不久(确切地说是在1943年1月),我曾经向哈佛大学的监察委员会做过如下汇报:

我任命了一个大学委员会负责实施"自由社会中的通识教育目标"的研究项目。这个委员会成员主要包括文理学院和教育学院里的一些教员,我希望此研究能够在中学和学院的层面上考虑问题。当然,最重要的是让每一代人中的绝大部分都能接受通识教育,而非少数进入四年制学院的学生。……

通识教育问题的核心在于自由传统和人文传统的传递。无论是单纯的信息获取,还是具体的技能和才干的发展,都不能给予我们维持文明社会所必需的广泛的思想基础。没有人能够否认"获取信息"的重要性,但是,即便一个人有着良好的数学、物理学和生物学基础,同时还能够用好几门外语进行读写,也并不意味着他就能够成为一个自由国家的合格公民。因为这样的教育并没有与其个体性的情感经历和社会实践经验联系起来。它几乎没有曾被称为"时代智慧"的内容——这种"时代智慧"现在我们更愿意叫做"文化模式"。它也没有容纳历史、艺术、文学以及哲学等内容。真正有价值的教育,应该在每个教育阶段都持续地向学生提供进行价值判断的机会,否则就达不到理想的教育目标。无论是中学生、大学生,还是研究生,不仅应该从数学意义上,还应该从道德伦理层面上判断事物的"正确"和"错误"。除非他们在生活中感受到了这些具有普遍意义的思想和理想的重要性——它们是人类生命中的深刻的驱动力,否则他们很可能作出盲目的判断。

这些教育目标本身并没有创新。20世纪美国的创新之处就是这些教育目标被应用到了全民教育体系之中。基于"书本学习"的正规教育曾经是专业教育的唯一方式,最近,它由于自身所具有的社会价值而越来越广泛地受到重视。过去,某些语言知识和历史知识的传播被限制在少数人中间,这极大地提升了这些知识的威望。那些具有"良好品味"的少数人一代代地维持着这种品味的水准。但是,今天,我们关注通识教育——自由教育——并非为了少数人,而是为了多数民众。

不管一个人是否愿意在学院层面上将"自由教育"和"通识教育"

等同起来,在综合考察美国中学和学院(schools and colleges)的多样化行为时,他都会发现"通识教育"更具有优势。如果本研究仅仅关注哈佛学院,那么本书的题目应该改为"自由教育的目标"更为合适。但是,这将很快引起一个小小的麻烦,那就是,各学院(faculties)的专家们都乐意雄辩地证明一点:他们的专业如果被正确地教授,恰恰就是自由教育。然而,我们改用通识教育这一术语之后,这样的主张就再也没有发生。对于一个被学校任命来研究自由教育的大学委员会而言,除了对于"自由"这个被大量使用并且经常用错的形容词的概念进行争吵之外,或许已经很难对美国中学中所存在的问题进行任何严肃的探索。原因在于,美国教育在本世纪的发展历史中形成了"教育家"和"教授"之间的分裂状况,这一点我在前面已经提及了。跟神学领域所发生的情况一样,教育中的用语也变成了口号、标语,失去了其真正的意义。

所以,我在此希望,当通过一群大学教授——科学家、古典学者、历史学家、哲学家——的视角来探索美国教育系统目前的状态时,本书的读者能够尽可能地摒除自己一时的教育偏见,忘记众多的陈词滥调。我同时还希望,当这群大学教授在思考美国的民主政治该如何塑造自由社会的未来并稳固其根基时,读者能继续支持他们。

詹姆斯·B.科南特
于坎布里奇,1945年6月11日

报告呈送函

詹姆斯·布莱恩特·科南特校长
哈佛大学
阁下:

  1943年春您任命了一个大学委员会,协同文理学院、教育学院的教师一起,旨在研究"自由社会中的通识教育目标"。您给委员会的任务指令非常广泛,如同它的名字本身一样长。我们被要求考虑中学和学院两个阶段的通识教育问题。您提醒我们说,每代人中在高中就读的绝大多数人的通识教育,比在四年制学院就读的相对数量较少的人的通识教育更重要。您还建议,如果教育过程的每个阶段没有囊括那些与通识性的、人文的课程有关的东西,教育过程就会缺乏理想。这些课程的目标,正如您所说,是一个长期探讨的话题。目前对这个问题的讨论非常多,但是尚存不足之处,主要指这个问题的独特性在某些程度上没有得到重视。"这些教育目标本身并没有创新,"您断言,"本世纪美国教育的创新之处就是这些教育目标被应用到了全民教育系统之中。"

  总之,我们被要求去做的与其说是为哈佛学院提供有关通识教育的建议,还不如说是涉足美国教育经验的广袤领域,即探寻通识教育的概念,这个概念对我们所珍视的自由社会非常有用。就像哈佛学院的教育能为美国的民主作出特殊贡献一样,通识教育的概念一旦形成,也将为美国的民主作出特殊的贡献。

  我们在这里呈现给您的这份报告,应该从这种视角来阅读,这是其主要目的。我们希望它能激发讨论,并且希望它能够付诸实施。我们认为,对哈佛学院所提出的建议如果离开前面关于背景、理论和哲学等章节的讨论,是没有任何意义的。这个报告是一个整体。

我们希望我们的同事能够通读此报告,并从委员会成员共同探讨的经验中获益。这个报告是我们12个人经过两年的共同努力的结果,我们共同探索这个复杂棘手而又极端重要的问题。我们这个委员会的全体成员很规律地每周聚一次,并且频繁地定期召开持续几天的封闭会议。我们有一个中心办公室,它存有大量的备忘录,同时也是委员会部分成员讨论问题的地方。我们得到的意见和建议一方面来自我们大学里的同事,另一方面也来自国家里各行各业的人们。我们将众多的顾问(个人的、团体的)带到坎布里奇。我们依靠下属的分委员会以会议的方式进行运作。总之,我们尽其所能地利用现有的关于美国教育的丰富多样的思索和经验。这个项目的顺利进行,也得益于哈佛大学的校长和哈佛学院的同道在资金方面给予委员会的慷慨援助。

在强调这个报告中的合作性质的同时,我们必须注意到委员会达成的观点的一致性。值得一提的是,这12个人,他们在教学和学术兴趣上各有专攻,但在经过了一段时期亲密的合作研究后,他们就通识教育的哲学基础和内容达成了共识。委员会在所有的重要的基本原则上都达成了一致。在将一般原理应用于实践的方面,委员会通过协商解决了小小的分歧。当然,在一些细小的枝节问题上,某些观点上的分歧也仍然存在。

最后,我们很愿意提到您在1943年1月11日呈送给监察委员会的年度报告中的一段话,其间您描述了您任命这个委员会的目的:"美国教育的要务不是使少数幸运的年轻绅士学会欣赏'美好生活'。它是要将自由的和人文的传统灌输到我们整个教育系统之中。我们的目的是培养最大量的未来公民理解自己的责任和利益,因为他们是美国人,是自由的人。"

当这份报告交到您手上时,您将发现这个主题占有主导地位。通识教育是美国教育系统中迫切需要的一个概念。只有它能指引我们的年轻人为我们国家的未来作贡献。

  忠诚的

   主席 保罗·H. 巴克(Paul H. Buck)
   副主席 约翰·H. 芬里(John H. Finley, Jr.)
   拉斐尔·戴莫斯(Raphael Demos)
   雷·霍德里(Leigh Hoadley)
   拜伦·S. 霍林席德(Byron S. Hollinshead)
   韦尔伯·K. 乔丹(Wilbur K. Jordan)
   艾弗尔·A. 里查德(Ivor A. Richards)
   菲力普·J. 茹伦(Phillip J. Rulon)
   亚瑟·M. 史辛格(Arthur M. Schlesinger)
   罗伯特·尤利希(Robert Ulich)
   乔治·瓦尔德(George Wald)
   本杰明·F. 怀特(Benjamin F. Wright)

致　　谢

在准备这份报告的过程中,委员会咨询了很多同事。一些同事慷慨地服务于各种分支委员会,如英语言文学、数学和科学、社会研究、女性高等教育专门问题等委员会。其他一些同事则在例会中与委员会委员会面讨论。

校外人士也给予了慷慨的支持,这些人士包括:

Harriett M. Allyn,霍雅克山学院(Mount Holyoke College),教务长;

Earl A. Barrett,菲里普斯・艾克塞特学院(Phillips Exeter Academy);

James P. Baxter,3rd,威廉姆斯学院(Williams College),校长;

Ronald S. Beasley,格罗顿中学(Groton School);

Wilbur J. Bender,菲里普斯学院(Phillips Academy);

Corning Benton,菲里普斯・艾克塞特高级私立中学(Philips Exeter Academy);

John Bergstresser,纽约市立大学本科生院(College of the City of New York),院长;

Sarah G. Blanding,康奈尔大学纽约州家政学院(New York State College of Home Economics, Cornell University),教务长;

A. A. K. Booth,普惠集团(Pratt & Whitney Aircraft Company),人事部主管;

Selma Borchardt,美国劳工联合会(American Federation of Labor),律师;

Nelle E. Bowman,俄克拉荷马州塔尔萨市公立学校系统,社会研究部主任(Director of Social Studies in the Public Schools, Tulsa, Oklahoma);

Francis I. Brady,普茨茅斯修道院学校(Portsmouth Priory School);

Henry W. Bragdon,布鲁克斯学校(The Brooks School);

Scott Buchanan,圣约翰学院(St. Johns College, Annapolis),教务长;

Anna P. Butler,坎布里奇高中及拉丁学校(Cambridge High and Latin School);

Morton H. Cassidy,海德公园高中(Hyde Park High School);

Paul D. Collier,康涅狄格州教育局青年服务部(the Bureau of Youth Services, Connecticut State Department of Education),主任;

William H. Cowley,汉密尔顿学院(Hamilton College),校长;

Bernice B. Cronkhite,拉德克利夫学院(Radcliffe College),教务长;

Charles K. Cummings,维斯顿高中(Weston High School);

Burton L. Cushing,东波士顿高中(East Boston High School);

Herbert J. Davis,史密斯学院(Smith College),校长;

Edmund E. Day,康奈尔大学(Cornell University),校长;

Myrtle C. Dickson,劳克斯贝里纪念高中(Roxbury Memorial High School),校长;

Imrie Dixon,美玫瑰高中(Melrose High School);

Frances D. Dugan,温莎学校(Winsor School),董事;

Ruth E. Eckert,明尼苏达大学(University of Minnesota);

Ruth Edgett,茵山学校(Shady Hill School);

Irwin Edman,哥伦比亚大学(Columbia University);

Harold Fields,纽约市考试委员会(Board of Examiners, N.Y.C.);

Burton P. Fowler,德国镇友人学校(Germantown Friends School),校长;

· 致　　谢 ·

Alonzo G. Grace,康涅狄格州公立教育专员(Commissioner of Public Education, State of Connecticut);

Harry V. Gilson,缅因州,教育专员(Commissioner of Education, State of Maine);

Ernest Green,英国工人教育协会总干事(General Secretary of the Workers, Educational Association of Great Britain);

Raymond A. Green,牛顿高中(Newton High School),校长;

Harriet L. Hardy,拉德克利夫学院(Radcliffe College);

Margaret Hastings,温莎学校(Winsor School);

Charles W. Hendel,耶鲁大学(Yale University);

Merritt A. Hewitt,米尔顿高中(Milton Academy);

John C. Huden,佛蒙特州高中部督学(State Supervisor, High Schools, Vermont);

Galen Jones,东橙高中(East Orange High School),校长;

Lewis W. Jones,本宁顿学院(Bennington College),校长;

Friderick McC. Kelly,美国无线电和机械工业联合会(United Electrical Radio and Machine Workers of America);

Gail Kennedy,阿姆赫斯特学院(Amherst College);

Tyler Kepner,布鲁克林高中(Brookline High School);

Edwin S. W. Kerr,菲利普斯·艾克塞特学院(Phillips Exeter Academy),教务长,为委员会在其高中提供了一间会议室;

Allen Y. King,克利夫兰社会研究监督员(Supervisor of Social Studies, Cleveland);

Frederick O. Koenig,斯坦福大学(Stanford University);

Homer W. LeSourd,米尔顿高中(Milton Academy);

Katharine E. McBride,布莱·茅学院(Bryn Mawr College),校长;

James P. McCarthy,茵山学校(Shady Hill School);

Thomas R. McConnell,明尼苏达大学(University of Minnisota),教务长;

Richard H. McFeely,乔治高中(George School),课程部主任;

· 3 ·

Morris Meister,纽约市,科学高中(Science High School);

Francis X. Moloney,波士顿市,英语高中(English High School);

William E. Mosher,希拉丘兹大学公民公共事务麦克斯威尔研究生院(Maxwell Graduate School of Citizenship and Public Affairs, Syracuse University),院长;

Winifred Nash,道彻斯特女子高中(Dorchester High School for Girls);

Reinhold Niebuhr,联合神学院(Union Theological Seminary);

H. Dayton Niehaus,格罗顿中学(Groton School);

Morris Paladino,女装工人国际联合会(International Ladies Garment Workers Union);

Robert W. Perry,麦登高中(Malden High School);

William H. Pillsbury,纽约市,学校系统主管(Superintendent of Schools, Schenectady, New York);

Victor E. Pitkin,里丁高中(Reading High School);

Lillian Putnam,茵山学校(Shady Hill School);

Mary Sawyer,布鲁克林高中(Brookline High School),教务长;

Charles H. Scholl,美国电子工人国际同业公会(International Brotherhood of Electrical Workers of America);

George E. Shattuck,诺威奇自由学院(Norwich Free Academy),校长;

Mildred P. Sherman,拉德克利夫学院(Radcliffe College),教务长;

Sara E. Southall,国际收割机公司(International Harvest Company),就业与服务主管;

George D. Stoddard,纽约州,教育专员(Commissioner of Education, State of New York);

Carl P. Swinnerton,普弗雷特学校(Pomfret School);

Katharine Taylor,茵山学校(Shady Hill School),主任;

William J. R. Taylor,米德尔赛克斯中学(Middlesex School);

C. Mildred Thompson,瓦萨学院(Vassar College),教务长;

Mark Van Doren,哥伦比亚大学(Columbia University);

Julius E. Warren,马萨诸塞州,教育专员(Commissioner of Education, Commonwealth of Massachusetts);

Olive H. Wetmore,拉德克利夫学院(Radcliffe College),曾任女性高等教育专门问题分委员会秘书,任期3个月;

William C. Wolgast,纽约罗彻斯特东部高中(East High School, Rochester, New York),校长。

哈佛大学的教员中有许多人或者为各分支委员会服务,或者以其他方式为委员会的工作作出贡献,他们是:James B. Conant 校长,James F. Barclay, Paul D. Bartlett, Ralph Beatley, Garrett Birkhoff, Edward S. Carstle, Henry Chauncey, I. Bernard Cohen, Archibald T. Davison, Frederick B. Deknatel, Howard W. Emmons, Walter Gropius, Richard M. Gummere, A. Chester Hanford, Lieutenant Edward Hodnett, Henry W. Holmes, Joseph F. Hudnut, Truman L. Kelley, Edwin C. Kemble, Delmar Leighton, Harry T. Levin, Kirtley F. Mather, Francis O. Matthiessen, Theodore Morrison, Frederick G. Nichols, Otto Oldenberg, Arthur Pope, George W. Sherburn, Theodore Spencer, Overton H. Taylor, David V. Widder.

委员会向芝加哥大学的 Robert J. Havighurst 表达特别的谢意。他曾经两次与委员会在一起工作,每次都持续了好几周时间。

还要感谢一位特别的成员——Byron S. Hollinshead,他贡献出自己的全部时间,来到哈佛大学专门参与委员会的工作。

哈佛大学的以下教员都曾一度担任委员会的委员:John T. Dunlop, John M. Gaus, Howard M. Jones, Alfred D. Simpson, Howard E. Wilson。Sherwood R. Mercer 在委员会的第一年担任秘书工作。

委员会还要感谢之后的两位秘书:Shirley D. Hobson, Madelyn S. Brown。还要感谢 Elizabeth F. Hoxie,她为原稿的出版做了大量细致而耐心的准备工作。

一　美国的教育

1.1　问　题

我们不需要荷马的称赞。我们已经开发了广阔的土地和海洋,象征着财富的纪念物随处可见。

——伯里克利语,修昔底德录述

青少年时代是个性形成的时期,极易被打上各种烙印。我们能够草率地允许孩子们听一些随意编造的故事,以至让他们接受那些与我们认为他们成年后应该拥有的思想观念时常相左的思想吗?

——柏拉图语,《理想国》

上面两句话,是来自另一个民主国家的两个著名论断,它们宏阔地提出了本报告所讨论的主题。这两个论断在本质上是矛盾的。第一个论断体现了人们对自由社会的自豪感。古代的自由社会充分调动了公民的潜力,公民因而极大地释放了个人能量,进而使得自由社会在权力、财富和物质进步等方面达到了前所未有的高度。第二个论断则注意到自由社会中公民的自由创造的后果,它反映了当时社会上存在着形形色色的意见、专门知识、人生与行动的准则,这些都使年轻人感到困惑,于是它质问:在这种环境下人们如何能形成基本一致的见解? 第一个论断中提到的成就成了第二个论断中提出的问题。从整体上看,它们反映了民主社会的两方面特性:一则,民主社会的创造性产生于其成员的自信;再则,恰恰是由于这种创造性构成了民主社会的力量的源泉,因而导致了社会标准的混乱甚至根本分歧。

通识教育作为一种使人成为社会中见多识广、负责任的人的教育,主要与第二个问题有关,即与共同的标准、共同的目标有关。一般而言,教育要完成两件事情:其一,帮助年轻人成为一个个体的人,拥有独特的、个性化的生活;其二,竭力使他们能适应公共生活,也就是说,作为公民和共同文化的继承者,他们应该与他人共享文化传统。很明显,这两个目标在实践中不能截然分开,甚至从理论上也绝不能将它们分开。有谁不能回想起中学或大学时代某些微小的、表面看起来很琐碎的话题,它们经教师讲授或个人思考之后呈现出了极具包容性的意蕴呢?然而,分析问题不可避免地要分解和剖析那些事实上紧密联系在一起的事物。这部有关通识教育的报告,必然要从广义上的"人"的"完整性"而不是从狭义上的个人"能力"角度来探讨教育如何为人生做准备。

如果这是本报告的目的,那么报告不涉及初等学校就是不合乎逻辑的,不涉及幼儿期就更加不合乎逻辑。因为,如果人在这些时期的教育若不是"普遍的"(general),那么将什么也不是。但是,我们并不能确定一群教授对幼儿期的研究方面是否做得尽善尽美;初等学校的目标相对清晰,功能相对稳定,至少没有出现我们后面将提到的那些混乱的现象。现在,在初等学校中,除了初等学校的规模问题,以及教师所教年级越低其薪酬越少的问题(而不是根据教师的工作难度或重要程度付酬的问题),我们强烈地感觉到美国初等教育要比中等教育和大学教育更令人满意。无论如何,我们要说的是,不管正确与否,本报告的主题都将限定在大学和中学范围内,有时候也会顺便简要地谈及成人教育及其他方面,可能还会谈到广播和电影等更加不可预测的领域,如果它们也算正式的教育领域的话。我们既不强调报告的彻底性,也不强调报告的新颖性。本报告有限的主题范围,使我们不可能做到前者;而本报告又兼具永恒性与时代性,这种特点也使我们不可能做到后者。有关通识教育的著作近来已经有很多,一些学院和大学也已经采取了很多措施推行通识教育。这份报告的价值将体现在:它或许不是一个具有先导意义的报告,但是(正如人们思考教育问题时常常要返观教育史),它探讨了一个流传甚广且备受人们关注的古老问题。

人们对这个问题的关切为何近来变得如此强烈?除了其他原因,有三点值得指出来:由专业化引发并进一步推动专业化的惊人的"知识爆炸";几乎与此同时出现的、同样令人震惊的教育系统的扩张,这种扩张反映在教育的各个阶段、教育的功能以及各种各样的教育机构上;不断增强的社会复杂性。很难说上述这些变化的影响是否主要就是使未来社会中的公民相互疏离,因为他们的背景的确非常不相同,教育模式也不相同,而不同的背景和教育的确贯穿了未来社会公民生活的不同阶段。也很难说数量巨大的学生在教育体系中既能得到较好的个人发展,又能得到同样的公民训练。确切地说,这两种力量都已经在起作用。那么,我们越来越不能回避一个问题:专业化训练旨在培养人们走向千百种不同命运,它与意在继承公共的精神遗产和培育公民的通识教育之间的正确关系应该是怎样的?毋庸赘言,整个社会的特点一定会受到这个答案的影响。

当然,我们不可能脱离这种扩张与变化的社会背景来探讨通识教育问题。本章接下来将从阐释这两种力量的特点开始,讨论教育系统的扩张以及社会对它的影响,然后在下一章将探讨现代知识的性质与组织形式。

有人可能会说,教育系统前所未有的扩张(有人会称之为"爆发"),伴随生活方式所发生的巨大变化,就像是一道数学题,其间,许多新的未知因素不断产生,或者就像是一栋正在建设中的房子,它的设计说明书总在不断变化之中。要实现免费中等教育的理想,无疑有一大堆工作要做。但是,当社会生活不断提出新需求的时候,当年轻人的前景不是那么确定的时候,当教育目标因此必须不断被修正的时候,免费中等教育所承载的内容比预料中的要多。令人称奇的不是我们的中学和大学在某些方面失败了,相反,令人称奇的是它们目前获得的成功。我们必须重申,通识教育的背景应该包含两个意义深远的问题:第一,为了实现普及、免费的中等教育之类的目标,我们采取了哪些行动;第二,外部社会对中学和大学有什么复杂的冲击?以上两个问题我们都将讨论,尽管难以做到全面。

1.2 中学的扩张

19世纪中叶,由贺拉斯·曼(Horace Mann)和亨利·伯纳德(Henry Barnard)等一批先觉者掀起的普及教育运动,已经在19世纪末取得了成果:联邦各州都建立了免费公立教育,免费中等教育也在绝大多数州建立起来。此后普及教育的发展势头一直很稳定,在南北战争以后更是如此。中等教育的就学年限被延长至16岁,新的校舍处处耸立,课程得以极大地扩充,学生数量增长,教师资源也得到扩充。正如纤细的、白色木屋脊的教堂标志着一个较早的历史时期,而遍布美国大陆的无数个小镇上那些不太张扬、更宽容、更富有包容性的中学建筑则象征着这个时代。1870年是个分界线,1870年之前普及教育运动尚未轰轰烈烈地展开,1870年以后则形成了鲜明的对照。在1870到1940年的这70年间,人口增长了3倍。1870年,中学有8万在校生,大学有6万在校生,然而到了1940年,中学有700万在校生,大学有150万在校生(另外,还有100万①是非全日制学生、职业教育学生或成人教育学生)。这样,总的人口只增长了3倍,而中学的在校生增加了90倍,大学生增加了30倍。然而,普及教育的结果并非令人完全满意,甚至到现在,六个人中就有一个人没有上高中,进入高中的人有一半中途辍学。②

这些数据本身虽然令人振奋,在某些方面很难表现发生的变化。还有必要指出,在1870年,在中学生中有3/4的人上了大学。因此高中的功能是清楚的,就是为升入大学做准备。它的课程、成员、整体氛围都是由这个目标主导的,学生是一群相对同质的群体。总体上,他们都家境较好且都期望从事学术性职业(learned professions)*、从政或经商。而另一部分家庭困难的孩子,也怀有同样的愿望,或许更为强烈。这些雄心勃勃但家庭条件不好的孩子热切地期望自己的地位

---

① 其中大约1/3的学生参加了大学进修课程。
② 详细数据约计如下:在6年级、10年级、12年级、大学二年级和大学四年级里,各年级适龄人口的就读率分别为90%~95%、60%、45%、15%和7%。
* 学术性职业,传统上指教师、医生、律师这三种需要高深学问的职业。

得到提升,毫无疑问,在大多数情况下他们注定会成功。然而,没有人强迫他们上高中,如果他们跟不上学习进度,他们将被淘汰。按照现代的标准,高中的课程狭窄而且固定,但课程体系非常简洁,易于测试,目的也非常清楚。中学教师作为一个群体,在数量上并不比大学老师多,他们本身也是受过大学教育的人,共同分享高等教育机构中的观点和标准,并且也具有基本相似的政治、宗教信仰。作文、数学,以及维吉尔和色诺芬的作品曾经都是高中课程的支柱,它们与大学科目——高等数学、更有哲学意义的古代作家、历史、修辞和基督教伦理学——仅仅在程度上有所不同。

但是,70年过去了,到了1940年,教育体制与此前这种得体、自足的体制相比变化很大。上面提到的90倍的数量上的增长,是一个像地震一样有力的不容置疑的事实。这种增长固然巨大,但若仅仅意味着是过去老式的学校教育的90倍的数量增长,那么,它也只是相对次要的增长,因为更重要的是,这种数量意义上的增长带来的是高中的整个特点以及它在美国社会中的功能的一种渐进的变化。

更重要、更根本的变化是,现在3/4的高中生不再期望接受高等教育,而是想直接开始工作。除了极少数外,"高中"已经不再是昔日意义上的"预备学校"。所谓"预备",现在指的是为生活做准备而不是为升入高等学府做准备。高中每个阶段的这种转变的后果不可胜数,并且仍然没有充分完成。就是这种强大的、意义深远的事实本身导致了这份报告主题的产生——本章最后将提出这个主题并在随后的章节中详细讨论:在高中的这种新特点和新作用中,3/4即将进入现实生活的学生的利益与另外1/4即将进入高等学府受教育的学生的利益如何协调?而且,更为重要的是,如何使两群兴趣不一样的年轻人从教育过程中获得对社会基本一致的和有约束力的理解?

但是现在我们先不探求这个问题,而是要更准确地思考高中的新角色。事实上,高中所面临的最艰巨任务是,高中如何尊重众多学生在智力、背景、家境、兴趣以及期望等方面的差异,并作出相应的反应。在过去的高中里面,如果学生不能够或者不愿意学习,他们不会被强迫留在学校里。而现代高中必须为所有学生找到合适的位置,无论其愿望和天分如何。它应在合理的范围内适应每个学生的需要。中学通常被讥讽为"以儿童为中心的学校",在这里,我们并不想对之发表什么争议。我们要陈述的一个简单的事实是,在工业化时代,年轻人在就业问题上没有什么选择余地(或者说,面对失业时没有选择),除非学校在思想上认识到,并且准备去应对学生中巨大的现实差异性。未来的人们可能会认为,我们已经做了很多,事实上我们所做的只是一个开始。现在的趋势是,寻求毫无特色的平衡,对学习能力弱的学生来说显得太快,而对学习能力强的学生来说又显得太慢。而理想的体制对不同智力水平的人来说都是公正的,对善于动手和善于动脑的人来说一样公正,并且,理想的体制在适应每个人各自不同的需要时,还要培养民主社会的最深厚的根基,即人与人之间的融洽的情感联系。

几乎无须说明,学生之间不可回避的差异已经带来了高中课程数量和种类上的巨大增长。当然,在小村庄中那些只有少量教师和少量设备的高中没有发生同样程度的变化。这些学校仍是大多数,尽管它们不再拥有大多数学生。但是甚至在这些地方,把小村庄学校合并成中心学校(学生来自周围地区)的普遍运动已经使课程的扩充成为可能。课程的扩充是一个巨大的收获,同样也要看到它所带来的困难。

问题的核心是智力差异性的含义是什么。很明显,由于智力上的差异,有的学生在传统科目上很熟练,其他学生却不擅长。例如,据专家估计,稍具优越天赋的 14 岁孩子可以学懂代数,而同年龄组的孩子中有一半是学不懂的。这个事实意味着什么?如果可以被完全理解的话,这个答案一定是非常复杂的,在这里我们不能声称自己知道这个问题的答案。但是,看起来很清楚的是:智力最终无论多么深地扎根于个人的天赋(大脑的生理结构和神经结构),它仍依赖于习惯和想法,而这些又可以追溯到最早期的教育机会。在有书可读的地方长大的孩子,兴趣可以得到拓展,到处有刺激他求知欲望的刺激物,他就显然要比那些没有这些刺激物的孩子得到更多展示智力的好机会。但是,谁能说一个孩子在出生的时候就比另一个孩子更有出息呢?任何人都处在由自然事件和可见的社会秩序所形成的因果王国之中。结论是,智力的一部分是由教育机会决定的,而这意味着整个复杂的周围环境可以帮助一个孩子形成世界观和人生观。

从道义上讲，高中应该使自己适应每一类学生。刚才提出的智力观是这种责任的基础。由于假定年轻人的能力在某种程度上反映了他的周围环境，他的能力和环境又会共同影响他对生活以及他自己的期望，那么一种真正的民主教育必须先通过排除障碍使教育机会均等。但是，仅仅给所有学生毫无分别地提供传统的学术性科目是不行的。就像现在所教的内容中，至少有些与大多数学生的背景相抵触，以至于不能排除环境的障碍。与学生的经验接近的东西是需要的，在学习过程中借助于这些经验学生可以走出困境并超越他们自己。然而对于非常有天赋的人来说，情况并非如此。他们活跃的心智，就像是强有力的水流，由于想象力能弥补他们在经验上的欠缺，因而他们总能跳过生活和学习之间的种种障碍。关于如何确保这类有天赋的学生找到发展的捷径以修成正果的论述已有很多。我们在后面还将会回到这个主题。确实，很少有科目能细致地探讨民主教育精神。但是，民主并不是只给有才能的人以机会。它同样为普通人提供了改善的机会，这种改善既可以是一代人的直接的改善，也可以是几代人之间循序渐进式的缓慢改善。这样，高中的任务就不仅仅只是把聪明的孩子变成最好的，它至少同样是为（从数量上讲，甚至更多的是为）普通孩子扩展眼界和见识，使他们和他们的下一代在成功的道路上少遇到一些困难。

再回到现代高中不断丰富的课程这一问题上来。它的合理性绝不仅仅是为了完全的实用性，即仅仅为使年轻人适应各种各样的工作。其合理性还体现在方法上：使学生能够与自己的基础相匹配，与他们的经验相匹配，满足他们的愿望，通过认清目前现状的影响去缓和现实的压力。手工训练、商业训练、机械和农业操作、保健类课程和家政学——这些以及上千种替代了老式课程的实用性课程，例如普通数学代替了代数和几何，讨论课代替了作文和文学，美国工作与政府研究代替了传统的历史课——都至少部分地反映了教育试图以正确的方式来影响大多数学生，而这些学生，由于天性或背景的原因，或二者兼而有之的原因，从传统课程中所学甚少。这种对课程的探索还将继续下去，并且一定会更加多元化。正如前面所说，解决方案绝不仅仅是针对中等智商的孩子安排课程，该课程既不适用于敏捷的孩子，也不适用于较迟钝的孩子。尤其是对于迟钝者,高中目前所做的努力更有限,这些孩子以往可以离开学校到工作中获得自尊和自立,而这些是他们在书本中很难获得的。某些致力于国家服务或社区服务的运动的出现也反映出学校在这些年轻人方面做得不够。但尽管如此,当前高中多元化的教学就像一面布满灰尘的镜子,朦胧地反映出了社会的多元性,并且,直到它能较清晰地反映社会的全貌时,高中教育才可能是完善的。

课程的扩张是现代生活的一幅写照,它再度(而且现在更清晰地)提出了本报告的主要问题不是关注课程对每个人的不同影响,而是关注人与人之间的必要联系和共同之处。尽管民主是要最大限度地尊重人与人之间的差异性——尤其在技术时代,因为该时代本就更加鼓励功能的分化和观点的多样性——但是它同样要依赖于共同的规范所产生的约束力。或许民主社会比其他社会更依赖这种约束力,因为民主所蕴含的分化力量太强大了。但是,如前所言,这也清楚地表明,培养这种共同规范远非易事。学生之间存在着的差异性要求高中扩充课程,而这意味着,没有一种教学方式能够平等地满足所有人。因此,即使在"美国人究竟有什么共同的标准"这一问题上能够达成一致,然而要让不同年龄、不同天赋、不同兴趣的学生都能理解和接受这些标准,难度还是很大的。再有,一些学生读完高中后选择继续深造,而大多数人却没有。这将会在一定程度上导致、甚至已经形成了对一致性的巨大挑战。因为,在某种程度上,高中致力于给予学生各种实用的、直接有效的训练,帮助大多数学生早日进入现实生活,但这使直接进入社会工作的学生和那些继续深造的学生之间产生鸿沟。这个鸿沟就可能导致误解和阶级区分。要想看到这些困难,我们就必须更深刻地理解通识教育的特点。它应该既是横向的,也是纵向的,也就是说,既横向地针对某一年龄组的学生,又纵向地贯穿高中和学院,将不同年龄段的教育统一起来。

最后,在结束高中扩张这个话题之前,我们有必要在与课程扩充密切相关的问题即课程学分制的问题上再多说几句。学分制之所以与课程关系密切,是因为有了学分制之后每类课程就都合法化了,且被赋予了相同的地位,并易于从表格中查阅。1个学分表示一门科目

1年的工作量,一个学生毕业需获得16个这样的学分(当4年的英语课程被莫名其妙地计算为3个学分时,获得15个学分即可毕业)。但是,很重要的一点是,学生不能任意选择课程以达到总学分。相反,学生的选课严格地被他所攻读的文凭种类所限制。规模较大的高中通常提供几种不同的课程方案:职业性的、商业性的、通识性的、学院预备类(college-preparatory)和科学类。在以上这些课程中,只有通识性课程是相对自由的,其他课程都有相当确定的科目供学生选修。因此,关于课程学分制可以得出几个结论:在实践中,它是一个工具,通过这个工具,学生的各种天赋和兴趣都能通过配套的教学而得到发展。这样,各种各样的课程,都平等地计为1学分。那么,它类似于在一个学科中的"专修"(concentrating)或"主修"(majoring)制度,这种制度在很多学院中都在实施,它增强而不是缓和了学生之间的差异性。由于在课程的选择方面实施了一系列的限制,事实上,高中被分成了许多互相隔离的小型学校,至少从课程上来讲是这样的。

  课程学分制在高中的实践实际上加剧了分化,因为它鼓励学生把自己的学业看做一个个模块。每个模块自身是完整的,相互之间是独立的。对于学生,它也产生着类似的作用,也就是说,它把学生的功课分成若干个单元,其中有一些与前面或后面所学的课程是有关系的,但是有许多只是经验的"孤岛",与其他课程没有任何关联,没有任何统一的目的。值得注意的是,欧洲学校遵循的是另外一种框架。那里的学生在连续几年里同时学习6到7个科目。在每一个学年,都有不同的重点并花费长短不同的时间。这种安排的明显意图是,在学生成熟以前,使所有科目稳定地成为学生所学知识的一部分,以期能给予学生既具有连续性又具有全面性的学习。而在我们的制度里,任何一种文凭所包含的必修课都体现了一定的连续性,但是没有体现全面性,并且事实上把高中分为多个割裂的部分。

  尽管有这些局限性,整个高中课程和每个学生个体的分化毫无疑问仍是令人向往的。学生之间的差异性使得这种分化在某种程度上是不可避免的。回顾起来可以发现,学分制比其他事物更能清楚地反映出高中的巨大扩张,它已经成为制定标准和规范功能的一种方法,几乎可以设定可互换的课程。如果教师要在这方面接受应有的训练,任务就必须预先明确下来,学生也必须预先知道判断自己学业的记分标准,这样整个庞大的高中系统必然能避免混乱,朝着标准化方向发展。

然而,这种制度也存在着严重的危险。如前所述,危险主要表现在两个方面:由于学生所学课程的不同,因而他们在思想和观念上出现了分化;由于学生所学功课不是连贯的整体而只是零碎的部分的集合,因而相互之间毫无关联。这两点中的前一点已经解释过了。通识教育的根本思想是要平衡那些分化了中学内部不同群体的力量,以及平衡将中学与学院分隔开来的力量。但是,既然通识教育也被看成是一个贯穿中学和学院的有机线索,那么它就应该对每个学生行使约束和统一的功能。当然,如果不这样,它将无法实现应有的功能。

1.3 社会变革的冲击

关于中学的扩张我们已经说了很多。但是,如前所述,这种扩张,尽管带有一定的革命性,却并不是高中发展的唯一主导因素,也不能被看做是它特有的形式。外部社会持续、快速的变化,至少同时也在形成。它通过创造新的条件,像血液一样回流到高中。尽管我们也许不能充分地讨论这个庞大的话题,但我们必须提及其重要性。

每个阶段的问题都以某种方式追溯到这样一个隐藏着的巨大事实:在我们加以考察的这段时期,美国从一个主要以农业为主的国家变成了一个以城市和工业为主的国家。熟悉的统计数据似乎不再需要详细重复。从1900年到1940年,2500个左右的社区的人口增长了40%到56%。快捷的交通工具促成了大都会区,每一个大都会区都包含着一个或多个中心城市,这些中心城市还带有卫星城市和农场。这些大都会区大约有140个,至少容纳了美国的一半人口。同时,工业投资增加了许多倍,而产出则以更快的速度在增长。工业化正在日渐成为一种国家现象,南方和遥远的西部地区虽然比东部和中西部这些开发得较早的地区受影响的程度要小,但是战争消除了这些差距。人们惊奇地发现,就像动物的生活环境是由自然和有生命的东西组成的一样,人的环境逐渐变成由机器和人工的东西组成。甚至农场主和他的妻子都已经使用机械化作业,他们开着小轿车进城,通过收音机来了解城市的声音。

巨变对教育的影响在城市和乡村尽管有所不同,但同样都很巨大。在这两者中,乡村的情况比较差,因为在美国,教育是州和地方的责任,那些大部分属于农村的州,工业化程度很低,也并不富裕,与比较富裕和城市化程度稍高的邻州相比,处于很大的劣势。例如,密西西比州能够给每个小学生的花费只是纽约州的1/5,给教师和校长每年所付的平均薪酬是559美元,而纽约州是2604美元。有10个州平均每年给每个小学生的花费少于50美元,而有8个州的花费超过了100美元。乡村比城市有着更高的人口出生率,较穷的州则进一步面临着有更高比例的孩子要接受教育的问题。例如,南卡罗莱纳州儿童与成人的人口比例是洛杉矶的2倍,而洛杉矶却有5倍于南卡罗莱纳州的财富可以用于教育。事实上,即使南卡罗莱纳州把所有的财政预算用于教育,生均花费仍然要低于好几个州。

这些不平衡导致了当前争取联邦教育资助的运动。这个问题是比较麻烦的。一方面,很明显,教育向来是各州和各地区强烈关注的焦点。教育是与家庭最近的领域,是与父母和社区利益关系最密切的领域,因此,对教育控制较弱恐非他们所愿。另一方面,同样明显的是,国家总体上也十分关心年轻人的处境。美国人比其他国家的人搬迁得更频繁,如,乡村孩子搬到城市,在这个地区成长的年轻人搬到另外一个地区,因此一个州的教育质量影响着其他所有的州。同时,联邦政府对教育质量负有不可推卸的责任,这主要是因为,所得税正在逐渐从各州抽走可用于资助教育的经费。

事实上,国家已经意识到了这种责任,尽管这种责任有时多半与其他目标关联在一起。例如,公民保护联合会(Civilian Conservation Corps)就具有部分的教育功能;国家青年管理局(National Youth Administration)的功能几乎完全是教育性质的;甚至早在1917年的史密斯—休斯法也是推进职业培训的。战争带来了同样兼顾教育的其他举措,如:利用中学和学院进行培训,为退伍军人提供教育机会。现在最需要做的就是澄清整个混乱的局面,合理处理地区与州对教育的控制,以及联邦政府对那些不能支持完善的学校教育的州的义务——这两个问题再清晰不过了。更进一步的问题是,无论是在和平年代还是在战争时代,对那些优秀学生的联邦财政补助是否有助于国家的最大利益。

　　乡村和城市之间教育机会上的差异,似乎部分地类似于州与州之间的差异。但是,即使在同一个州内部也存在差异。关于城市和乡村孩子相对优势的问题,反过来导致人们思考一个基本的而且非常有趣的问题,即:现代学校更大的作用是什么。在更加淳朴的年代里(这种淳朴仍然部分地长存于小城镇和乡村),学校教育虽然远非教育的全部,但至少是强有力的影响因素之一,或者是比较强有力的影响因素之一。首要的或最强的影响因素是家庭,通常是大家庭,在那里,生活在一起的每一个成员都有其约定的任务,并且都对其他成员的工作都有所关注和了解。次要的影响因素是由农作物、动物和大自然所构成的世界,每家门前有绿地或空地,都长期提供可供学习和动手的机会。此外,在较少变化的时代里,家庭乃至小城镇社区或相邻的乡村里的规范都相对清晰、稳定。最后,乡村教育或多或少地与教堂存在密切的联系。但是,在城市长大的现代人在情感上倾向于将这些条件理想化,或者忽视这些条件。当然,我们很难精确地判断它们。而且,地方与地方之间的年轻人存在着巨大的不同。事实上萨拉·奥恩·朱厄特(Sarah Orne Jewett)笔下描述的无忧无虑的小城镇与哈克贝利·费恩(Huckleberry Finn)看到的更少欢乐的密西西比居民区有着极大的不同。在这里,我们不准备去评价这些状况,而只是想指出,不管怎样,更老一些的学校曾经是——在某种程度上乡村学校依然是——功能非常有限的,因为家庭、教会等方面的影响非常强。

　　总之,乡村学校与城市学校相比的劣势没有乍看起来的那么大。因为城市学校在日益扩大范围,它现在已经扩展到健康、运动以及各种课外活动、咨询、工作安置等,甚至在某些情况下还作为开会场所和组织活动的地方常年对外开放,因而可以说是对城市生活有限性的有益补充。另一方面,乡村学校由于无需提供这种补充,因此就没有必要那么详尽而复杂。然而乡村学校的确也有自身的强烈需求。正如我们已经提到的,许多乡村孩子最后在城市谋生,那里有更复杂的条件等着他们,而他们必须在这种条件下竞争以获得工作岗位;而且,农业本身无论是作为一门科学还是在机器的使用上,也已变得越来越机械化。当我们认识到,大多数美国中学仍然是只有5~6个教师、不足130个学生的小型农村学校时,显然还有艰巨的工作等待着我们。而所谓艰巨的工作主要是指学校的合并和重组,以及一定程度的专业化工作。把远离中心的学校合并到中心学校,使课程更适应学生的差异性,这显然要比保留小学校要好得多。专业化意味着在一个地区建立有某些优势科目的学校,而在另一个地区建立有其他优势科目的学校。这个框架也存在着危险与困难:过分专业化的危险,交通的困难或离家较远。但是如果一个乡村孩子像城市孩子那样借助正规教育强化了自己天然的优点,如果这些优点对于他本人或他的国家有用处的话,那么,某些举措就可以在乡村的方方面面推进,就像以往在某些方面已经取得的进展一样。当然,开展这些工作的可能性又得回到联邦资助的问题上来。

美国社会生活方方面面的变化已经影响了乡村高中,不过,一部分影响纯粹是消极的,它们只是促使乡村高中在旧的模式上徘徊,而另一部分影响则是积极的,因为它们促使乡村高中迈向新的生活方式。但是在城市里,长期存在着的是:复杂性和矛盾,统一但不协调,高效但是浪费,拥有机会但机会常常受挫。这些都反映了时代特征。并且就是城市高中集中体现了现今教育中存在的问题。这些问题部分是由于缺乏乡村学校的优势,即它丧失和削弱了某些因素的影响,例如前面提到的家庭、家人、日常家务、动物、乡村环境、社区和教堂的影响等,这些因素在开始消失之前一直被认为是教育框架的组成部分。这些问题也部分地反映出不断增长的新的影响因素,例如:工作所带来的相对自由,接受书本、新思想和音乐的更便捷的途径,以及良莠不齐的电影、广播和杂志。重要的是,城市高中反映了在一个看似统一的城市中经济和文化上的分裂。如果人们认为城市周围的工业区和居民区也是城市的一部分,那么这种分裂就更不容忽视。

当然,并不存在所谓典型的城市高中。但是,可以明显地区分出几种大致的类型。首先,有一种两千或更多学生的大学校①,位于城市最拥挤的部分,学生大部分来自工薪家庭。这些班级很庞大,平均至少有40人,严密管制和规训之风盛行。学生在不同的教室上不同的课,并且绝非偶然的是,男教师课间在走廊里待着,巡逻的人在入口处逡巡。学校的设备和教学实物妥善地锁着。教师是各个学科的专业人员,每天有5节课,外加管理一个班。他们的教材大部分是由州和地方当局确定的。在由无数张面孔构成的人群中,他们很难了解和密切关注任何一个学生,于是,这个了解和关注学生的任务就留给了数量极其缺乏的专门的辅导员。这类学校中还有运动队,然而影响很有限。学校在下午的某个固定的时间关门,此后,如果学生没有功课,那么他除了在街角闲逛、在百货店玩自动点唱机和翻看杂志以外便无其他任何事可做。这种学校提供了许多不同种类的职业训练,大部分学生在14岁或15岁的时候或多或少很随意地选学其中的训练项目。只有少数学生,大约是1/10能够就读学院。与这类学校相似的是一般位于工业区中心的高中,它们往往规模小,经济条件更差,教学质量不好,学校气氛更恶劣,设备更简陋,通常还受到较多的政治控制,学生几乎全部来自第一代或第二代移民家庭,这些学校的毕业生几乎没有能够就读学院的。

  与前面这两类学校形成鲜明对比的是位于环境优美的郊区的高中,其班级规模较小,教师的薪酬较高,家长和教师的联系较密切,学校里有很多种活动,例如戏剧、体育运动和学生的出版物,学校和员工对学生的教育非常关心。诚然,准备接受学院教育的学生和接受职业和商业课程训练的学生之间存在着差别,这种差别反映了家境的差异,然而其界限并不是很明显。许多有能力但家境不好的学生,因为喜欢这种学校良好的氛围并受到关注他们的老师的鼓励,从而选学了学院预备课程(college-preparatory course)。学校里的各种活动也是学生联系的纽带,这种学校的一半毕业生不是上了学院就是继续接受某类教育。

  其他两类学校与之相似,它们是私立学校和位于繁荣的小城镇(尤其是位于中西部地区的繁荣小城镇)的中心高中。这两类学校可

---

① 在美国,大约有50余所高中其学生数达到了5000名甚至更多。

以说是两个极端,居于中间的是郊区高中。在这三类学校中,学生都有团结意识和对自己学校的自豪感,师生之间或多或少地存在着个人交往,有相当程度的内部民主。尽管不具有代表性,但私立学校仍属于整个社区,同样有一系列围绕学校展开的社区活动。两个极端的不同在于,私立学校的学生来源于更有限的阶层,几乎所有的毕业生都能就读学院。学生得到了更多的保护,更富有竞争力。而优良的小城镇高中是小城镇本身的典型,它的优势是社区中所有的人都彼此熟识融洽。从学术水平上讲,它或许不如郊区高中和私立中学好,但是它也能把相当一部分毕业生送入学院,将它全部的卓越人才倾囊贡献出来。

毫无疑问,这些例子既不典型也不完善。绝大多数学校是两种或者三种上述学校的混合体,而且我们还没提及其他类型,例如,教区学校、各种技术学校和商业学校。但是,这些例子将足以强化刚才所提到的观点,即:随着早期的、一定程度的农村式完整自足的生活方式渐渐消失,学校承担了新的功能。确切地说,富裕社区的学校承担了这些功能。在承受工业化正面冲击的人口中,此类学校的相对缺乏才是真正应该引起注意的。

这些功能是什么呢?从城市的内在特性看,城市是人们为了工作的方便而聚集在一起的地方。这就意味着居住空间狭小,小型家庭生活,较单调的工作(任何东西都是人工制造的),较少娱乐机会(所有的地方都被占用了)。在这样的条件下,学校是为年轻人正式地留出来的,因此年轻人的生活不可避免地以学校为中心。因此,寄宿学校兴起,在所有资源充足的学校里都有着多样化的活动。不可能有其他的发展方向。健康、戏剧、社会生活、娱乐、就业帮助,所有这一切逐渐移交给学校,事实上在那些相对富裕的、至少需要这类帮助的人群中已经移交了。而在其他方面,基督教青年会(Y.M.C.A.)、社区服务中心(settlement houses)、童子军、教堂、公共图书馆和其他独立机构,已经做过并且正在继续做重要的工作。这些私人资助的组织具有民主制的特点,尤其是具有美国生活的特点。特别是教堂,完成了公共资助机构无法企及的工作。然而,这些影响也可能跟不上时代的步伐。前面已经讨论了中学课程的扩充,除此之外,现代城市高中正在面临——部分已经面临——课外活动的巨大扩充。我们可以期望,再过几十年,正如目前极少数中学已经做到的那样,绝大多数城市中学在师资和装备上将做到全年全时开放,变成一个年轻人可以获得各种机会的地方,而这些机会在城市的其他地方是很难获得的。

但是,随着课程的扩充,课外活动的扩充出现了许多困难和问题。这只是人们熟悉的计划社会的现代问题的某一个侧面的体现。在不削弱个人最终责任感的前提下,这样的家长式管理能走多远?这个问题不可避免地又引起另外一个问题:假定某人没有受到好的影响,他又能承担哪些责任呢?无论你将民主主要理解为旨在保护个人权利的政治"民主",还是把民主理解为给普通大众提供机会的经济"民主",这两种关于民主的理解都会涉及同一个问题:如果机会不是一个追求"好"(good)的机会,那么机会便什么也不是;反过来,追求"好"的机会又取决于对"好"的体验。不难理解,杰斐逊有关民主教育的竞争性和选择性的理想是建立在这个假定之上,即在每一个教育阶段,教师和学校都可能做到最好,只有这样才有可能保证所有人获得同等进步的机会。当现代城市剥夺了年轻人在教育方面最基本的伴随物(例如:大家庭、教堂等),不是应该由学校在提供课程之外,尽其所能提供这些功能吗?答案是毫无疑问的,并且这种关于学校功能的宏阔观点将为后面几章所论述的通识教育奠定基础。

学校、课程的扩充还会提出其他的问题,最著名的如教学的本质和功能。关于教学,我们在这里不准备过多涉及。这里要谈的与前面在课程的扩充中谈到的差不多。一段时间以来,学院中人批评公立学校教学已经成了一种时髦,为公立学校教学输送人才的师范学院、教育学院和师范学校等也受到更严厉的批评。但中学方面认为学院没有抓住公立教育的本质,学院中人除了关心自己、批评别人,对其他事情没有兴趣。这种互相讥讽的状态如果不是可以原谅的,也是可以理解的。尤其当公立学校在扩充后出现混乱现象之时,这种苛责更不难理解。大约在1900年,学校对大量教师的需求十分明显,文理学院和综合性大学都面临着重大的选择。回顾这一事实,上面讲到的情况就很清楚了。如果仍如几十年前那样由文理学院和综合性大学对这些教师进行再培训,它们就必须对原有的课程进行大的改变;如果它们继续恪守其追求高深学问的传统目标,它们就必须放弃对教师的培训,而由知识和传统远远落后的机构进行教师培训,这样一来,它们将日渐与中学失去联系。另外,成本的因素也是个问题。大多数中学教师的薪酬和收入远不能说服一个人为此去念一所州立大学的本科,更别说私立学院了*。还有许多中学教师则根本达不到学院的入学条件。由于这些以及其他原因,所提及的上述第二个做法即放弃教师教育,事实上已经被一些学院或大学采纳了。毫无疑问,这部分地是出于无意识和惰性。对于它们来讲,其他任何选择都将是艰难的。并且,这里必须提及的一点就是,在这个复杂的专业化时代,本科学院和师范学院(colleges and teachers' colleges)都履行着各自不可替代的职能。但是这种选择的后果很严重:不但出现了如前所述的误解,而且使得学院和中学之间能相互影响、相互学习的任何持续的交往也不存在了。在某种意义上,这份报告所要做的就是,尽可能在目前以这样的方式弥合这种巨大的裂痕。

学院中人通常抱怨,就训练结果而言,教师甚至在其所教的科目上接受的也只是糟糕的教育,更不用说在其他科目上了。原因是,简而言之,他们的训练大部分被教学法、心理学、管理学或者其他东西所占据,遗憾的是偏偏没有包括教师所教的科目。据说,教育学院在这些陋习中陷得越来越深,它们把教学变成了一种刻意的和不被人理解的伪科学,而不是它本应承担的清晰而直接的任务。批评继续说,更糟糕的是,它们已经说服大多数州的立法机构,把上述技术性课程列为从事教师职业的先决条件,而这些课程对教师职业的合理的通识性背景是一种巨大阻碍。教育专家和一些教师的答案事实上已经得到了描述。我们的教育系统的扩充给学校带来了大量的学生,他们在能力和人生观上是如此的多元化,以至于今天的主要问题与其说是弄明白该教给他们哪些科目,还不如说是去理解该教给他们什么和怎么去教。根据这种观点,教育首先是一个"社会规划"问题,因而其重点是方法。除此之外,还有一种遭到普遍抵制的假设:鉴于现代社会需要众多的教师,而他们中并非所有的人都具有最高的天资,因而,我们可能采取的上上之策就是通过向他们提供有关方法的知识来弥补他们

---

* 美国本科院校的学费非常高,私立院校尤其如此。

在先天禀赋和通识修养方面的欠缺。

通常,对于教师来说,以上两方面都必须强调。当然,最终只有知识的火花和对知识的献身精神才能点燃学生心目中智慧的火苗。因此,任何事情最终都取决于教师心灵和精神的质量。但同样真实的是,尽管有些批评合情合理,但是如果批评是出自那些既没有经过深入思考,自身也没有经历过类似裁员、低薪、政治干预、与糟糕的环境和影响抗争、任何大型体系中固有的冷漠、对精力和体能的要求等标志着公立学校教师的典型生活情景的人,那么,这种批评就是毫无意义的。

因此,我们又回到前面提到的问题:在课程更广泛并且学校的概念被扩大之后,好的教学必备哪些条件?答案可以分为三个部分:教师能得到更高的收入和回报;更多的献身精神;更明确地意识到,正如天国一样,好的教学是由许多大厦组成的宫殿,每一个大厦都不同,每一个大厦都尊贵。前面教师职业的高回报和献身精神这两点是互不可分的。如果教师职业不能得到更多的尊重,也不能像管理工作那样获得更高的报酬——管理工作目前的待遇要好一些——那么,那些本应执教的人将不会进入教师行业。同时,除非有更多的具有献身精神的人从事教师工作,否则教师工作将既不能得到更多的尊重,也不能得到更多的报酬。教师职业与神职和军队一样,不会像其他职业那么赚钱。至少它未曾有过,除了在哲学家的作品中。但是,强大的商业和工业扩充力量在过去的 50 年里显示出了巨大的力量,它们不断地把有能力的人从教师行业吸引出去。这种力量似乎有望在未来的半个世纪里有所减缓。如果真是这样,教师职业的相对稳定的回报,以及该职业的社会地位带给人们的内在满意度会比较公正地体现它本身的价值。假定高等教育的扩充也渐渐减缓,学院和大学仍然有望再次承担起引导学生从事教学的这种古典职能——在过去几十年里,当各种影响屡屡冲击学院教学的时候,这种职能很大程度上被废除了。

同时,我们必须不断斗争,使教育从强行委派或限制教师的合法自由、甚至指定他们应该教什么等政治控制中解放出来。毫无疑问,对教育的最终控制一定是政治的。但是这方面目前存在着一个严肃的问题:以前经任命而产生的学校董事会成员都经过了仔细的审查和多年考查,然而,现在选举出来的董事会是否能比他们更见多识广、更具有独立性、更负责任呢?伴随着反对直接的政治控制的斗争,必须同时反对教师资格中所要求的过分技术化的从教必备条件。毫无疑问,诸如此类的从教必备条件是有益的——例如,6或8个小时的教学实习或者教育心理学就够了,而不是现在普遍要求在教学实习、教育心理学或其他科目上花16或18小时。可以肯定,健全合理的通识教育的希望就在于,教师自身要接受通识性的教育。

但是,正如前面说过的,这些期望并不会自动实现,教学条件不会改善,除非更多的、质量更好的人以献身精神投入教师职业。我们时代的悲剧之一是把教学从一种天职变成某种类似于产业的东西。其中的错误,正如前面讨论过的,首先与学院(the colleges)有关——它们对此问题置之不理;其次则是教育学院(the schools of education)的问题——它们教给学生任何东西,就是不教必不可少的对知识的热爱;同时也与美国社会有关——它居然对许多教师和学生仍然在苦熬的情形视若不见。治愈这种症状的药方就是要联合两方面的关注:公众的关注和那些相信高中教学是民主制度的基础并打算从事这一志业的人的关注。

改善还需要一个前提条件,那就是:对新型高中里任务的多元性和任务之间的相互依赖性有更清楚的认识。任务的多元性前面已经有所述及,它源于课外活动的增加和课程本身的扩充。而它们的相互依赖性很难被清晰地领会,在实践中付诸实施则更困难。然而,确切地说,这种相互依赖性正是共同传统教育和公民教育的核心。大型现代高中像现代大学一样处于一种细致分割的状态。在某种意义上,它必须如此。每一个科目需要特殊的训练并培养其特殊的观点;学术性科目的气氛不同于职业性科目的气氛,教师的功能亦与辅导员的功能不同。然而,既然我们已说过,高中已经并且必然逐渐变成城市、甚至城镇中年轻人生活的中心,因此,如果高中要在年轻人当中产生全面、统一的影响,如果高中的所有阶段要在更广泛的意义上起到教育的作用,那么它们就必须统一在共同的目标之下。

这一点非常重要,它对于课程的意义已经提出来了,我们在后面几章还将回到这个问题上来。课外活动在通识教育中的作用也会得到更多的探讨。这里,我们将再度讨论关于这种大型的然而原则上相互依赖的学校里的民主的基本假定。民主制度早先包含着两个部分地互相矛盾的内涵:一个是,民主制度应该发现并为有天赋的学生提供机会;另一个则是,民主制度应该提高学生的平均水平。如同在政治领域中一样,在教育领域里也并存着这两种力量。人们将这两种力量分别称为杰斐逊主义和杰克逊主义(the Jeffersonian and the Jacksonian)。① 在这里,我们的观点是,不但在学生之间,而且在科目之间以及在教师之间,都需要结合这两种观点来更完善地理解民主。我们都知道,在学术性课程和职业性课程之间存在着非常不愉快的、强大而普遍的气氛上的差异,而且这两种课程的地位通常也极不平等。如果学生没有能力在学术性课程上取得成功,那他就会转而学习职业性课程。这种状态与美国社会有很大关系。父母希望子女不断进步,同时希望子女身上具有自己所缺少的东西。年轻人认为要接受学院教育就需要学习预备性科目。在这些科目上,教师的质量更好,教师对聪明的学生也更关注。所有这一切以及虚荣之心都为学术性课程以及担任该课程教学的教师增添了无比的光彩。同样由于这个原因,在学术性课程中就挤满了很多本来并不适合的学生,因此常常掺了水分。当然,这并非我们此处的主要观点,不过需要指出的是,工业化的民主时代已经出现了一种奇怪的状态:对国家经济至关重要的职业性科目声名狼藉,学习这些科目的学生虽然将成为国家经济的支柱,却没有受到好评。

我们还不能充分回答的一个问题是,如何在现代高中尊重所有科目以及这些科目里的老师,以与它们在美国社会生活中同样必不可少的作用相称。在这里,杰斐逊主义和杰克逊主义的原则仍在继续发生冲突,那些帮助学生通向成功之路的科目,给那些仅仅具有简单实用性的科目制造了不利环境。在这一点上,清楚地辨别所谓的技术性课程和手工训练类课程是很重要的。有时候,人们错误地认定,那些在心智上没有天赋的学生在手工制作上有天赋。其实并不一定如此。

---

① 当然,这个术语对杰斐逊有失公允,因为他也关心农民和手工业者的教育,不过,这的确也反映了《弗吉尼亚州备忘录》中的关键论点,即通过教育选择最有才能者。

事实上，在一所优秀的技术高中获得好成绩需要的智力水平，与在优秀的学院预备课程中取得好成绩需要的智力水平没有什么两样。这两者——学术性课程和技术性课程，是高中里的贵族阶级，杰斐逊主义的选择原则在其中起作用。无论学术性课程和技术性课程多么不完美，我们担心的主要问题并不在于它们，而在于职业性课程和商业性课程中，因为这后两种课程常常被认为是次等课程，由次等学生组成，并由次等教师充任教员。这应该引起人们的更多关注，因为这种区别与整个美国生活有关。据估计，在美国有10%的工作具有专业性质和管理性质，另外25%或30%的工作需要某种技术训练（例如，科学的农业种植、任何一种有技巧的行业、办公室工作），但是余下的超过半数的工作都不需要预先的训练。我们现在考虑的正是未来将要从事这些工作的人们。本科学院和专业学院（colleges and professional schools）总体上是为第一类工作做准备，两年制社区学院（junior colleges）、技术高中和商业学校为第二类工作做准备。而初中和高中则对第三种工作负有责任，而且所负有的是严格通识性的教育之责而不是技术性教育之责，因为，如前所述，技术性教育不是这类工作所需要的。这重要的一点我们在前面曾经有所论述，我们说到，课程的巨大扩充主要不是为了使学生能胜任具体的工作，而是为了通过他们所关注的并可能令他们受益的方式去影响他们。对于这些学生来说，他们的整个高中教育是最本真意义上的通识教育。

因此，我们现在重新回到这样一个问题上来：高中里的所有课程，以及实际上高中里所有更宽广的活动，都应该被看做是相互依赖的，并且应受到同等重视。因为，正是这所有的课程和类似的活动在为美国生活做着文明化的准备工作。始终有这样一种强烈的倾向，即便本报告也未能幸免，那就是：把通识教育仅仅看做一系列高雅的，因而必然能吸引书呆子的具体课程。这样的课程有着重要地位，但是考虑到不能适合所有人，它们又一次表现了杰斐逊主义的筛选原则。它们是为那些能够且将取得迅速进步的学生提供的。但是，如果高中真的全是由这类学生组成的，那它首先就不必大量地扩充课程。一个尚未解决的问题是，高中的"杰克逊主义"的任务是帮助那些阅读能力很差，而且手工不熟练、家庭背景不佳，尤其在城市中容易成为金钱利益之猎物的学生。这类年轻人，正如前面所说，在以前他们会提前离开学校而在工作中找寻自尊，但是在当前，如果他们离开学校只能意味着失业。因此，尤其是对他们而言（尽管在某种程度上也是对所有人而言），学校的全部范围就必须是通识教育性质的：体育、活动、保健措施、业余工作及兼职机会，这些与课程一样重要。社区工作和国家工作中许多未尝试过的领域已经在民间资源保护队（C.C.C.）以及在这次战争期间的教学大纲中初露端倪，然而仍有待规划。年轻人一旦有了这种经验，就意味着有更高的标准、身体素质的改善、更多的自尊，以及更广阔的人生经验。其他国家也面临着同样的问题，它们即使在和平时代也对年轻人实行严格管制。但是，这种严格管制不一定能成为我们的解决方式。我们的解决方式应该是，无论从高中的角度看还是从杰克逊主义和杰斐逊主义中教学的平等尊严与重要性的角度看，教学不能仅仅依凭书本和信息——它们必然是为更聪明的学生准备的——而是要借助有效的工作、有效的指导以及和谐的气氛。

最后，在学校外面，在媒体（电影和广播）、成人教育和社区生活中，不管怎样，都存在一个更强大的领域。我们将在最后一章探讨这个主题。这里，我们要说的是，学校系统的冲突性力量在这个领域中同样在起作用。冲突部分地存在于趋向一致和趋向分化这两种力量之间。正如高中课程那样，电影和广播（更不用说杂志和报纸）已经使自身适应了一般公众的广泛趣味和智力水平，有意识地而且相当有讽刺意味地迎合某种水平。这种多样性是必要的，并且在某种程度上是好的。但是，正如高中里所发生的那样，多样性也可能带来班级之间的分化，因为人们趣味上的差异真是太大了。当人们去抗争那些他们几乎不知道如何逃避的影响时，他们也可能感到挫折。毫无疑问，智慧通常是善恶之树结出的果实。但是，即便是不主张严厉家教的人们也知道，在世界史上，粗鄙和虚弱从来没有像今天的电影、广播和新闻那样持久地打击心灵。要想战胜那些几乎触及所有人的书或电影不是轻而易举的事。

再者，这种冲突还部分地存在于我们已经提到过的杰斐逊主义和杰克逊主义之中。或许以上两个术语在这里并没有被正确使用。我们的意思是，在天赋的个人权利（为了自己的利益自由地创造）和公众的权利（公众的利益）之间存在着冲突。据说，公众总是先于立法者一步。在娱乐中的确如此。当然，并不是说娱乐不是教育。世界艺术和文学的最伟大的时代就是普通人可以在艺术中发现典型和人性启示的年代。确切地说，由于能呈现感觉的温暖和斑斓色彩，艺术或许是所有教育力量中最强大的和最深刻的。在我们的时代，音乐的传播带来了数不清的好处，但是电影在这一点上很难与广播的成就相比。然而，许多由博物馆和图书馆所提供的机会就像是学校里的高级课程或专业教师，总体上是杰斐逊主义的，是为天生有才华的人服务的。然而，有一点似乎很清楚：通识教育作为一种塑造美国人政治权利感的精神力量，如果不能扩展到社区的话，那么它在学校中最终也会陷入失败。

1.4 杰斐逊主义和杰克逊主义

现在，我们停下来总结一下，因为结合下一章中即将讨论的知识的组成，以下内容是后文中不断出现的主题。这一章和下一章主要是提出问题，后四章寻求解决方案——当然，解决方案这个词或许有点言过其实。教育，就像社会中所有主要的需求一样，随着社会的变化而变化。然而，既然一种文化的总体特征变化较慢，人类本性的变化更慢（如果它果真发生变化的话），因此教育中也存在相对恒常的因素。因此，人们能够做到的主要就是，像朗·约翰·西尔弗*（Long John Silver）探宝一样，把变化较多和变化较少的主要特点筛选出来。但是这样做，不能确保能找到适当的解决方案。它充其量只是寻求潜在的方向而已。

在开篇，我们就说过高中的主要问题源于它本身的爆炸性扩张和发生在校外的同样具有爆炸性的变化。对这两种类型所做的区分并不太精确。当然，它们并不是互相排斥的，同样的历史和社会运动的各个侧面都体现在这两者之中。然而，当国家试图实现普及免费教育

---

* 朗·约翰·西尔弗是一个海盗形象，来自于《金银岛》中的独脚大盗。

的目标时,快速发展的城市化和工业化实际上极大地加剧了实现这一目标对学校系统的影响。如果联系到这一点,那么,可以说,内部和外部的这些运动都非同寻常,并且已经提出了值得关注的问题。

  第一个运动,也就是内部运动——高中数量上的增长达到了国家增长速度的 30 倍——意味着有空前大量而且多样的学生需要去应付。这其中少有或没有标杆。当传统的学术性科目被证明不适合大多数学生时,课程(curriculum)被扩充到能包容上千种简化了的学术性课程和上千种新兴的职业性课程和实用性课程。如此一来,必然会导致课程的整合和内部分裂。如果这种分裂反映了学生中实际存在的差异,课程将从根本上强化人与人之间的分化。这一趋势已经更强了,因为,使课程扩展得以实现的机制,即学分制,也强调分离。它既强调整个高中内部科目与科目的分离,也强调任何一个学生的学习方案中课程与课程之间的分离。前一种分离导致了这样一种观点:科目间的任何组合都会形成同样良好的教育;后一种分离则导致了这样一种危险:它缺少全面性和凝聚力。因此,问题的两个方面已经很清楚了:一方面,需要多样性,这种多样性甚至比目前学究气浓厚的课程中的多样性还要大,因为别的任何东西都无法符合学生智力和背景的真实范围;另一方面,需要统一的原则,因为没有这一点,课程就成了碎片,甚至每个学生的学业不是呈现出原子式的分裂状况就是不平衡的,或者两种缺点兼具。

  这些对立的需要共同而明显地指出了一种解决方式:形成学科间关系的一个方案,这个方案对所有学生而言都是相似的,但又能有所区别地在不同学生之间实施。这个方案里必须有专业教育和通识教育的位置,其中,专业教育的科目根据其功能使人与人之间有所区分,通识教育的科目在共同的人性和公民感上将人们团结起来。而且,这个方案应该更进一步地在高中所有成员之间,以及在高中毕业后不再上学的大多数人和就读学院的少数人之间提供一条持续的训练和观点的纽带,这样一来,他们之间的教育在种类上将没有差异,而只是在程度上有所不同。这个方案就像我们这个社会本身,在大的轮廓上简单,然而在细节上要无穷变化和复杂。这将是下面几章详加阐述的主要问题。

  第二个运动,也就是外部运动,即巨大的社会变革。随之而来的学校系统的变革虽然规模较小，但同样剧烈。社会变革提出了尖锐的问题：在年轻人教育的整体性上学校的特殊功能是什么？人们常绝望地说，现代的学校被期望像阿特拉斯(Atlas)一样背负天地，不过这个宏大的目标反而妨碍了其真正的工作。现代生活固有的专业主义倾向，尤其是城市生活固有的专业主义倾向是造成这个问题的根源，它使年轻人很少能悠闲地、无意识地从自然中学习，或者从模仿上辈人的行为中学习。自然在隐退，很多工作年轻人已经想看也看不到了（当然，也有少数例外，最值得注意的莫过于车库中的修理工就是令人尊敬的教师）。因此学校活动的扩充在乡村比在城市要少一些，这并不是说大部分又穷又小的乡村学校没有迫切的需求，只不过这种需求要涉及联邦资助的问题。但是在城市里，条件较好的社区事实上已经表明了他们的信念，那就是：学校必须寻找和提供被城市生活所掠夺之物的代替品——运动代替了劳动和仅仅是为了生存而作的体力斗争，娱乐和手工艺代替了家务和做事的技巧，甚至学校中的小社团也代替了教堂和乡村的安全感。抱怨学校是背负天地的阿特拉斯是没有好处的，人们将任其继续如此，直到学生们有更好的条件和氛围，这种氛围，用柏拉图的令人愉快的话说就是："就像从美好的地方吹来的健康的微风，不知不觉地使幼童长大成人，并钦慕实践理性的生活。"而且，问题是，学校如何能够提供这种氛围，不仅为穷人家的孩子，而且也为富人家的孩子。

  在这个巨大的扩张之中，存在着毋庸置疑的危险，例如，体育的兴盛，或者在大学里男生社团的奇怪兴旺。很清楚，当大批的年轻人聚集在一起时，我们不能期望他们全部都像年轻的亚里士多德那样行事。年轻人常常给学校带来青春的朝气，也常常给学校带来混乱。现在，当几乎所有的年轻人都能上高中时，这种不安在几何式地扩大。具有优越天赋和良好背景的学生只是很少的一部分，目前天赋和背景参差不齐的青年为数甚多。鉴于年轻人即使做了最大的努力也不容易透过感情的迷雾看到自己的出路，因此，学校不可能希望在不考虑和控制这些情感的情况下完成其适当的任务。避免过多的体育运动、小集团和普遍滋生的反智主义（不管是令人难过抑或是有害，它们都反映了学生在寻求社会和学校所不能提供的发泄渠道）的唯一方法是要认识到学校应该合理地提供什么。进而,这种认识促使人们在多方面进行面对面的教学。

前面已经讨论过,教学职业的低报酬不能与那些进入这个行业的人们的才干和奉献精神相分离——事实上这两者是密切相关的。如果我们时代的苦难表明了什么的话,那就是,人类并不是只靠经济动机生存的,同样要靠我们对所从事的事业的憧憬,无论这一憧憬多么天真。教师职业的失败并不能只归结于报酬——无论它多么需要得到改善——而且要归结于这样一种失败:大学、师范学院和整个国家都没有将教师职业视为一种高尚的志业。但是,我们可以更进一步地认为,教师职业的改善需要学校中具有健全而彻底的民主制度。我们把民主制度理解为杰斐逊主义和杰克逊主义这两种互相补充的力量的交互作用,其中一种把机会看做优秀者的保育员,另一种则把机会看做平等的卫兵。因此,如果平等的机会不但存在于课程中,而且存在于现代生活环境赋予学校的广泛职能中,那么,民主制度的要求也扩展到了这些范围。大家都是教师,而所有的教师同样都是必要的,因为,他们通过课程或者课程以外的东西向年轻人提供机会,而正是这些机会使人们的生活趋于完善。教师职业的改善首先取决于对教师职业的更宽泛的认识。

杰斐逊主义和杰克逊主义究竟是相互补充的还是相互对立的呢?我们的未来将在很大程度上取决于这个问题的答案。这些术语当然是模糊的和相对的。我们已经批评了学校系统具有太多的杰斐逊主义色彩,因为它给予学术性科目和技术性科目以不同的地位,而学生从这里会走上相对确定的未来。我们的教育是一种强烈的中产阶级标准,这必然使大约一半的高中生失望和痛苦,他们会发现自己被扔进另外一种角色中,而他们的所有优点几乎都还没有被发现和认识。另一方面,学校系统同样可以被说成是杰克逊主义的,因为它基本上没有发现和促进有能力的年轻人的成长。外部影响也发挥了同样的作用,例如:广播和电影,它们总是精明地面向大众。我们在上文曾不太乐观地说过,没有一个人,也没有一个社会能同时做好两件事情。当然,人类的倾向是追求一个目标而忘却另一个目标。教育家也常犯这个错误,他们要么设置一套冰冷地忽视大多数人的文化标准,要么放任一种平淡乏味的平等主义。"获得一个好处总要以放弃另一种好处为代价",这一信念可以追溯到"强者的自然权利"的信念——它与宗教信仰和文明的最好经验都是相悖的。美国学校系统的希望,事实上也是我们社会的希望,确切地说就是要能同时追求两种目标:向有能力的人提供舞台,给普通人提供机会。只要人类能拥有共同的志向,这两个目标就不是分离的。

1.5 追求统一性

前面没有提及学院(college),现在也不想特意讨论。然而,高等教育和中等教育无论有多少共同点,但在一个决定性的方面是不同的:它们与所谓的"现代知识体"(the body of modern knowledge)的关系。中等教育当然反映了这一知识体。现在的高中生所学的内容与他们父母辈所学的东西非常不一样。但是,学校的任务毕竟大体上是没有时代界限的。在你明确区分今与昔之前,你最好去学习任何知识所需要的观点和方法。学校是一个文明教化的场所,其基本的宗旨就是要给予年轻人任何文明都要倚重的工具。另一方面,学院是对知识王国进行直接的、几乎镜子式的反映,时刻对它的各种动态作出反应,随着它的变化而变化。这并不是说,学院就没有自己的文明教化的任务要履行,它也有。然而,人们的看法大体都是,学院文明教化的任务是第二位的而不是第一位的。或者说,文明教化的任务至少与学习和理解的任务相互交织在一起,与它们不可分离。这样,在探讨与学院有关的任何有益之事之前,有必要首先简单地用现代的观点考虑目前的现实。也就是说,有必要从现代知识特征及学院应承担的使命这两个角度来理解人类及其赖以生存的世界。在下一章中我们将展开这一讨论。正如在开头所说的,整个通识教育问题的提出不但源于教育系统的扩张和社会的变化,而且也源于随之而来的知识的快速增长。

然而,不用说,学院绝对受到了前两种运动的影响——我们已经追溯了中学里的这两种运动。从1870年到1940年,学院30倍的增长尽管比中学90倍的增长要少,可仍然是很大的,而且这30倍的增长也带来了几乎同样的震动。因此,学院(college)一词,尽管对大多数人来说仍然是四年制文理学院(liberal college),但也包含了其他类型的高等学校,即:农业学院(agricultural college)、商业学院(business college)、工程学院(engineering college)和师范学院(teachers' college)。在芝加哥大学,学院指通常的高中的后两年和本科学院的前两年,而在初级学院(junior colleges),它只意味着学院的后两年。在全国大约690个文理学院中,水平和条件是非常不一样的,而进一步的不同已经存在于大学学院(university college)(那些附属在大学中和多多少少受专业主义氛围影响的学院)和独立学院(colleges existing by themselves)之间。另外,通常能得到公共资助的城市学院(city colleges)在增多,更不用说州立大学中出现了众多的高教分支机构。虽然高中结束时各种选择力量都竞相发挥作用,但是学院系统中的多样性变化几乎和中学系统一样剧烈。因此,前面说过的有必要用通识教育的凝聚力和融合性作用来制衡中学里不可避免的分歧的主张同样也适用于学院。不太适合于学院的是,即使人们在通识教育的更高层次的目标上达成了共识,也不可能找到通识教育的单一本质和解决通识教育问题的单一方法。当然,虽说没有一个简单的处方,没有一种对所有学院都合适的灵丹妙药,但是在广泛的限度内每所学院必须走出自己的路子。这些限度由通识教育的精神和主旨来确定,而通识教育是一种促使现代人团结起来而非分裂开来的教育。这一问题将留待下一章来讨论。

再者,高等教育的扩张已经使任何一个现存的学院分裂得与自己对立起来,它显得更大并更富有现代特质了。两种明显的、影响广泛的步骤已经促成了现代学院的形式。第一,所谓的自由选修制,这种制度在19世纪70年代到80年代由权威的埃利奥特校长推广开来,最终在美国学生面前打开了滥觞于欧洲大学的,但在这之前只是为在欧洲求学的美国学生所提供的专业化知识的洪流。从早期的严格规定的课程中迈出这一大步是完全必要的,也是不可避免的。但是,这种选课制所导致的自由泛滥引发了许多难题。如果学生可以从现在非常宽泛的课程中选修任意科目,他们学业的连贯性和心智训练靠什么来保证?这种训练可能存在,但是可能是很粗糙而随意的。基于对这一问题的诸多考虑,教师们不断地通过要求学生在那些或多或少地存在关联性的科目中必修一定比例的课程来限制学生的自由。在各个学院里,这种必修的比例有所不同。但是随着主修领域的范围和重要性的增加,专业之外的必修课变得越来越少。所谓的"专修"或"主修"制,这是促进学院变化的第二步。这种制度现已在大多数美国学院中实施开来。

正如前所说,导致采用专修制的主要依据是心智训练理论。如果博雅教育(liberal education)*不再意味着共同教学内容方面的知识,它至少应该是共同方法方面的经验。但是近来,这种教育观点正在遭受不断的批评。因为,非常可疑的不仅在于:所有课程中,例如化学课程和文学课程中,所包含的心智训练是否是一样的或相似的;而且还在于这样一点:学生选修和关注某一具体科目的动机非常普遍地被证明是与学术训练无关或极少相关的。相反,随着现代生活越来越依赖于专业化知识,学院中各种各样的学科领域仅仅只是在为生活中这样或那样的职业做准备。总之,对许多人来说,尽管绝不是对所有人来说,它们已经变成一种高级的职业训练。我们在这里不打算为职业主义辩护或者去抨击它。它与现代生活具有明显的联系,它或许与民主国家同样存在着联系——在这种民主国家里,世代相传的有钱阶级不很普遍,几乎所有的年轻人都不得不为谋生做准备。我们稍后再详细讨论这一点。我们在这里的观点是,这种职业上的专业主义往往局部地(虽然不是全面地)削弱了学院所曾拥有的理论上的统一性。正是这个原因,我们在前面才说,学院被分裂成与它本身相对立的东西。如果各个不同的学科领域代表不了一种共同的训练或者不能提供类似于共同的人生观之类的东西,那么学院的统一性只能来自于模糊的传统或者单纯的人群聚集。

现在的状态是这样的,或类似于这样的:整体而言,各学院的目标和方法异常多样,而这种多样性同样也存在于任何一个学院内部,只不过程度较小而已。这一情形似乎使得博雅教育失去了任何清楚、一致的含义。一段时间以来,这一情形也困扰着人们,并促成了一系列

---

* liberal education 在这里指美国学院(文理学院及大学学院)所提供的通识性教育。

的解决方案。教派主义的学院,尤其是罗马天主教掌控下的学院当然有它们自己的解决办法,这一办法直到近一个世纪以前还被美国的学院普遍地共享着。它其实是这样一种信念:基督教给予所有课程,事实上也给予整个学院生活以意义和最终的统一性。然而,这种解决方式完全不可能适合公立大学,而且,即使合法,也不可能在绝大多数其他学院中实施。有人认为,民主制度的阿卡琉斯之踵就在于,就其本质而言,它不能在最终意义上培植共同的一致意见,并且或许还必须培植相反的思想。但是,无论个人持有何种观点,宗教现在不是大多数学院实现学术统一性的可行途径。

人们还在欧洲和美国过去的巨著中所体现出来的西方文化传统中找到了第二种解决办法。它很可能是可行的,我们在后面将仔细讨论它。但是,乍一看,它遇到了两个困难:第一,甚至在学院学生(更不用说高中生,正如我们反复主张的,真正有效的统一性方案也应推广给他们)之间都存在巨大的能力和品味上的差距;并且,或许更重要的是,人们怀疑,以成百上千种现代形式表现出来的创新和变革精神,也许像传统精神一样,也是西方文化的根本组成部分。

第三种解决方式准确地认识到了变革的精神。它集中于现代生活,并且抛弃了知识在形式上的区分,试图按照预想中的年轻人在成熟生活中会遇到的实际问题——健康、职业、家庭、社会观点、个人标准,等等——来重组知识。这里的困难在于,它略显幼稚地忽略了这样一个事实:许多人已经长期地为人类知识作贡献,因而这种工作有一种尊严,它几乎是一种苦行,渴望得到尊重。而且,既然条件变化了,拿什么来保证学生所学的就是他们将来在生活中会遇到的呢?总的来说,将与现在的关联性作为表达教师观点和强调知识对于生活具有不可避免的影响的观点,比把它作为统一性原则似乎更为有效。

最后,实用主义者在科学和科学观点中看到了能够拯救他们的统一性,他们认为,现代知识的共性如其说是任何全面的方案,不如说是一种在独立的、实验的、观察的精神下解决问题的习惯。然而,如果说实用主义哲学家严格恪守了实用主义的哲学原则,那么,至少他们的弟子在实践中看起来不那么"实用主义"——如果可以这么说的话。也就是说,这种思想类型总试图将整个信仰和义务忽略为无关紧要的,但实际上人类的许多活动都是受义务和信仰的支配。如果实用主义被推广到价值的领域,它将冒着失去科学特征的危险。最根本的问题是,科学态度是否适合于生活的所有层面。在这个问题上,我们至少可以说,答案是不确定的。

因此,我们还必须继续探索一个有总体逻辑性、相对稳定、不易被打破的框架。在这个框架中,学院和中学都可以同时完成他们既多元又统一的任务。这个逻辑必须宽广到能涵盖现代生活真正的丰富性和多样性——这种丰富性如果不是完全地,至少是部分地反映在我们目前教育系统的复杂性之中。它也必须强大到能为这一系统制定目标和方向——这在目前还不那么明确。显然它应该存在于美国社会的特征之中:由于它来自于一个旧世界,因此它就不完全是一个新世界;由于它认可了几种信念,因此不能完全仰赖于创新;又由于在国家政府之上还有原则,因此也不能完全仰赖于法律。这一逻辑必须进一步体现美国精神的某些精微之处,或许特别是体现那种无论是否认同终极目标而在行动上互相合作的理想,也就是说,无论如何理解人类精神的价值和意义,都对其有着坚定的信仰。而这一信仰依赖于那个艰难但又伟大的事实:宽容不是源于标准的缺失,而是源于对标准的掌控。

二　通识教育理论

2.1　遗产与变革

前一章,我们试图勾勒美国教育扩张的大致轮廓,并试图指出影响这种扩张的各种因素。教育的迅猛发展,就像其他对美国人民的生活造成过重大影响的标志性事件一样,带来了从前的简单时代里无法想象的干扰和不适。马基雅维利的一篇名为"对话"的文章,在谈及罗马共和国为何在发展速度最快之时却显现出混乱的迹象时指出,在这样一个生机勃勃的国家里,混乱是不可避免的。他总结道:"如果罗马共和国想更加平稳地发展,那么这将同时导致它变得虚弱,因为这样做会关闭通往强大的那条道路。为了避免混乱,罗马就必须减慢它的发展速度。"如同现在的美国,被认为设计得最为理想的教育制度,也出现了与国家的成长与发展所引发的诸多未曾预见的力量的冲突。这种发展虽然是教育中存在着的最严重的问题的起源,但同时也是教育进一步发展的动力和完成未来使命的基础。

为了对教育的现实情况作出正确的估计,同时也为改革当前教育制度提出合理性建议,我们需要洞悉美国教育的理想目标,哪怕只是试探性地。相应地,本章将探讨或许可以稍微正式地称为美国教育哲学的东西,尤其是要探讨美国教育哲学的一部分——通识教育。

在前一章的结尾部分,我们曾经指出美国教育最需要的是统一的目标和理念。一个世纪以前,毫无疑问地存在着这样一种教育目标:

培养基督教公民;同样毫无疑问的是如何成功地实现这个培养目标。学生的逻辑能力由数学培养,其品位依靠古希腊语和拉丁语的经典著作来塑造,演讲能力有赖于修辞,理想通过基督教伦理养成。学院的概况手册一般都要首先强调这种培养对学生的心智和人格具有的影响。这种培养的目标和手段的确定性令人羡慕,不过这种确定性已经基本消失了,其消失的原因已经在前面探讨过。几十年来,扩充课程、增加新科目、新生入学、新方法的改革等激动人心之处吸引了中学和学院的大量精力,这似乎是情有可原的。现在,人们常常批评扩充时代的领军人物没能恢复,或没明白有必要恢复他们所破坏了的统一性。但是,仅仅批评这些领军人物是不合乎历史发展规律的。美国教育所面临的艰巨而重大的任务是教育的现代化和教育的拓宽,人们热切地期待着这一任务能够成功实现。然而,在这段时间里,统一性的问题变得更加引人注目了。我们面临着教育的多元化,当然它有许多优点,不过,它也破坏了社会赖以存在的教育培养及观念的共同基础。

我们的教育实践都立基于理念,而这些理念中有许多(尽管不是全部)似乎都基于对"遗产"的认知。"遗产"一词在这里不仅仅意味着历史回顾。所有的教育都是为了帮助学生过上"好"的生活。诉诸"遗产",部分地是诉诸权威,部分地是诉诸过去所理解的"当前什么很重要"。所有天主教学院和许多新教学院,倾向于把基督教中有关人和历史的观点当做人生的终极意义和直接标准。正如上文所提到的,近一个世纪以来,美国的教育实践总体上都是基于这种"遗产"的;并且,当然,这种按照过去所认可的模式来塑造学生的做法,以各种方式存在着,从来不会从教育中消失。如果不是这样,社会将无法延续。

如果从这一点上认识"遗产",宗教教育与古典名著教育之间就存在着非常近的相似性。主张后者的人,把教育主要描述成为一个通过语词和数字的技艺——即所谓的"三科"(语法、逻辑、修辞)和"四艺"(数学、几何、天文、音乐)——进行学术训练的过程。但是,这种训练的内在理念是返回古典(antiquity),而其所依凭的著作事实上都是西方传统中的名著。因此,更公正的看法似乎是,在不否定这种课程的学术训练价值的前提下,把它主要看做是在学生面前开放那种形成了西方人心智的学术力量的过程。在某种意义上,名著教育可以被看做是新教精神的世俗延续。就像早期的新教主义抛弃了中世纪宗教的权威和哲学,而提倡每个人对圣经的不同理解一样,现在的这场运动反对圣经的独一无二的权威性,而注重阅读那些最充分地揭示了西方人心智的著作。但确切地讲,如同宗教教育一样,这种名著教育究其实质就是要把文化遗产介绍给青年学生。

尽管在现代民主生活中遗产的地位似乎已经不那么显著,但它作为教育的一个组成部分的重要性却丝毫没有减弱。从某种程度上讲,民主制度的隐含意义正在逐渐被揭示出来,而且它的含义还在扩展之中。因此,只有经过长期的教育努力,才能促使学生接受某种公认的理想。我们不妨细想一下美国历史的教学和现代民主生活的教学。无论这种教学表面上看是多么以事实为基础,但它通常总是包含着一个并没有科学证据的假定。这个假定就是:民主是有意义的而且是正确的。此外,既然现代生活本身是历史的产物,那么,学习它就是无意识地在圣贤曾经漫步过的古典赞美诗的语词中漫步。毫无疑问,要了解现代民主,至少要了解杰斐逊,尽管你没有阅读他的作品;要学会尊重演讲自由或个人良知的权利,就不能对《论出版自由》或者《安提戈涅》(Antigone)一无所知,尽管你可能毫不知晓这些著作。正如历史哲学家所辩称的,无论是限于目前的条件,我们通常不可避免地要用现在我们所知的东西判断过去,还是认为人类的动机和选择总是随着时代的变迁而变迁,事实都是,现在和过去是正在铺展开的同一风景中的两个部分。不管你进入的时间是早还是晚,你看到的通常只是同一问题在未竟的进程中的阶段性过程而已。

到目前为止,我们可以认为,我们的文化充分地反映在当前有关教育的理念中。就此而言,有一点十分清楚:教育的传承功能,尽管这不是教育的唯一功能,要部分地依赖于某个传承下来的有关人与社会的见解。所有的可能性都向我们中一个个的个体或所有人开放,这不是真的,也不可能是真的。我们每个人都是某个有机进程中的一部分——这个有机进程就是美国的进化,而更广泛地讲,则是整个西方的进化。我们的判断标准、生活方式、政府体制都体现着这个进化过程的特点。相应地,整个进化过程也影响着我们,尽管这种影响很混乱,而且甚至不能为人们所理解。原则上,这种影响应该得到不同程度的理解,并且这些理解是相互补充的,而非相互排斥的。研究美国的现在,最好是要明白,一个自由社会在克服其缺陷的过程中有何目的和意图。研究过去,在于极大地丰富现在的意义,同时要通过简化从历史中精选出来的作品和问题来澄清这种意义。无论研究现在还是过去,都在于以各种形式面对人类历史上哲学的、宗教的事实,以及承认基督教中的犹太、希腊思想的溪流对过去和现在都具有持久的巨大影响。毫无疑问,宗教教育、名著教育和现代民主教育在某种意义上是互相排斥的,但在更重要的意义上,它们都致力于同一目的,即,对于我们都在继承、适应和传递的有关人与社会的理念的信仰。

这种有关人与社会的理念被人们以多种形式描绘着,近来它最普遍的就是被描述为人的尊严。谈及对人的尊严的信仰,我们就必须承认个人对其他人所负有的责任。尊严并不会栖身于任何一个与他人相分离的人身上——这样的人在任何情况下都不会有——它应该是源于共同的人性,并且客观地存在于个体将公共福祉当做自我福祉之时。尊严基本上是西方的传统概念,它把人看做自由人而不是奴隶,看做是目的而不是手段。它或许含有许多人所认为的人本主义的局限性,即骄傲自大的局限性,而这种人本主义起因于把人当做万物之尺度。但是,由于它与宗教的人生观是相融合的,因此它的这些局限性又可以忽略不计。这有些像上一章末所描述的没有一致性的合作,在对人的善行的认识上达成一致,却不必要对终极目标达成一致。但是现在要补充两点。首先,正如上面所指出的,教育的目标并不与宗教教育、西方传统教育、现代民主教育的目标相冲突,而是大体上包含了它们的目标。反过来,由于它们已经成为我们共同传统中的必要因素,在很大程度上,每一种教育的含义在其他教育中都能够不同程度地被人理解。当然,对人的尊严与相互责任的信念的最有效的表述方式就是既继承过去又着眼于现在,并且不局限于事实而理解信仰。第二,有一点已经很清楚:各种观点的共同点,即引导学生接受一种公认的关于"善好"的观点,事实上对教育是很必要的。我们的社会和其他任何社会一样,依赖于共同的信念,而教育的主要任务就是使这些信念永存不朽。企图逃避这一认识是不可能的。

这种结论提出了一个关于教育的基本问题,实际上也是关于社会的基本问题:共同的信念和引领变革的自主性创见都是必需的,但如何协调二者呢?我们这里研究的,是前面提到过的但又不能囊括在"遗产"理念中的一个教育观念,换句话说,是与詹姆斯*和杜威相联系的观点,与科学、科学态度和实用主义相关的观点。这里不是一个总结这种思想的合适地方,甚至不适合详细地探讨杜威如何把这种思想应用于教育。要这样做,实际上得追溯到四十多年前的教育争论。但是,只有冒着对杜威的整体思想评判不公之险,才能提出几点看法。杜威的思想推崇科学方法,在他那里,科学方法指的是通过实验数据才能得出结论的方法,但是,由于数据或许被夸大,而结论本身也可能掺杂着其他结论,因此必须小心谨慎地对待这些结果。它强调真理不可能被完全探知,我们必须不断地以事实为基础修正我们的结论,使之与现实更接近。正如责任心和忠诚感标志着遗产意识,不屈不挠的精神、好奇心和勇于求变的品质则是典型的实用主义态度。

那么,这就形成了一种教育观——忠于事实,赞赏变革,甚至善待变革。初看起来,这种教育观似乎与重视遗产的思想相对立。这种对于传统的敌意,很恰当地反映了现代人心智的一个面向。在过去的几十年里,如果我们没有迫切地感到时代的发展需要人们具有新的心智和思想,就不可能对不断变化的新形势进行思考,也更不可能对自从文艺复兴以来的变革以及主要舆论思潮进行思考。而且,很明显,实用主义哲学在美国最为登峰造极绝非偶然。然而,尽管看起来它与基于遗产的各种教育观有冲突,但是问题是:实用主义的质疑态度、创新和实验态度是否就一定是西方遗产之外的东西呢?或者从"实用主义"这个词的最广泛的意义上讲,这种思想是否就不是西方遗产的一部分呢?

这一主题过于宏大,本书倾其全部也难道尽始末。但至少在这里我们可以认识到,我们追溯古代不单纯是出于好奇心,还因为古代思想是与我们的观点相近的。古希腊的井然有序宇宙观、理性立法基础

---

* 威廉·詹姆斯(William James,1842—1910),美国本土第一位哲学家和心理学家,也是教育学家,实用主义的倡导者,美国机能主义心理学派创始人之一。

上的政治自由观、人的内在生命服从于理性统治的思想等,绝对是通过怀疑主义、观察或实验的检验获得的。古代原子论者和医学著作者,甚至在很大程度上包括苏格拉底自己在内,都严格地信守依据观察到的事实进行归纳这一原则。苏格拉底,雅典城的教师和"牛虻",给他的学生和公众最深的印象是,人应有反思自己信仰和批判自己假设的责任。苏格拉底是一个个人主义者,他宣称人应该运用自己的推理能力形成自己的观点,而不是通过社会灌输来形成。然而,就是这同一个苏格拉底却在明知城邦对他的判决是错误时,仍然顺从地接受了死刑。再者,基督教在历史上一直非常关注现世生命的重要性。关于道成肉身的教义,也就是宣讲上帝以人的形态生活在地球上,正是体现了这种关注。也许古希腊思想认为只有无时间的世界有无比重要的意义,但在基督教思想中,历史的过程被赋予了绝对的重要性。如果可以说民主的理想交织在人的尊严(也就是说,他作为一个独立的道德实体的存在)以及他对他人的责任(即根据外在的表现来检验他)这两种思想之中,那么这两种思想显然受惠于以下两条相互交织的诫命:爱上帝,爱邻人。

  始终如一地诉之于经验和推理的双重论证是西方文化的特色,它贯穿于整个西方历史中。承认这一点并不是要减少现代科学时代的原创性或掩盖现代科学与古代的决裂。在耳熟能详的怀特海*的著作《科学与现代世界》的开篇章节中,他探讨了现代科学的起源,把现代科学的起源归结为对抽象推理的反叛以及对独特的事实的尊重。如果这样讲是对的,那么也就是说现代科学的动因是反理性的,或者说得好听一点是反理论的,意味着它反对西方人所知的最高的学术体系,也就是经院哲学。然而即便科学的这种起源问题是真的,现代人无疑还是继承了实验主义的偏好、观察的热情和对抽象推理的不信任,这些科学自起源以来一直具有的特征。

  但是,同样毫无疑问的是,现代科学的发展是西方传统内部的重点转移,或许在一定程度上是一种重点回归,而不是彻底的、本质上的

---

* 阿弗烈·诺夫·怀特海(Alfred North Whitehead, 1861—1947),英国数学家、哲学家。他出生于英国的肖特郡,在美国马萨诸塞坎布里奇逝世。

变革。将更古老的西方文化等同于传统主义是一个错误。古典时代流传下来的追求真理的工作方式是倚重推理和经验。古典时代旨在为文明生活提供标准。通过与基督教融合，古典时代的重要性得到了提升和强化。但是，在中世纪晚期，当它被严格地系统化之后，它与经验和个人探究失去了联系，违反了它的本性，并激起了现代主义者的反叛。传统主义和现代主义之间的明显对立已经成了西方思想的悲剧。现代主义者恰当地肯定了探究和经验的重要性。但是，经院主义者的不足是以丧失活力为代价片面追求系统化，而现代主义者则以牺牲范式为代价追求活力。

古典和现代作为西方文化中的两个对手，在存在着不一致性的同时，还有着某些一致性。例如，两者都认为科学观点并不是与人类价值相对立的事物。即使科学仅仅被看做是一种手段，但也不能推导出科学就一定会忽视人的内在价值。因为人类生活的价值观不能在物理真空中获得，价值观的实现需要一定的物质条件。古典文明在一定程度上没有减轻贫穷、疾病和污秽，没有提高大众的低水平的生活，因此也没有使人自由。相反，科学，尤其在其医学和技术应用上，已经成功地部分解决了这些问题，在此意义上，它为人类价值观的实现发挥了作用。因此我们认为，科学已经践行了古典主义和基督教所宣称的人道主义。

科学所做的远非只是给人类的美好生活提供物质基础，事实上它在精神层面上直接培育了人道主义的价值观。这是因为，科学既是在精确的论据之上形成客观、中立判断的结果，也是培育这种态度的源泉。在为民主社会培养公民的活动中，科学的态度和习惯尤其是有价值的。科学的习惯反对权威的武断性，其基本原则是直接和持续不断地追求事物的本来面目。因此，它培养了自由人的诸多品质。约翰·洛克[*]提出了在反对既定权威的前提下建立人的自然权利的政治信条，与此同时，他也是一个反对先天观念之权威性的思想家，这一点绝非偶然。

因此，研究古代和中世纪的学者们可以说，关于人的心灵本身、人

---

[*] 约翰·洛克(John Locke，1632—1704)，英国哲学家、经验主义的开创人。洛克是第一位全面系统地阐述宪政民主基本思想的作家。

与世界关系等的重要真理在那时就确定了;他们也应该同意,当这些真理通过严格的事实检验得到新应用时,它们的整个含义也随之被扩大了。现代文明已经看到了这种意义的扩大和可能性,然而它不是一种新文明,而是早期文明的有机发展。教育的真正任务是把来自于遗产的范式和方向与来自于科学的实验和革新协调起来,使得它们可以有效地共存和相互促进。在西方历史上,二者在不同程度上从未中止过这种共存的状态。

有关人的尊严和相互责任的信念是我们文化中这两种既对立又相互不可或缺的力量的共同基础。正如我们前面所指出的,这种信念是宗教、西方文化传统以及美国传统的共同果实。它同样激发了对人类理性的确信,而这种确信正是人们信任民主制度之未来的基础。严格地说,如果它没有暗含在科学方法的所有陈述之中,毫无疑问科学也已经变成其有力的工具。遗产和变革这两种相互对立的力量只有在对人的确信中才能取得平衡。而在这两者的张力中,存在着类似于善的知识(the knowledge of the good)这样的哲学命题。如果你懂得善,你为什么还要寻求它?如果你不懂得善,当你发现它的时候,又如何去识别它?很显然,你肯定既熟悉它又不了解它。正因为这样,留传给我们的关于人和美好社会本质的那种传统必定为我们提供了善的标准。然而,传统本身存在着这样一条公理,即确信:任何公认的理想的当前形式都不是最终的,每一代人,甚至每个个体都会发现它的新形式。因此,教育既不能完全信赖传统也不能完全变成实验,既不能认为理想本身就足够了,也不能认为远离理想的手段是有价值的。它必须同时支撑传统和试验、理想和手段,就像我们的文化本身那样守正出新。

2.2 通识教育和专业教育

在前面一节中,我们试图概述蕴含在美国文化乃至教育中的共同因素。在本节里,我们将进一步揭示,文化的丝线是以什么方式被编织到教育的织物里面的。广义地说,教育可以被分成两个部分:通识教育(general education)和专业教育(special education)。现在,我们就是要揭示这二者的区别和联系。"通识教育"这个术语有点模糊苍白。它并不是关于"一般"知识(如果有这样的知识的话)的空泛的教育;也不是普及教育意义上的针对所有人的教育。它指学生整个教育中的一部分,该部分旨在培养学生成为一个负责任的人和公民。而"专业教育"这个术语,指的是旨在培养学生将来从事某种职业所需的能力的教育。此二者同为人的生活的两个方面,是不能完全分离的。认为这两种教育具有非常明显的区分是错误的。我们现在就来更详细地讨论这一点。很清楚,通识教育具有自由教育的某些含义;除此之外,它实施于高中和学院,是为更大数量的学生设计的,这样就避免了有些人对自由教育的反感(无论这种反感是对还是错)。但是如果从自由教育的根本含义即"适于或有助于造就自由人"这一意义上讲,通识教育和自由教育的目标是相同的。自由教育可以看做是通识教育的早期阶段,它们本质相同但程度有所差别。

对自由教育的反对——既反对这个词语本身也反对相关的教育实践——大体上源于历史的因素。自由教育概念最初出现在奴隶社会,例如雅典。在奴隶社会里,人被分成两种:自由人和奴隶,或者说统治者和服从者。奴隶承担仆佣性质的专门化职业,自由人主要关注公民的权利和责任。对于前者的训练完全是职业性的,但是自由人不仅是统治阶级,而且是有闲阶层,他们的教育仅限于自由的技艺(liberal arts),没有任何实用的色彩。自由人被培养成为思索与追求美好人生的人,他们的教育既是非专门化的(unspecialized)也是非职业化的(unvocational),其目的是培养出一个对于自身、对于自身在社会和宇宙中的位置都有着全面理解的完整的人。

现代民主社会显然不会把体力劳动当做是令人厌恶的或可耻的事情。相反,至少在美国,一个人如果过于悠闲会让别人不理解,"绅士"们被期望参与某种工作。因此,我们对职业教育并无恶感。而且,只要我们明确反对这种思想,即自由人只有在他拥有奴隶或服从者的时候才是自由的,那么我们就极容易反对与贵族政治的理想结构相匹配的自由教育。在这里,我们的社会冒着犯下一个严重错误的风险。民主就是认为,不仅是少数人,而且是所有的人,都是自由的,因为每个人都掌管着自己的人生,并且分担着管理共同体的责任。如果这是事实,那么所有人都需要接受更宽广、更全面的教育。现代民主社会的任务是保存古代自由教育的理想,并且尽可能地将其扩展到共同体内部所有成员的身上。总之,在质疑古典理想的时候,我们容易把非本质的因素和本质的因素相混淆。确信人人平等,就是确信"好"的生活;而培养公民过上"好生活"的教育是所有人都应当平等享有的权利。衡量一个自由人的标准应该包括:第一,他自由吗?也就是说,他有能力为自己作出判断和规划以至于真正地掌管自己吗?为了能够做到以上这些,他必须具备自我批判的精神,他必须过一种自我审视的生活。根据苏格拉底的观点,这才是一个自由人所应该过的生活。第二,他的同情心和动机具有普遍性吗?因为文明人是整个世界的公民,他应该克服了"狭隘的乡土观念"(provincialism),他应该是客观的,并且是"任何时代和任何存在的旁观者"。以上两点,无疑也是民主的主要目的。

但是,对通识教育的反对意见,不是由纯粹历史性的原因造成的。我们生活在一个专业主义的时代,在这个时代,对于学生来说,成功之路往往在于选择一种专门化程度较高的职业,无论做一个化学家,还是成为工程师,或者医生,或者从事某种商业工作、某种体力或技术性工作的专业人员等。这些专业中的任何一种都是时代日益需要的,也吸引着更多学生的兴趣。在我们具有流动性的社会结构中,专业主义是实现阶层提升的手段。然而,我们必须认识到,一个完全由专家控制的社会不是一个明智而有序的社会。当然,我们不是排斥专业主义。问题是如何在一个专业主义必不可少的系统里挽救通识教育及其价值。

社会对专业训练需求的强劲势头,更需要通识教育提供一种协调、平衡的力量。专业主义加强了社会的离心力。为满足社会的需要,产生了许许多多的专门化职业——一个领域内的专业人员不懂其他领域专业人员的语言。但是,为了使自己能履行作为公民的责任,每个人必须能以某种方式从整体上把握生活的复杂性。甚至从经济成功的角度看,专业主义也有其特定的局限性。职业中的专门化会使一个原本流动的世界变得僵化。各种事务都要求人们具有能够适应不同局势、管理各种复杂人类机构的智慧。随着经济进步速度的加快,技术的更新也在加速。学生在学校里接受的训练,在他准备工作之时或者工作一段时间以后就会变得不再有用。所以,我们的结论是:教育的目的应该是使学生成为既掌握某种特定的职业或技艺、同时又掌握作为自由人和公民的普遍技艺的专家。这样,曾经是两个社会阶层分别接受的两种不同的教育,现如今应该为所有人共同接受了。

当今时代,为了谋生,几乎所有人都成为某一领域的专业人员,通识教育因而具有特殊的重要性。既然没有一个人可以精通所有领域,每个人都必须信任绝大多数领域里造诣更深的其他人的意见。我必须相信我的医生、管道工、律师及无线电修理工等人的建议。因此,我特别需要具有一种智慧,借以判断:谁是专家,谁是冒牌货;谁是水平较高的专家,谁是水平较低的专家。从这一点来看,通识教育的目的在于提供广泛的批判意识以便能辨识出任何领域中的能力。威廉·詹姆斯曾经说过:一个有教养的人看到品质良好之人的时候,就能认定他是一个"好"人。每种活动——手工的、运动的、学术的或艺术的——都具有不同的水准和风格。一个受过良好教育的人,应该能够在自己专长以外的领域中辨别出优等品与劣等品。通识教育在民主国家里尤其必要,因为,在这样的国家里,领袖和官僚是选举产生的,普通的公民只有具有充分的辨别能力,才能不被表面现象所迷惑,从而选出英明的候选人。

两种教育——专业教育和通识教育——有助于实现我们文化中普遍存在的力量。这里,我们再回到本章开始我们所探讨的美国教育的目的上来。我们的文化根源中有两种相互补充的力量:一方面,是关于"人"和"社会"的理想,这种理想提纯自过去,但作为一种自身有效的判断标准,其意义又超出了过去;另一方面,是一种信念,即认为现在没有关于"人"和"社会"的理想的最终确定表达,因而认为这种理想要根据新知识进行不断的审查和变更。专业主义通常是第二种力量的工具和手段,它培养人的开放的心灵和对调查研究的热爱,而这种开放性和对调查研究的热爱恰恰是变革的源泉;专业主义致力于开发那些能引领变革的方法。当然,事实并不总是如此,现实中也存在所谓"贫乏的专业主义",它固守现成的知识,并最终在最贫乏的保守主义中结束。现代生活也需要很多技能,尽管它们是专业化的,但也是重复性的,并且也不需要深入的探究。这些专门技能一直在为变革服务——但是是无意识地。专业主义主要关注与操作活动有关的知识,它增扩新的知识领域并推动技术的进一步应用。在这一意义上,前面所述的论断才是正确的。

专业教育包含着比职业主义更宽广的领域,相应地,通识教育也不仅仅只是关注与文学有关的事情。有一个例子可以使我们理解得更清楚。一个学者,比如说一个科学家(无论他是学生或者教师),为了使自己免于狭隘,于是他去选学英国文学课程,阅读诗文和小说,聆听音乐,或者欣赏美术作品。所有这些,明显地是美好的,但同时也反映了一个误解。怀着一种不合理的谦逊,科学家错误地认为人文学科是"博雅"(liberal)的,科学是"褊狭"(illiberal)的。如果柏拉图和西塞罗听到几何学、天文学和自然科学被排除在人文学科之外,一定会很惊讶。再回到把自由教育等同于贵族理想的谬误上来,这里也蕴含着一种对博雅学科(liberal arts)的更严重的歧视,其隐含的意思是认为自由教育是上流社会的事情。一个存在于学生当中的类似错误是:他们把主修以外的必修课程视为"需要克服"的困难,认为唯有克服了这些困难,他们才可以从事严肃重大的教育事务,而这种教育事务在他心目中就是专业领域。

现在,无论在什么学科领域中,通识教育与专业教育的区别都不在教学内容上,而在方法和观点上。当人们用技术性的方法去学习文学时,就会产生语文学这种专门的科学,也存在运用高度专门化的历史学方法研究绘画的专业。专业主义具有可互换性,但不是与自然科学互换,而是与科学方法互换,即与那种把事实从其背景中分离出来并在完全孤立的状态下加以处理的方法互换。科学方法的好处是最大限度的精密性和准确性。但是,正如我们所看到的,专业主义作为一种教育的力量有其局限性,即它通常并不提供对总体关系的理解。

还有一个观点值得一提:专业主义的影响不但体现在需要和适合专业化的那些教育阶段,它也影响了高等教育甚至中等教育的整个结构。教师,作为具有高度技术性的那些学科的产物,倾向于在课堂上再生产他们的专业化知识。结果,专家所教授的科目,趋向于吸引潜在的专家。这种抱怨或许在追求学问的大学和学院中感觉更加强烈。学院(college)里的本科生从教授那里接受教育,教授是从研究生院(graduate school)训练出来的,而研究生院是以专业化为指导思想的机构。学习现在被多样化了,并且被分成很多个专门领域。相应地,学院和大学被分成很多系科,各系科内部又进一步地专门化。结果,想学习通识性课程的学生通常会感到沮丧。甚至初级课程都被设计成系科内部某门专业里的导论课,它只有在充当一系列高深复杂课程的入门部分时才会受到重视。总之,这些导论性的课程是为专家设计的,而不是为接受通识教育的学生设计的。年轻的化学家在文学课上以及年轻的作家在化学课上都会感到非常不舒服,只要这些课程的首要目的是训练那些将继续深造的专家,而不是提供对化学科学或文学技巧等的基本理解。

如果我们将通识教育看做某种无定形的东西,也就是说,认为通识教育就是选一门又一门的课程,如果我们将通识教育看做某种消极的东西,即认为通识教育就是对专修领域之外的课程的学习,那么,这将是最不幸的。正如我们把专修课程看做是互相之间有确定的关系一样,通识教育也应该被看做一个有机的整体,它的每一部分都在讲述同一个主导思想,并为同一个目的服务。这样做意味着摒弃一种观点,即认为所有领域和所有系科都是通识教育的同样有价值的手段和工具。它也意味着一些规定。至少,它意味着反对"分布必修课"(distribution),即:学生在通识教育中可以不加限制地选修课程。人们会反对说,我们正试图以自由教育的名义限制学生的自由。这种反对仅仅显示了自由教育概念的模糊性。我们必须严格区分"教育中的自由主义"和"自由主义中的教育"。前者立基于个人主义的思想,认为学生在选课上必须是自由的。但是自由主义中的教育完全是另外一回事,它是一种具有自身特定模式的教育,换句话说,它是一种与自由观念相联系的教育。依此观点,如果一个人要具有使生命变得有用的博大智慧,他就不能随意地忽视一些真理——这些真理关系到美好生活的结构,关系到达成美好生活的实际条件,包含着自由社会的目标。

最后,通识教育的问题是如何把目的的稳定性与实施方式的多样性结合起来的问题。通识教育,并不是对全国所有中学、所有学院中相同的年级来说完全相同的教育,即使在我们权力分散的体制里能做到这一点,我们也不应该这样做。更确切地说,它是一种适合于不同群体的不同需要、不同意图的教育,并且要尽可能地将其通识的精神渗透到专业教育中去。通常情况下,有效的教学在很大程度上依赖于教育者是否愿意使教育中恒定不变的主要目的适应于变动的观点。这种适应对学得较快的学生和学得较慢的学生、对于喜欢读书的学生和不喜欢读书的学生都应是同等的,它是对每个学生(个体差异)的必要保护。那么,我们想要达到的就是,通识教育既能采取许多不同的形式,又能在这所有的形式中反映出自由社会赖以存在的共同的知识与价值观。

2.3 知识的领域

我们的探讨越来越具体了,现在,我们已经触及教育的结果这一主题。在这一部分,我们只准备探讨通识教育问题,而这个问题又可分为两个方面:在我们的社会中要过上一种完满的和负责任的生活,个人需要具备何种特质(心智品质和道德品质)?什么样的知识要素可以培养这些品质?这两个问题,或者说这两个方面,乃是相辅相成的。直到现在,人们在描述通识教育时,有时说它旨在培养人在社会中的美德,有时说它是由知识本身的性质决定的。这是同一个真理的两个方面,谈及其一必然会牵涉另一个。但为了清楚明了,有效的做法是暂时把它分成两个问题,先来讨论知识的要素,然后讨论人的特质。

传统上把学问分成自然科学、社会科学和人文学科三个部分。自然科学旨在对自然环境有所理解,这样我们可以与之保持适当的关系。社会科学旨在对我们的社会环境和人类的制度有个总体上的理解,这样学生也可以与社会保持适当的关系——这里的社会不但包括地区社会而且也包括整个人类社会,此外还指借助于历史所得来的社会的过去甚至未来。最后,人文学科的目的是促使人们理解人类与其自身的关系,也就是说,理解人类的内在期望与理想。

尽管上述这些都是显而易见的，甚至是老套的，但是并不充分。学科之间的分野并不是如此绝对。仅举一例，心理学，虽然被归为自然科学类（根据以上说法），但心理学中肯定也有一些因素是与人类本性有关的。这种分类的一个更严重的缺陷是，它把教育当做是了解事物、获取信息的行为。但是，信息是沉滞的知识。尽管有这样的局限，但是，这样的分类方法也具有某些优点，因为它引导学生关注这样一个有用的真理：如果人类想过上舒适的生活——这是一个很现实的任务——那么他就必须熟悉自然赋予他的环境。

更合理的做法是根据获得知识的方法进行分类。让我们先从自然科学和人文学科的区别开始。前者侧重于描述、分析和解释，后者则侧重于评价、判断和批评。在自然科学中，陈述被判断为"正确的"或者"错误的"；在人文学科中，结论被判断为"优"或"劣"。自然科学并不对它们所描述的事物进行价值判断。化学家在陈述一种化合物的结构时，并不对这个事实进行表扬或谴责。自然科学研究那些能够被测量的东西，它借助形式逻辑和数学对研究对象进行研究。然而，这些东西本身并不是科学，甚至也不是科学的仲裁人。科学服务于一个更严酷的主人——自然界的冷峻的事实。逻辑和数学是抽象的巨大成就。它们是得出科学结论的媒介。但是当一个结果通过这种方式产生后，相应地必然会遇到一个问题："它真实吗？""它符合实际吗？"这样，根据事物的本质或表象判断，最终可以知道结论是否成立。

与数学和自然科学相反的是，人文学科探索并展示价值观的领域。例如，文学呈现给学生的是各种生活方式、悲剧的或英雄的观点，或者仅仅是悲悯的和可笑的观点。学生的想象力被激起，同时又生动地唤起与行动、激情和思想相关的理想，并且，他能够学会辨别行动、激情和思想。聪明的教师会研究经典的文学及艺术作品，以揭示人类一直困惑不解然而又顽强摸索的理想。当然，艺术的形式及内容同样重要，它们展示着不同的品味。

有关自然现象的研究已经发展了多种技术，但在价值观研究中却没有可与之相比的进步。我们可以测量一个物体，但是不能测量理想，我们也不能把一种重要的标准置于显微镜下去精确地测知它们的要素。科学的目标是精确无误，并能够达到这个目标。这部分地是因为科学不会费心去研究那些不适合精确观察的研究对象。它的范围限制在那些重复发生的事件和可以测量的事物中。而那些独特且只出现一次的现象不会成为科学的研究对象。例如,每个社会在一定程度上是独特的,因此研究社会现象的学生仍然在为寻求严格的一致性而苦恼。

科学方法和理解价值观的方法之间的确存在差异,但是如果据此认定价值观是完全武断的事物,则是完全不公正的。有人认为,由于"正"、"误"等词在用于伦理情境时,与用于数学命题中的意思并不一样,因此这里面没有合理的标准;而且人们可以或多或少自由地选择任何一套标准,并且把它们应用到实际工作所碰到的各种问题中。此外,还有人根据个人的反应走到对立面,通过绝对权威建立起固定的教条并推行之。但是标准既不是个人奇思异想的反映,也不是教条主义态度的反映。在价值观领域里,通过理性方法,根据其他人对此类事情的判断,对复杂情境进行批判分析是可能的。这里,我们再回到本章前面讨论过的问题:遗产和变革对人类信念的贡献。一旦从几个前提开始,例如从与我们对自由社会的义务相关的那些前提开始,人类的心智就能够进一步理解这些前提的内涵,而且也能够借助于经验修正它们的原初意义。尽管不存在关于理想的实验,但是关于价值观的体验存在于实际应用中,况且有大量这样的体验。尽管不可能有精确的测量,但是有对于规范和标准的极其理智的分析。尽管没有简单的一致性,但是文明人所赞同的道德原则还是有的。综上所述,我们的结论是:当价值判断是基于丰厚的经验并得到规范时,价值判断是或者至少可能是理性的;它们是可沟通的,而且可以成为理智讨论的内容和信念的内容。

最后,在此基础上,社会科学研究可以说是综合了自然科学和人文学科两种方法,既运用解释也运用评价。例如,历史学家显然关注事实和事件以及偶发事件之间的因果关系,但是历史学同样关心价值观。一个历史事件不仅仅是一个事件,它还意味着一个胜利或一个失败,预兆着进步或倒退,意味着不幸或幸运。我们的意思并不是说,历史学家对事件和民族进行道德判断。我们的意思是,历史学家是有选择的,他们从无限的事件中选择了那些与人类命运关系重大的事件进行研究。经济学中也存在相似的情况。通常并不被承认甚至并未被意识到的一点是,经济学是一个由客观对象研究和规范性判断高妙地组合在一起的学科。古典经济学家(如果不是当代经济学家的话)一方面描述和分析这种或那种经济制度,另一方面则根据某种健全的经济体的规范对其描述和分析的对象加以评价。从这点上讲,哲学的目的是把事实和价值联系在一起。哲学提出的问题是:人类的期望和理想在万事万物的整体格局中处于何种位置?

自然科学的方法在以下方面与社会科学和人文学科的研究方法是相对立的。在自然科学中,新发现得以产生的方式是,目前关于真理的认识是建立在以往科学发现的不断累积的基础之上的。科学知识是符合一定标准的、对真理的认识,因此,在所有事件中,都存在着对科学真理的共识。或者说,如果没有这个共识,就需要人们努力解决争议,然后就某些决定性的标准达成一致。但是,在其他两个领域,通常无法就任一特定时刻的充分根据达成共识。这两个领域中存在着各种各样的学派和学说,原因就是缺乏有关精确真理或正确性的标准。在科学中,思想总是在不断进步,后面的研究不断对早先的研究进行纠正,并把早先阶段所发现的真理内容包容在自己的研究中。如果伽利略能够复活,毫无疑问,他一定会认为后来的物理理论研究相对于他自己的研究来说是一种进步。总而言之,严格地讲,科学思想的发展历史与科学本身并不相关。但是,我们的哲学或者艺术尽管可能比穴居时代的哲学或艺术要好一些,但我们并不能以同样的确信下断言说它一定比古希腊时期和文艺复兴时期的好。任何天才的艺术和哲学、文学作品某种意义上都代表着一个完全的和绝对的洞见。歌德不会使索福克勒斯过时,笛卡儿也不会取代柏拉图。后来的天才如其说是对前人的见解进行更正,倒不如说是从新的视角出发提供更多替代性的、但是同样单纯而全面的洞见。正由于这种原因,历史知识在哲学中有着特殊的重要性,而且过去的成就对文学和艺术有着重要的意义,而这种重要的意义在科学中是找不到的。

在这一点上,缺乏耐心的读者会插话说,我们以上所做的区分事实上并不明显。我们说过,文学展示生活的或然状态。然而,文学不也描述生活的本然状态吗?我们说过,经济学家既关注规范也关注事实,然而,数理经济学却只是一个分析性的学科。反过来,读者可能还会补充说,科学家只限于使用测量技术这样的说法也是错的。科学的方法,即用来定义事实的方法和科学的主要假设,并不受制于科学证据。所有这些,我们都毫无保留地承认。以上所做的区分是粗糙的、不精确的。学问的全部领域更像一个由各种各样的思维方式以不同的程度组合而成的"光谱",它只有被推至极端时才能接近纯粹。

然而,这些区分至少是由于实用的原因,即教育的原因而有其重要性。如果在政治学中,正与误、真与假等词语缺少它们在数学中的那种精确性的话,那么事实必定在政治学和历史学的教学中极其重要。显然,教育不仅仅只是传播信息。信息当然是任何知识的基础,但是,如果真理的本质和确认真理的方法因领域而各异,那么就必须清楚地呈现事实。正如怀特海先生所说的,不应该教给学生超过他心智能力的东西。教学内容的选择在教学中很重要,即便是最简单的调查,也是对现实的粗略选择。由于挑选教学内容的问题在任何时候都不能避免,因此对于教学来讲,问题不是教多少,而是教给学生什么,或者说通过使用信息来阐明什么原则和方法。同样的冲突,即掌握事实与理解事实的内在真理之间的冲突,以尖锐的形式出现在最注重事实的学科,即自然科学中。学习科学,需要一大堆信息,但只有信息是不够的。我们有选择性地传授给学生的,不仅是科学的某些原理,而且也包括,并且要首先包括科学的方法、具有代表性的科学成果以及科学的局限性。在一定程度上,一个学生如果对他正在使用的方法有所了解,对他的假设有批判性的认识,那么他就会超越他的专业领域并能自由地审视自我。

2.4 心智的品质

每学期到考试时,一名普通学生能记起的所学知识不足75%。然而,当他到高年级面临毕业时,能记起多少?5年之后又能记起多少?而当他再回来参加25周年同学聚会时,还能记起多少呢?想到这些问题,悲观主义者会得出结论说,教育完全是一个浪费时间的过程。

这样下结论当然是错误的。一个简单的原因是，教育不是用各种事实塞满人的头脑的过程。然而，悲观主义者在某种程度上也可能是正确的，因为学生很快忘记的东西不但包括事实性信息，而且甚至包括普遍性的观念和原则。当然，这样讲可能夸大其词。其实，那些能把在中学、大学里所学的东西与后来的学习或工作结合起来的学生，确实保存了惊人的信息量。然而，对悲观主义者的真正回答是：教育不仅仅只是传授知识，而且也包括在年轻人的头脑中培育某些才能和态度。正如我们在前面说过的，教育既追求知识的本质也追求人在社会中的美好品性。而后一方面——尤其是教育应培养的心智的特质和品性——是我们现在要关注的。

这里所说的特质，正是通识教育的培养目标，它决定了通识教育应该如何实施，应该着重于培养人的哪些能力。依我们的意见，这些能力应为：**有效的思考能力，交流思想的能力，作出恰当判断的能力，辨别价值的能力**。在实践中，它们是不可分的，也不能独立地培养。每一种都是心智正常的人的头脑不可或缺的功能。要把它们讲述清楚还需要逐一加以讨论，下面就依次展开。

有效的思考能力。有效的思考能力在我们这里首先意味着逻辑思考能力，即从前提中绅绎出正确结论的能力。然而，我们所说的逻辑思维能力并不是指专业人员的必备能力或者学生修习的形式逻辑课程。我们关注的是将来有可能成为工人、商人或者其他专业人士的学生，以及那些不一定期望从事学问或纯科学职业的学生。作为一个平凡的公民，在实际生活中会处处用到逻辑技能，例如：选择什么样的职业，在选举中投谁的票，购买什么样的住房，甚至选择什么样的妻子等。当然了，最后一个例子也许正是逻辑思维不能解决的，尽管欧洲的家长可能不会赞同这一点。

逻辑思维是从个案中抽取出一般规律的能力，反过来，也是从一般规律中推演出特殊的能力。更严格些讲，它是辨别各种关系所构成的模式的一种能力，也就是说，一方面分析一个问题的内部构成因素，另一方面对它们进行重新组合，并且通常是借助富于想象的见解，以便能得出结论。逻辑思维的原型是数学，而数学要从几个选择的条件出发而得出精确的推论。逻辑思维能力在对一幅画的结构分析和几何体系中都有一定程度的体现。一个受过良好训练的人对事物下结论,需要对相关的因素具有敏锐的洞察力,同时他也会积极地排除所有无关的因素,并根据各自的权重对相关因素进行排列。例如,在总统竞选的投票中,公民都会思考竞选人是否拥有正确的施政纲领,他是否有能力与国会相处,他是否对国际关系有较好的把握,在困难时期他是否具有对军事战略的理解能力。这些都是与这个问题相关的方面。但是竞选人的长相极可能就是无关因素,而其所从属的宗教派别就完全是无关因素了。偏见往往会使人将无关因素带进决策,而逻辑思维则会把无关因素排除在外。

有效的思考,是从逻辑思考开始的,但是进而还包括了某些更广泛的智力技能。因此,一个有效率的思考者能够娴熟地处理各种术语和概念,他不会搞混词与物,并且他完全是一个探求自然的经验主义者。他不能只满足于观察事实,而且还要致力于探究事实背后的意义。他明白他懂得什么,不懂什么;他不会把纷繁的意见错当做知识。而且,当逻辑的方法不够用时,有效的思考还包括对复杂的动态情境的理解。当然,思考不能违反逻辑的规律,但是它可以运用精确的数学推理之外的一些技巧。在社会科学和历史领域内,以及在日常生活的种种问题中,很多领域内的证据是不充分的,而且可能永远都不会充分。有时候,证据也可能是靠不住的,但在实际情况中必须作出决定。科学家习惯于处理能够从事物的整个背景中抽象出来的性质以及得到明确定义的少量变量。然而实际情况是,很多事实是独特的和不可预知的,变量是不计其数的,它们之间的关系复杂到无法进行精确的计算,因此这时候科学家往往不得不在绝望中罢手,并且或许最后演变为感伤主义者或神秘主义者。但是可以确定,这种做法是错误的,因为逻辑思维不能穷尽推理的源泉。在处理复杂的和动态的情境时,我们需要关联性的思维,那种可以跨越各领域的思维——"情境思维"(thinking in a context)。即便没有更简单的材料或重复发生的事件中的那种精确程度,借助于这种思维也可能达成对历史材料和社会材料以及人类关系的理解。正如亚里士多德所说:"在探究真理的过程中,安于事物所能提供的那种精确性而不过分奢求,这是一个受到良好教育的人的标志。"

构成有效思考的另一个因素是想象力。想象力是诗人思维中最显著的特征。逻辑思维是直线的,诗人的思维可以说是曲线思维。当科学家运用抽象的概念进行思考时,诗人运用的是感性的形象。想象力是根据具体的思想和形象而进行思维的能力。例如,人们一般不用阅读枯燥乏味的分析文字,就可以直接从马奈(Manet)的"吹笛的男孩"的肖像画中获得印象。我们可以在心理学家的抽象描述中学习和研究人类的本性,我们也可以从《奥赛罗》、《浮华世界》、《尤利西斯》和《安娜·卡列尼娜》等富有想象力的单个艺术品的生动描述中看到人性。读者或许会提出异议说,想象力与有效的思考没什么关系。然而,想象力对于理解与人有关的问题是最有价值的。统计数据是有用的,但是仅有统计数据不能令我们深入理解人类。我们需要想象力,它能细致地体察我们人类的希望、恐惧、优点和缺点,并能在最具体、最完整的意义上唤起整全的人格。在实际事务中,想象力提供了一种打破习惯和常规、帮助人们看到平淡无奇的事物之外的世界或构想出新方案的能力。它不只属于艺术家,它也是发明者和革新者的动力。

值得注意的是,有效思考的三个阶段:逻辑的、关联性的和想象的,大体与自然科学、社会科学和人文学科等三个学问领域分别对应。

交流能力。交流能力是表达自己并被他人理解的能力。它显然与有效的思考是分不开的。在大多数思考状态中,人们是在与自己交谈;好的演讲或写作是良好思维的直观测试和标志,反之亦然,要想清晰地表述就必须具有清楚明晰的思想。一个人除非有东西要表达,否则便不能讲出任何东西。不过,为了正确地表达思想,人们也需要一些交流的技能。当然,交流还包括其他东西,例如希望你的思想为人所知的诚实的意愿,这种诚实的意愿是与欺骗他人或隐藏真实背道而驰的。交流不只是"讲",而且也包含了"听"。除非其他人希望听懂并知道如何"听",否则你不能成功地交流思想。世界上有两类语言,口头的和书面的,因此交流便分为听、说、读、写等四种相互关联的技能。

交流是政治实体内部不受限制的思想交换,由此会形成繁荣的智识生态。它具有分享意义的特点,并且正是这一特点使交流这种工具——生者与生者、生者与死者之间的交流——将人类锻造成了社会。在自由民主社会,交流有着特殊的重要性。集权制国家可以通过暴力获得认可,但是民主国家必须依靠说服,而说服需要通过口头演讲或其他的沟通形式。公民之间的交流失败,或政府和公众之间的交流失败,都意味着民主进程的停顿。然而,尽管人们由于交通工具的改进在距离上比过去更接近,但并不能说人与人之间的相互理解取得了相应的进步。技能、工艺、各种专门性职业以及学术性学科常常用由深奥的行话所组成的高墙将自我隔离起来。另外,把交流变成宣传的倾向——无论是政治宣传,还是类似于广告这样的经济宣传——也导致了交流中的其他障碍。因此,有效的交流不但依赖于清晰的思维、简洁有力的表达等技巧,而且还依赖于坦诚之类的道德品质。

  过去,修辞课是课程的一个正式组成部分。修辞对我们来说意味着演讲术,而今天我们怀疑演讲术的作用,或者至少对演讲术抱以冷淡的态度。修辞的艺术意味着使个人的思想清晰而有说服力的简单技能,而并非一定是浮夸的言谈。交流中最简单的例子就是对话。不言而喻,对话是一种被遗忘的艺术。问题是,它被丢在了哪里?我们比我们的先辈越来越少地使用对话,而且使用得越来越不好,这难道是因为我们丧失了对话的艺术?或者是因为我们已经变成了技术人员而没有什么内容适宜于一般谈话?又或者是因为我们对做事情更感兴趣了——例如开车或玩桥牌?博学者往往认为谈话是琐屑的和累赘的,但是这样说是不公平的。如果你想在一个晚宴上发现重要的真理,当然你或许会失望,因为你这是在错误的场合寻找错误的目标。日常对话的贡献是对人格的揭示和影响。当日常对话不包含实质内容时,琐屑的语言就像被放飞到空中的最轻的气球一样没有分量。对话中,人格特征通过个性化的语调和加重语气,通过敏捷的反应,甚至通过不经意的羞涩感都可以得到传递。在对话中,思想与"个人"是不可分的。对话是有用的,因为它是最轻松、最自然地把人们带入社会的手段。在它的社会功能之外,对话本身是令人愉悦的。它是一种艺术,然而,如果它变得虚伪、矫饰,它就失去了价值。它的本质特点就在于自然而然、互动和彼此激发。对话的语言是瞬间发生、迅速消失的,而书面语言是正式的、严格的和固定的。对话从简单的事情,如天气、私人琐事等开始,慢慢地转向人与人之间情感与观念的交流,而情感与观念是活生生的,因而也是短暂、易变的。

或许,我们已太远地偏离了我们问题的严肃方面,或者说乏味的方面。然而,我们需要澄清的一点就是:交流语言既不需要高深的学问,也不必是高雅的文学。在我们心中要记住的是,商人使用语言来写作平实、简练的书信,科学家使用语言来写报告,公民使用语言来坦率发问,人类使用语言来一起探讨他们共同关心的话题。

作出恰当判断的能力。它涉及的是学生将全部思想运用于经验领域的能力。现在,做判断不在于理解各种思想之间更多的关系,而是如何将这些思想应用到实际事务中。军事科学领域最好的教师未必是战场上最好的指挥官。完善的球类运动理论是存在的,但是一套抽象的理论知识并不能造就一个好的球员。同样,一门关于诗学的课程,无论多么好,也不能造就一个优秀的诗人。辨别或者陈述普遍规则如果只是孤立的思考,那么就不能提升人们的具体技能。教育的目标是提升那种将普遍规则运用到具体的、转瞬即逝的新环境中的能力。在柏拉图的神话中,洞察了"善"的哲学家必须回到"洞穴"*,并利用他的洞察在影子之间指引自己。最初他一定是迷惑的,只有在长时间的居住之后,他才能找到周围的路,并正确地运用到具体经验中。世上并不存在告诉学生如何把准则应用到具体个案中去的学习窍门。将理论转化为实践需要一种很独特的能力,需要我们称之为洞察力或判断力的技能。

在某种程度上,中学或学院都因看得见或看不见的高墙而与生活阻隔着,触及不到现实生活。在某种程度上,这也是必要的和正确的。的确,当下的状况是我们唯一需要面对的事实,然而只要我们沉浸于其中我们就难以窥其究竟,因为我们的观点应该经得起时空距离的考验。教育的目的之一,就是要打破当下强加于人的心智之上的束缚。另一方面,年轻人是直觉的、热情的,因而迫使他们服从于一系列抽象的原则是残忍的和违反自然的。而且,抽象的原则本身是无意义的,除非它们与经验具有某种联系。由于这一原因,所有的教育在某种意

---

* 在《理想国》第七卷的开篇,柏拉图做了一个著名的比喻,其直接目的就是要揭示受过教育的人与没有受过教育的人之间存在本质上的不同。

义上都不成熟。重读伟大作家之作品的成人会意识到,他在中学或大学时没能体会很多深奥的含义。现在,他的阅读得到了更多的回报,因为他的经验范围更大了。有的人可能梦想另一种生活框架,那就是先工作然后接受教育,比如从 45 岁开始接受教育。这个框架的优点是显而易见的。成年学生不仅具备了丰富的深度经验——这些经验对于理解伟大作家而言是必需的——而且也解决了经济问题,因为他从工作中积攒了足够的钱,或许他的子女也会给予一些资助。

但是这些乌托邦设想并不适合于我们,我们不得不面对严酷的现实。教育必须被设计为:使学习过程中的年轻人认识到理论与事实之间的差距,让他们学会把思想转化为行动。一个只是被各种抽象思想滋养过的年轻人容易滋生出智识上的自大感,认为自己即使不靠经验也能够解决任何问题。尔后当他碰到具体事情时,又会踌躇不前,或者通过并不高明的小聪明来自我保护。正如我们所看到的,作出恰当判断的才能不是理论教学发展出来的。作为一种艺术,它来自于实例、实践和习惯。尽管如此,教师可以做很多事情。他可以见缝插针地将理论内容与学生的生活联系起来,他还可以有意识地在课堂上模仿现实生活情形。此外,他还能把现实生活中的具体个案拿出来与学生讨论。重要的是,教师应该始终注意把握好最终的目标,不要混淆了手段与目的,坚持将学生的注意力从表象符号引向它们所象征的事物。

辨别价值的能力。这种能力不但指对不同种类的价值有清楚的意识,而且要对它们之间的关系有所理解,这其中就包括对目的和手段的相对重要性和相互依赖性的认识。价值辨别能力还包括许多类似思想方法的内容,例如,在真正理解过的价值与来自舆论的、因而与自我体验无关的价值之间作出区分的能力。价值有很多种。有关于品格的明显价值,如公平竞争、勇气、自我控制、慈善、人性;还有一些智识方面的价值,如对真理的热爱、对各种学术成就的尊重;还有审美的价值,如高雅的品位和对美的鉴赏力。就后者而言,人们往往习惯于从画廊和博物馆中寻找美,并且认为美只在那里。但是,在日常生活的寻常之物中寻求美至少与在画廊中寻找美同等重要,因为只有这样,美才能像空气一样弥漫在人的生活之中。

除了以上这些,还要补充一点:教育的目的不只是传授有关价值的知识,而且还要致力于价值本身,将理想内化于行为、感情和思想与从知识层面掌握理想同样重要。读者也许会提出异议,认为我们正在提出一个令人迷惑的问题,即我们正在试图把中学或学院变成一个道德教养所或教堂。教育机构的目的不就是培育心智吗?然而,把有效的思考与品格养成截然分开并不那么容易,事实上也不可能。知识演进中的一个重要因素是学术诚信(Intellectual Integrity),即最严格地尊重证据以及抑制所有一厢情愿的想法。由受过教育的人组成的群体是充满理想和信念的一群人。企图把思想活动与思想中的道德感分开,就是把年轻人变成诡辩家并且鼓励他们为个人的胜利而不是真理而辩论。我们不能天真地认为,有关美德的理论教学会自动地使学生具有美德。但我们认定,使学生恪守学术诚信的最好方式是,把他放在一个无私地追求真理的老师身边。这样,从老师身上擦出的火花会在教室中的课桌间跳跃,从而点燃学生身上学术诚信的火焰,并长久不息。

  道德价值和品格的问题是个更复杂的问题,在这里,大学与中学扮演着不同的角色。显然,我们有权希望中学承担道德教育的任务,但即便学院在这方面分担着责任,我们也不能期望它使用同样直接的方法。学院应该只提供正确地辨别价值的能力,并且相信苏格拉底的名言:关于善的知识将引人向善。然而,我们必须认识到学院和中学在训练学生的智力和养成学生的品格这两种责任上的差异。在某种意义上,前一个责任是教育机构所独有的。但是道德教育却是中学与其他数不清的机构共同分担的责任,而在这些机构中,家庭是最主要的力量。而且,在这个领域,学校的责任是少于家庭的。把学校当做塑造人的品格的唯一机构是危险的。因此,一个明智的社会不会把所有的鸡蛋放在一个篮子里。同样,中学也不能忽视道德教育的任务。正如自由教育,如果是严格意义上的"自由",必须趋向职业主义,所以,一般说来,中学和学院必将注重道德教育。

  价值辨别力由所有这三个学问领域的学习去培养。我们已经看到,人文学科不仅指向道德价值,而且也指向审美价值。正像我们前面所说的,伦理中立性或许真的是历史学家学术研究中的一个指导性原则。然而,无论是历史学家还是社会科学家,作为教师,他们或许应该进一步把人类过去的历史和人类的制度、习俗既作为一种事实,也作为不同阶段对美好生活的追求呈现给自己的学生。在自然科学中,被研究的事实与价值无涉。这种分离,虽然在实践中是有效的,但如果将其作为最终目标,则将是灾难性的。价值植根于事实,人类的理想无论如何都是自然的一部分。

2.5 "好"人和公民

我们再次重申,通识教育必须有意识地关注这些能力的培养:有效的思考能力、交流能力、作出恰当判断的能力、价值辨别能力。如前所述,专业主义最微妙和最普遍的影响就是,科目的设计和讲授着眼于它本身的内在逻辑而非对学生的最大有用性。例如,历史课甚少关心学生表达自我的能力,这种能力被认为是英语课应该解决的事情;而且它也甚少关心学生的逻辑思考能力,这种能力被认为是数学课的事情。确实,优秀的教师通常认为他们教授的科目应该有助于这些更高的教育目标,而且非常值得称道的是,他们中有许多人也在努力追求这些目标。但是,知识的组织形式变成了僵化的、几乎独立的单元,这与那些更高的教育目标是相悖的。关于科目之间的能力迁移问题,不断受到争论但又不甚明了。但其中一个较为清晰的事实是,如果不是自觉地计划好并朝那个目标去做,这种迁移通常是不会发生的。再者,每一门课程,无论是通识课程还是专业课程,都被期望能对培养这些能力有所贡献。毫无疑问,有一些课程对培养某些品质更有用,而有些课程对培养另外一些品质更有用,但这些能力终究具有非常普遍的重要性。交流是科学和文学的基础,有效的思考能力对于演讲和数学同样重要。当然了,这种有效的思考能力甚至无法通过数学来培养,除非那些在定理和公式中获得了最纯粹形式的逻辑活动明白无误地获得了更加广泛的用途。在价值中进行辨别的能力也有待于通过更广泛的应用来养成。最后,熟练掌握三个领域的知识中的任何一种对学生的作用都是微乎其微的,除非他能把他所掌握的知识和现实经验、实践关联起来。

然而，人的人格不能被分解成几个独立的部分或品质。教育的目标是培养整全的人（the whole man）。有人曾精辟地说，教育的目的在于培养"好"人、"好"的公民和有用的人。"好"人的意思是内在的完整、泰然自若、坚定的人，它归根到底源于某种完满的人生哲学。人性的完整不是除其他四种能力之外的第五种品质，而是与它们相一致的，并且也是它们的结果。自由教育的目的是培养完整的人，而人性包括直觉、情感和智力。这里必须提到两种危险：第一，把智力等同于所谓的脑力劳动的品质，即等同于书生气质和运用概念的技能。我们强调在有效的思考中作出恰当判断和价值辨别的品质，就是为了设法避免这种错误。第二，我们必须记住，智力即使在最广泛的意义上也不能穷尽人性的所有潜质。人不仅仅善于思考。那么，为什么事实上人性是如此复杂，教育却还总是首先被认为是与智力有关的事情呢？例如，人具有情感、动机和愿望，为什么教育单单只关注智力的训练呢？答案是，智力不是，或者不仅仅是一种特别的功能，而是所有人类能力发挥功用的方式。智力是意识和反应的酵母，这种酵母在人的天赋上发挥作用，把他们从动物层次提升为真正意义上的人。我们认为，理性不是单独的行动，而是对所有人类行动的理性指导。这样，教育的成果就是行动中的智慧。我们的目标是要成为生活的主人，并且，既然生活是一种艺术，那么智慧就是达到这一目的不可或缺的手段。

我们在这里质疑的所谓"教条"，有时被称做"古典的观点"，它认为，在教育中，理性是一种自足的目的。然而，就连柏拉图自己也强调，国家的护卫者应该既勇敢又明智，也就是说，他们既是血气方刚的人，同时又具备了经过良好训练的心智。我们同样反对另一极端的观点，这种观点认为不受理智控制的生命力和创造力是判断一个"好"人的充分标准。无论什么时候，只要这个目标的两个部分被分开，也就是说，无论是思想或行为被强调为唯一的目的，教师只注重学术能力，还是学生（或许还有公众）只注重做事的能力和"人格"（无论其含义如何），那么事实上，完整性已经丧失了。而且更糟糕的是，它们如果彼此被分开，这些素质本身将会枯萎或者至少不能实现它们的承诺。

我们并不是对宗教信仰在圆满而美好的人生中的重要性不关心。

但是,鉴于美国人在信仰甚至无信仰方面的多元化情形,我们认为没有必要把宗教教学作为课程的一部分。对上帝的热爱可以从爱自己的邻人中得到检验,然而对上帝的爱完全超出了人类义务的限度。我们必须恪守纯粹的人文主义立场,将人类的义务界定为对个体自身以及对社会的义务。但是,我们一直很谨慎地界定人文主义,认为它并不排斥宗教理想。然而我们并不主张教育应该只以学生为中心。因为人是衡量抽象的价值的尺度,所以反过来,这些价值也可以衡量人。就像椭圆一样,教育机构有两个中心,而非一个。并且,尽管在几何学中椭圆不能有第三个中心,但真理要求我们再给教育加上第三个中心,即社会。

正如把人分成几个互相分裂的部分是错误的一样,把人同社会分离开来也是错误的。我们必须抵挡那种只根据个人潜能的实现来诠释美好人生的倾向或者诱惑。个人主义经常与关注一己私利的人生观相混淆。而我们这个委员会意在关注"自由社会中教育的目标"。我们很重要的一点是应意识到,自由社会的理想中包含着双重的价值,一是自由的价值,一是社会的价值。民主社会是由自由人组成的共同体。我们有时倾向于强调自由——个人选择的力量和为自身着想的权利,而对与我们的同胞进行合作的职责考虑得不充分。民主社会必须在自由的价值观与社会生活之间不断调适。

18世纪的自由主义倾向于只根据自由来界定美好的人生,将人类看做如牛顿物理学中的物质那样的独立的粒子的集合。但是,每个人皆固守着自己的家园,不去打扰别人,这样的人生仅仅是消极意义上的共同体。粗糙的个人主义不足以形成民主社会,民主也是为了共同的美好而友爱和合作。约西亚·罗伊斯*将美好的人生界定为忠实于共同的价值观。当然,当我们过分强调联盟而排斥自由时,我们就陷入了极权主义;而当我们只强调自由时,则会陷入混乱之中。民主制是自由和忠诚的混合体,它们既互相牵制,又互相加强。

然而,用"好"人的理想明确地限定何为"好"公民是重要的。公民

---

* 约西亚·罗伊斯(Josiah Royce,1855—1916),美国著名的唯心主义哲学家。著作有 The Religious Aspect of Philosophy(1885),The Philosophy of Loyalty(1908)等。

身份并不意味着毫不质疑公认的社会目标的那种忠诚。一个社会如果不容许成员批评其目标和方法,就没有机会纠正其失误和弊病,就没有机会更新和改善制度,最终必定非死即僵。警觉而积极进取的个人主义素质对一个好公民来说是重要的;一个好的社会应由那些具有独立的观念,既考虑自身利益,同时又愿意使个人利益服从共同利益的公民组成。

但是协调这两个目标是我们社会所面临的最艰巨的任务之一。自由探究的理想是西方文化中的一项宝贵财产,然而坚定的信仰又的确是美好人生的一部分。自由社会意味着宽容,一种来自于开放的心灵的宽容。但是自由也需要信念,自由的选择——除非它是完全武断的(那么它将不是自由的)——来自于信仰,而且完全依据原则。那么,一个自由的社会既珍视宽容又珍视信念。然而,这两者看起来似乎是不相容的。如果我坚信我的观点是真理,那么有什么理由让我宽容你的观点——我认为是错误的观点?答案部分地存在于我能理解我作为人的局限性。这种理解不仅仅表达了一种智性的谦卑(intellectual humility),而且也有效地参照了这样一个事实:明智的人也犯过很多错误。并且,不能迎接批评和不满挑战的信念很快会变得迟钝、积习难返,乃至消亡。如果没有异端(非正统观点),正统将创造出异端。如果一种信仰不能回答问题,它就不是一种信念,而只是一条干瘪的规则。

我们应该沿着开放心灵的方向走多远?特别是在第一次世界大战后,自由主义者有时候不愿相信任何东西,并且常常不愿在信仰上作出任何承诺,仿佛信仰是愚蠢的甚至是可耻的。然而,尤其是对于那些热情似火的青年来说,没有信仰的开放性会导致极致的狂想主义。或许我们能把我们认识的年轻人从极端怀疑主义和狂热的盲信中唤醒。人的天性似乎憎恨理智的真空。为了保持开放的心灵的质量,适度的信念是必要的。如果宽容不会变成虚无主义,如果信念不会变成教条主义,如果批评不会变成犬儒主义,那么,每一种心智品质对于其他心智品质来说都是有意义的。

三　多元化问题

3.1　学生之间的差异性

知识像一幅展开的风景,看上去和谐而宁静。从这样一个有关知识的制高点出发,在本章里我们回到一个更寻常、更平淡无奇的维度上来。迄今为止,前述的一切结论是如此简单,以至于有关它的任何陈述听起来几乎平实得可笑。的确,作为美国人,我们既是一个整体又是很多个个体,既是一个沿着一条相同的路走向一个共同未来的统一民族,又是很多个沿着由天赋和环境所安排的不同的路前行的个人。这种两重性虽然是老生常谈,但它正是本章的基础。事实很简单,结果却不简单。也就是说,尽管整个教育体系必须服务于共同的教育目标,但是并不存在一个同等有效的知识体系或教学体系。对专业教育而言,这显然是真的;对通识教育而言,这也是真的,只不过其真实性不那么明显罢了。上一章我们已经指出了社会生活中圆满的人生所必需的一些心智品质。我们也已经描述了各个不同的知识领域以及人类精神中可以被称做真理的那些领域的现实方面(当然了,基于已经给出的原因,我们遗漏了被很多人认为是最高的、最博大的领域——宗教,而使我们的解释有所缺陷)。但是,现在有一个很大的困难,那就是,一旦涉及培育这些心智的品质并提供这一关乎真理的见解,学生之间的巨大差异性就会牵扯进来,排除掉任何普遍的方法。因此,通识教育不应该被认为是一套具体的必读书目,或者规定好的一系列课程,而应该是对于知识和思想的某些目标的关注,以及坚守这样一种观念:通识教育应该像专业教育一样专注地借助许多手段来追求其目标。当然,对于达到通识教育目标而言,有些书和科目将会比其他书或科目更合适,而且一定存在这样一些更合适的书和科目。莎士比亚的戏剧比约翰逊*的更重要,林肯的讲演比道格拉斯**的更精彩。但是,对于合理的通识教育目标的追求,就如同对于良好的社会的追求一样是多种多样、永无止境的。正所谓条条道路通罗马。

我们不厌其烦地重复这些观点,并不是要如同下两章中那样继续讨论开展通识教育的方式与方法,而是想在这里回到学生之间的差异性这个棘手而又关键的问题上来。如前所述,本报告将不回避把通识教育看做是一系列必然会吸引天分好且有学术潜能的学生的高级文化课程。就学院和学院预科学校(college-preparatory schools)来说,这是正确的和恰当的。但是,可能会因为(学院预科)学校和学院的任务完全是杰斐逊式的而不是杰克逊式的,以至于这些学生对高级文化课程的兴趣(用前文的话说)被过分强调。下面两章主要思考的是第一种——教育的杰斐逊式的一面,但是如果不首先论及第二种,即教育的杰克逊式的一面,那么它们将严重地模糊不清。

在只有优等生才能接受比文法学校更高的教育的年代,学生间的差异性问题几乎不存在。成绩一般的男孩通常在离开学校后,跟随父亲一起工作,或者去西部,或者去出海,或者去人们都认识他的社区找一份工作,而成绩一般的女孩就在家里或者附近工作。工业化开始的时候,他们中很多人进入工厂,产生了众所周知的结果,即反对童工的宪法的产生并提高入学年龄。最近,失业已使入学年龄进一步提高。1933年,有五百万16至24岁之间的年轻人——包括所有那些仍然在受教育的年轻人,大约占这个群体的1/3——从学校毕业后找不到工作,其中年龄越小的受影响越大。当然,战争改变了这一切,但是除非

---

* 约翰逊是莎士比亚的同时代人,是当时的著名诗人,剧作家,是他第一个发现并歌颂莎士比亚的诗歌和戏剧。

** 1858年夏天,两位候选人激烈争夺美国伊利诺伊州参议员的位置。候选人之一是民主党籍的时任参议员史蒂文·道路拉斯,他的竞争对手是新成立的共和党籍律师亚伯拉罕·林肯。

预计的战后充分就业所必需的五千五百万或六千万个工作岗位确实得以实现,否则相同的情况会再现,而年轻人最先感受到冲击,并且他们感觉自己受到的冲击最严重。原因并不完全是或主要是我们的经济体制的失败。成千上万曾经需要行动敏捷的年轻人的较轻松的工作已不复存在,而现在普通的工作也需要能力或毅力,或二者都需要。这些人道主义的和经济发展的力量的混合结果就是前文所讨论的入学人数的惊人增长。在很多州几乎所有的高中适龄人口现在都在上高中,而不久以后大部分州都会如此。因此,在这一代人中间,如何最大限度地满足无数的资质与需求的问题就像寓言中的豆茎一样突然冒出来,并掩盖了其他的教育问题。所有努力的核心都是为了民主而教育。

  这个问题用专业词汇来说就是"差异性"。它包括两个方面:有关能力和思想的内在差异性和由机遇所导致的外在差异性。这两种差异性显然在某种程度上是相关的。人们不可能把一个孩子周围的环境、成长的氛围,与他在无意识中形成的世界观、人生观严格区分开来。这一事实在历史上乃至当今时代都是最基本的问题。伴随着特权的衰减和新兴阶级的出现,人们的智力和精力涌现出来了,这在很大程度上是对于此前受压抑的或沉睡的潜能的释放。非常相似的是,这似乎与远在俄国的一代人身上所发生的事情一样,并且据说这也是中东和远东地区都正在经历的一个过程。这是人们在激励和自尊的阳光照耀下的潜能的展示。但是,短时期看来,这个过程似乎是有限度的,而且在群体和个体的潜能释放方面也有很多未知的因素。在群体潜能释放这一问题上,有人说,在人们所熟悉的文艺复兴时期,或者在现代俄国,人的潜能释放都只占人口中极小一部分,也许只占到总人口的 1/5 或 1/4,其余的人相对来说就未被涉及。当然,余下的这些人会受到前面这些人所带来的新状况的影响。而且,在伊丽莎白时代,并不是每一个英国人的儿子都成了莎士比亚甚或成了欣赏莎士比亚的人;同样在美国,也不是每一个拓边者都成了林肯或能理解林肯的人。很多人并没有被所处的时代的大氛围触动,当然了,这些大氛围也确实锻造出了一些人。至于个体,也有同样的局限性。最好的学校和最现代化的住宿,不会在一朝一夕就使所有居于其中的年轻人具有很高的标准和很好的能力。这里涉及人的可完善性(perfectibility)之类的古老神学问题。并且我们只能这样说:尽管人不得不对外界条件加以响应,外界条件因此显得极为重要,尽管外界条件永远不会是完美的(确实,什么是人类成长的完美条件还是未知的),并且外界条件会导致什么样的结果也不是十分确定的,但人与人之间具有差异性这一残酷事实仍然存在着。所有人在上帝和法律面前都是平等的,所有人在理智的情况下对于他们的行为都负有同等的责任,但是他们天生就是不同的,并且即使是在最好的条件下,他们大概也会为不同的目标奋斗。

因此,尽管由个人能力和个人思想所引发的差异性与由于机遇所引发的差异性之间具有强有力的而且微妙的关联性,但二者并不是一回事。首先,前者体现在在校学生的实际表现中。有代表性的一个13岁年龄组的学生,在能力方面的差异大约有7年的跨度。他们中间大约5%的人可能与普通的16岁少年一样聪明,另外5%还没有10岁少年聪明。到了20岁,有些人几乎能完成任何智力任务,其他人将没有进展并可能永远也超不过十一二岁的智力年龄。这里最主要的标准是词汇量以及处理抽象概念的能力。一个普通的15岁高中生大概能认识大约一万至一万五千个单词。有些人认识的更多,而另一些则只认识几千个。差异性更大的方面体现在他们理解词义的能力上,像严厉、和蔼、清洁、公平竞争之类的概念几乎每个人都清楚,但是更抽象的概念如几何证明、代数归纳或科学假设,以及更概括的社会观念范畴如公平、民主等,青少年如果缺乏思考力就很难理解。还有更加概念化的东西,例如数学家的超限数和四维几何,几乎超出了大部分人的能力。

这些差异性在高中阶段发挥了作用,成为通过能力区分学生的广泛的分类标准。在某种程度上,这一定是不可避免的。但是,将偶然性事件和年轻人的天生品质区分开来,将使这种分类更公平、更精细。相似地,通识教育的目的是确保教育不只被经济价值所引导,尤其是在当前。例如,九年级的在校生一般有10%到30%留级,这使得该年级学生的平均智力比同龄人的一般智力水平高出了3到4个百分点。学生留级的比例取决于各个学校的政策。即使努力使学生正常升级以便于他们能和其他同龄人待在一起,也还会有一些学生肯定要留级或被高中拒之门外,虽然这个比例可能只有10%。还有一些其他学校,通过不让较差的学生升级,可能使这一数字达到30%。这样,高中生群体的智力差异只有同龄人智力差异的3/4至9/10。毕业班更是经过精挑细选,远远高于群体中智商最低的1/4。相应地,学院更是提高了招生门槛,就学者基本上是该年龄段智力最好的那1/4,当然了,也会有例外。那些主要从当地人口中招生的学院可能会录取中等智商以上的学生,尽管还有很多学生将可能在一两年之后掉队。有些学院甚至主要录取智商最好的1/10。这种筛选所依据的机制当然是课程。反应慢一些的学生有时可能通过多花一些时间而与反应快一些的学生学得一样多;在其他情况下,他们花了很大的力气也学不好,至少以现在的方法、在一段时间内是如此。前面举过代数的例子,在前述条件限制下,可能九年级中有一半的学生在这个科目中会不及格。在其他年级,有类似效果的科目是物理、化学、几何、外语和运用分析方法的经济学,以及同样含有大量分析技能的英语和社会学研究领域。那些没有录取到智商最高的学生的学院,或者入学标准低一些的学院,有意无意地为天分低一些的学生设置了新型的课程。

因此,智力是差异性的一个基础。而在我们所称的心智和思想的内在领域(它与由机遇所构成的外在领域相反)中,期望(Expectation)又是另一个基础。在"期望"中,内外两个领域之间的区别比较小。如果词汇和抽象思维能力在某种程度上反映了一个人的背景和早期影响的话,那么他的期望则会反映出更多的东西。很多完全能胜任高等教育的年轻人,因为贫穷而无法接受高等教育。这是一个我们将要提到的缺乏机遇的明显例子。但其他家境相似、具有能力的人没有就读学院,是因为他们缺乏愿望。他们多数来自工人阶级家庭,而这些家庭没有就读学院的传统,甚至直到最近连高中毕业的都很少。期望是需要习得的,并非天生地为人就有。如果父母和亲友不教这些年轻人珍视教育以及教育带来的结果,谁会教他们呢?或许是某位老师、某位牧师,或更少见地,可能会是某位上司或老朋友——也许更加少见的是,年轻人可以从阅读某部书或者看某部电影中获得启发。但是,在通常情况下,学生们会接纳父母的期待或者周围环境的普遍趣味。

的确,很多有能力但很贫穷的年轻人以及身患残疾的年轻人,把教育看做是完善自己的一个机会。但同样地,有许多年轻人,或许是大多数年轻人并不这样看①,他们的雄心只限定在他们所熟悉的世界里,而在其中前进一两步就足够了。

另外,内在差异性还表现在兴趣上。有的学生属于喜欢动手的机械型,有的学生是拙于动手但敏于言辞和观念的思考型,有的是精致、细腻的文学型,也有的是直观会意的艺术型学生。这些差异性显然和背景关系不大或根本没有关系,却在几乎所有社会阶层中都存在。这些差异性,当然可能是由背景甚至一个时代的普遍特征培育出来的,或受制于它们。似乎没有理由认为,古希腊或文艺复兴时期意大利人的杰出艺术天分以及某种程度上可说是超常的科学天分和行政天分在美国人身上都是天生具备的。而机遇却能使某些天分得到发挥而使其他天分受到压抑。通识教育的一个主要作用是准确地检查当今推动教育的各种力量,最终激发人们固有的各种潜力,从而使人和社会变得丰富多彩。

最后,在意志力和毅力上也存在着极为重要而又同样模糊的差异性。即使最聪明的天才没有这一品质也会一事无成,然而有了它,天资稍差的人也可能大展宏图。意志力与背景的关系是最不确定的事。具有最多的特权或极度缺乏特权似乎都无助于个体意志力的形成,尽管偶尔也有人正是因为如此而明显地表现出了意志力。另一方面,意志力当然不是神灵随意送出的礼物,否则,它不会只在历史上一定的人群和民族中有如此高的比例。它似乎与明确的标准、严格而又可能达到的要求之间有某种联系。正如希罗多德在作品中借斯巴达的一个国王之口说道:"贫穷是希腊人与生俱来的,但是美德、思想的创造性和始终如一的习惯是后天获得的。"但是不管它的起源如何,意志力这一品质是与智力不同的,尽管从长远来看它可能有助于智力的发展。因此,任何智力测验都不足以判断一个人,尤其是不足以判断处于多变年龄阶段的年轻人。如此一来,知识测验的结果必须由一些实

---

① See W. Lloyd Warner, Robert J. Havighurst, and Martin B. Loeb, *Who shall be educated?* Harper and Brothers, 1944.

际成就和教师的判断来补充。在使学生保持最佳状态并使每一项工作都适合他的天分和愿望方面,一位好教师的洞察力是尤其不可缺少的。如果成功地处理之前提到的所有差异性问题,需要丰富的经验和足够小的班级,以便教师能够了解他们的学生,那么班级的适度规模和丰富的经验对于教师进行完全个性化的、非机械的心智养成和品格判断是极为重要的。

关于与心智和观念相关的内在差异性就说这么多。现在,我们来看有关机遇的外在差异性。从上文我们清楚地看到,机会平等并不意味着每个人都接受同样的教育。相反,它意味着打开了所有适合他们天分和兴趣的各种教育通道。显然,这些通道为所有具有愿望和能力的年轻人打开了接受良好的本科教育和研究生教育的大门,而无论其是贫还是富。现在我们回到前面所说的,我们的教育体系的主要任务是:在培育天才的同时提高一般人的素质。但是在回到这个问题之前有必要大致估计一下这个任务的艰巨性和复杂性。机会不平等的原因有两类:社会经济的和地理的。我们将分别予以分析。

在新英格兰地区、美国南部和中西部的小城市所做的几项研究表明,财富的多少决定了机遇的多少。每个城市的人口被分成几组,然后将每组儿童所接受的教育作对比。在全国范围内,地区之间的差异相对较小。情形大致如下:

(a) 高收入的群体几乎将其所有子女都送入了公立或私立高中,并且其子女中大约90%上了学院。这个群体包括专业人员、私营企业主、管理人员以及遗产继承者。实际上所有这些人都供得起自己的子女就读学院,但这些孩子仅占全社会孩子总数的8%。

(b) 中等收入的群体将其子女的60%送入高中、15%送入学院或其他高等学校。这些人是小商人、牧师、工厂领班、办公室职员和中低等技术人员和一些熟练工人。他们的子女占社会同龄孩子的1/3。这些年轻人中很多人渴望获得高于他们父母的职位。对于他们来说,高中教育以及对他们中的一小部分人来说,本科教育是通往这一目标的道路。他们中的很多人本身很有天赋,但他们的父母却供不起他们上学院。如果他们想上学院,就必须申请奖学金或者上学期间兼职工作。距离社区较近的免费学院的出现,增加了他们接受高等教育的可能性。

(c) 低收入的群体将他们的子女的 30% 送入高中、大约 5% 送入学院。这个群体中绝大多数为工人,包括有一定技术的工人、稍有技术的工人和根本无技术的工人。他们是穷人。他们的孩子占全社会孩子总数的 60%。对于他们来说,送孩子上高中已经是一种牺牲了,他们不可能供孩子上学院。这个群体中,有一小部分年轻人高中毕业之后雄心勃勃准备干一番事业。他们选择商业和其他职业课程,希望得到比他们的父辈更高的收入,过得更安稳。但是,他们的希望是有限度的。他们中的大多数人,如果能得到稍微高一点的工资就满意了。还有非常小的一部分人渴望上学院,但是他们得不到家庭的帮助,必须自力更生。

这样看来,90% 以上的孩子来自于中、低收入群体,他们中有大约一半的男孩和女孩没有进入高中学习,上了高中的孩子中只有很少的人能继续接受本科教育。那么就会有人问,我们究竟失去了多少有才华的人呢?有多少能以优秀成绩完成学院教育的年轻人没能接受学院教育呢?学院招生办公室官员们承认的粗略估计数字是,有 1/5 到 1/4 最好的学生能够在一般的文理学院中顺利完成学业。这个群体代表了智商在 110 及以上的群体。一项 1936 年在宾夕法尼亚州进行的有关这一智力水平的年轻人的研究[1]显示,在那些家庭财富处于中上水平的人群中,有 57% 的孩子上了学院,但是那些财富在中下水平的人群中,仅有 13% 的人上了学院。现在,后一个群体(即,智商在 110 及之上但财富却在一般人之下的人,包括上了学院和没有上学院的学生)是整个年龄组的大约 11%。因此,他们中上了学院的 13% 的人代表了总人数的大约 1% 至 1.5%。也就是说,在宾夕法尼亚州,有 9% 的孩子具有就读学院的天分,但其家庭财力处于中下水平,他们最终

---

[1] Harlan Updegraff, *Inventory of Youth in Pennsylvania*. American Council On Education, 1936. (Mimeographed.)

没有接受高等教育。对一组更有能力的群体的研究[1]进一步证实了这一点——于1937和1938年之间毕业于密尔沃基(Milwaukee)高中的所有智商在116以上的学生中最聪明的10%的人,他们中有63%的人来自于收入在3000美元以下的家庭,且没有就读学院,也就是说,总年龄组中约有6%以上的有很强能力的人没有就读学院,其原因至少部分是由经济能力不够造成的。

这些数据粗略表明,100个年轻人中至少有6至9个人具有很好的资质和能力却不能接受学院教育。这个人群几乎与现在学院在校生的整个群体相当。他们最终没能接受本科教育有可能是缺乏资金,也有可能是他们没有就读学院的愿望,或者两个原因都有。前面已经说过,有些人有能力却不想进一步深造。在某种意义上他们被消极的环境影响了。学生到了上高中的年龄,几乎已经没有多少东西可以影响他们了,尽管那些令人振奋的老师还可能会对他们有些影响,但是有多少这样的老师呢?那么,在那些有能力但上不了学院的学生中,如果有可能就会就读学院的学生和那些即使可能也不愿意就读学院的学生各占多少呢?基于前面提到的不算很充分的证据,现在看来似乎是各占一半。如果是这样的话,年轻人中有3%至5%,即每年大约有7.5万至12.5万人,是具有就读学院的资质,并且如果可能就愿意去接受高等教育的。而他们却被贫困挡在了学院门外。

因此现在普遍存在一个缺乏机会的问题,并且在那些不那么有天分的人中间也必须注意这个问题。至此,我们只提到了那些能力最好的、占人群总数1/4的年轻人。但是那些具有一般智力的年轻人,尽管不适合传统的学院,但却会受益于由初级学院和技术学院所提供的农业、护理及各种课程的培训——这些课程培训大部分是职业性的。很显然,他们尽力为自己和社会所作的贡献,与那些更有天分的人为自己及社会所作的贡献应该是同等重要的。因此,有能力却不能支付高中以上教育费用的群体的人数如果加上这一组应该更多,也许会在两倍以上。他们甚至在高中阶段就受到经济条件的限制。前面已提

---

[1] Helen B. Goetsch, *Parental Income and College Opportunities*, Teachers College, Columbia University, *Contributions to Education*, No. 795, 1940.

到，来自于低收入群体（这一群体本身占人口的 3/5）的孩子只有 1/3 从高中毕业。从另一方面讲，1940 年我们所有的年轻人中，16 岁年龄组的高中就读率是大约 60％，18 岁年龄组的是 45％。除去智商最低的 1/5 不会从高中教育受益的学生，还剩下 20％ 的 16 岁学生和 35％ 的 18 岁学生，他们本可以从高中教育中受益，但却没有上完高中。他们中有些人住在远离高中的偏僻的地方，有的人是农民的子女，他们就愿意一直住在农场里，还有一些人更喜欢工作和工资带来的直接利益而不想去等待教育带来的遥远的回报。尽管如此，仍有很多人如果能负担得起学费，并且如果他们的父母不需要他们挣钱养家的话，他们将一定会继续读高中。高中的费用要高于人们通常所估计的数字——据最近一次估计是每年大约 90 美元，而且根据社区规模和学生年龄会有些差异。这些钱用于服装、体育器材、班级费用、午餐和其他各种主要在青少年生活中会临时出现的花销上。在上面刚估计过的 35％ 的有足够智力但没有完成高中学业的人中，有多少人是因为缺少经济资助，或者其父母不愿支付而被学校拒之门外呢？这是无法估计的，当然会是个相当大的比例。

　　以上这些研究表明，从广义上讲，金钱和社会地位对教育构成了限制。这些估计是以战前收入水平为基础的，如果战后穷人的真实收入会增加的话，机会也会相应增加。进一步讲，如果这些年轻人的社会环境得到了实质性的改善，他们中更多的人会有更好的前途。实验证明，能力会随着孩子的早期环境的改善而提高——如前所述，伴随着现代社会中特权的逐渐消失，人的才能会得到进一步的增长和扩展。毕竟，即使是最具包容性的现代学校也只能触及年轻人生活的一部分，童年学前时期塑造品性的几年光阴以及环境的持续性影响，都是学校所无法触及的。

　　社会变革的这种缓慢过程是改善以上状况的唯一希望吗？当然，它是主要的希望。对此问题，人们当然可以给出那种老套的然而总是悲剧性的答复，即：要资助所有那些有能力但不能上学院、初级学院或完成高中学业的学生，只要把几天的战争费用用在这些孩子身上就够了。但同样真实的一点是，中学和学院仍然有其他的需要：更高的教师工资，更小的班级、书本之外更多的使年轻人受益的途径，继续教育,而最需要的也许还是更全面、更长久、更具持续性的师范教育。除了黄金年代之外,这些要求会彼此冲突,而把握航向的唯一希望是头脑中要有坚定的信念,即坚信一切教育的最终目标是使智力一般的人得到提高,使优秀者得到提升,同时面向所有人。奖学金青睐优秀的人,而学校体系的普遍提高则应该关注所有的人。当然,对于这两种目的来说,资金都同样重要。虽然奖学金是增加教育机会的一个方式,但也仅仅是其中的一个方式。将奖学金与增加教育机会的其他方式分隔开甚至是危险的。目前的一些寻找和资助有前途的年轻科学家的运动,无论多么有价值,都可能是灾难性的。因为,这种做法给人留下了这样的印象:科学或其他任何一种专业,对于这些年轻人来说就是足够的了,更不用说对于我们未来的领导人了。一个人的领导能力离开拥护者的支持就不存在,而这两者(领导和支持)也应该建立在社会的共同标准之上。因此,奖学金的发放必须既不会促成过分褊狭的专业教育,又不会使人们无视更宽广的教育(所谓更宽广的教育,也就是说要既尊重教育内容,又尊重受教育的人)。如果没有更宽广的教育,就不可能有健康的专业教育和合适的领导人才。

  最后,机遇还受到地理条件的制约,受到个人出生地的制约。在第一章中我们已经描述过,在各个不同的州之间生均花费和教师平均工资非常不均衡,这些不均衡又反映了这些州非常不均衡的资源。这里就不再重复这一点了。就目前的情况而言,我们完全可以说,在很多州之间生均花费存在着五倍的差距。虽然与东北部相比,南部地区的生活消费更低,但这个差距绝不会因此而完全被抹去。我们已经说过一个具有讽刺意味的事实:农村的出生率要比城市高;较穷的州,大部分是乡村地区,具有较少的资金但又要接受较多的适龄儿童。这种较少资金但较多儿童的双重负担通常体现在较差的设施和较低的入学率上。1939年,密西西比州14至18岁年龄段的年轻人中,每1000人中有392人上了高中,而在华盛顿是952人;在南部农村和大平原农村地区约7个州,每1000人中就读高中的人数不到500人,而北部和西部的城区10州,每1000人中有800多人登记入学。更具讽刺意味的事实是,这些拥有最少财富和最多人口的州,在本州投入资金教育了他们的子女以后,却由于人口流向那些人口出生率低的城市和以工业为主的州而丧失了大约一半受过教育的人口。很明显,在我们现行的体制中,有太多的有失公正的地方。正如前面所述,解决办法显然在于联邦政府的教育资助形式:联邦政府应该立刻帮助那些较穷的州,帮助他们达到那些较富有的邻州所拥有的标准。然而,现在联邦政府却将所有责任留给了各个州政府。建国之父们几乎不可能预见到,在他们努力将教育保留为各州的一项责任时,他们留下的这份遗产并不公平。既然各州在支持教育的能力上不均衡,结果也只能如此。

3.2 受差异性限制的统一性

这些差异性,包括心智、观念方面的差异性和机遇方面的差异性,使得我们的中学与学院目前的和未来的任务都变得超乎想象地多样化。从任何这类概述中得出的有关专业教育的推论都是相当清楚的。至少这种天分和兴趣的多样性必然使我们意识到有必要采用几乎同样多样化的手段使学生人尽其才。接踵而来的是,我们的中学和学院产生了巨大的多样性,这在前面已经讨论过了,当然,这种多样性确实是大家所希望的、不可避免的一步。这并不是说,在多样化方面我们已经做得很充分了。更高水平的指导和能力倾向测试显然是最急需的,因为学生有不同的能力倾向,需要测试来表明他们的能力倾向是什么,以及哪些方面需要进一步发展。这就要求我们重新审视专业教育和通识教育的关系。用这种或那种有缺陷的技能来武装学生显然是目光短浅的做法,例如,英语中训练学生大部分技能的基本方法就是有缺陷的。但是,非凡的雄辩能力和卓越的写作能力并不是在几年之内上几门课就能够学会的,它们是随着整个思维的发展而发展的,因此必须在专业教育中并且通过专业教育得到培养。不仅交流能力如此,而且在前一章中讨论的其他技能也是如此。承认这种差异性并通过专门训练来利用这种差异性并不是要脱离更普遍的和基本的职责,即使在专门训练之中也是如此。并且,在这个过程中,一个始终要做的工作就是为那些没有特权的人开辟新的道路,并激发他们身上由于环境而遭到压抑的并且自身还没有意识到的天分（在马克·吐温的有趣的《斯德姆菲尔德上尉的天堂之旅》中，那个在天堂中被推奉为历史上最伟大的诗人的人，结果只是一个在村庄里时常遭人耻笑，并且从未发表过一行字的田纳西州的穷裁缝）。这既是社会问题，也是教育问题，如果要从根本上解决它的话，就需要我们从总体上提高美国生活的丰富性和多样性。

以上讨论并不是本报告的主要问题。从这些事实中，我们可以得出哪些有关通识教育的推论？鉴于这些广泛而深刻的差异性，有没有真正的通识教育呢？我们在这里将陈述两个普遍的观点，然后总结差异性前提下的通识教育的作用。

第一个观点既是一种承认，又是一个问题，即既是对无知的承认，又是一个希望找到答案的问题。到目前为止，本报告推理的线索已经很简洁地呈现出来了。首先，我们的国民生活乃至我们的文化确实已经决定了心智的品质以及看待人与世界的方法。第二，这些品质和观念既包括文化遗产又包括变革，而遗产和变革并不是很精确地与通识教育和专业教育分别对应，而且当然不是刻板地、表面地对应，前者与知识领域内变革较慢的部分有关，后者则与知识领域内变革较快的部分有关。第三，一种成功的民主制（不仅仅是作为一种政府体制，而且如民主制所必需的那样，部分地作为一种精神理想获得成功），要求这些品质和观点尽可能地在所有人中间共存，而不仅仅是一部分特权阶层的人所特有的。第四，事实上人与人之间存在着巨大的差异，这些差异不只是机遇方面的，因为这方面已经得到改善并且能够得到改善；而且也存在于人的天分和兴趣方面，它们或者是无法被快速改变的，或者客观地是并且从理论上讲应该是多样化的。我们的无知似乎无处不在，我们的问题是我们这个国家和时代的问题，它们继前四步之后成为第五步，那就是：**通识教育如何能适应不同年龄的学生，最重要的是如何适应不同能力和观念的学生，以至于能深深地吸引每一个学生，然而又在目标和基本的教学上保持一视同仁？**似乎无须多说，这个问题的答案正是完善的民主制的关键所在。

正如前面反复说过的，因为我们的文化原本就包含着变革精神和创新精神，并且因为专门训练运用上千种新技能来装备学生，以适应这种变革的精神,所以我们现行的多元化体系部分地满足了民主制的要求。但是,既然我们的文化并没有完全致力于创新,而是依赖于几个世纪以来缓慢地建立起来的但又从未完成的有关人与世界的基本观点,所以我们的体系也正是凭借其多样性而忽视了民主的要求。正因为如此,我们需要重申的问题就不仅仅是要根据特殊的天分和不同的命运来培养使人与人区别开来的技能和观点,而且也是要发展人们所共有的品质和理解力,无论他们之间有着怎样的差异。

尽管我们不知道这个问题的答案,我们还是想就此提出一些看法。首先,如前所述,不可能有一个十全十美的解决方案,因为问题主要是我们面对的是不同年龄、不同期望、不同天赋的学生。另外,为天分较好因而更受人喜爱的学生实施通识教育相对容易些。下一章主要讨论这一点,本书的余下部分则全都是对这个问题进行分析。这些学生是优胜者,他们在高中成绩优秀,并且其中很多人继续接受高等教育。什么是最适合于他们的通识教育仍然是值得讨论的问题,我们的看法未必能找到支持者。当然,目前还存在其他形形色色的观点,但是随着时间的推移,有些意见开始趋于一致,尽管还包含很多小的分歧。毕竟,这些学生是非常有天分的,如果他们具有实验精神和对通识教育的严肃意愿,我们几乎看不出他们会犯多大的错误。对于现代知识的各个部分和有效思维的品质我们并没有什么新看法,也不会提出什么新看法,至少我们在这两个问题上的主要观点可能是无可争议的。这样,主要的问题不是去发现适于这些聪明的年轻人的正确的通识教育,而是提供适合于那些不太有天分的学生的正确的通识教育,也就是说,不是为那些上了学院、学术性高中、技术性高中(不管这三者需要多大的努力进行通识教育)的学生,而是为学习其他课程的大多数学生,他们因为较低的心智能力而不得不选择学习其他课程。正如第一章所述,他们是集权主义国家严格管制的人,然而民主社会要求他们,正如要求所有人那样,形成负责任的个人判断。学校要通过各种可能的手段促使他们胜任这个任务。

对于这些学生来说,如果仅仅学习一些课程,其功效是令人怀疑的。但是,不用说,这些课程是很重要的。这些课程不应仅仅是更复杂的课程的"低级"版本,而应是通识教育领域的真实而新鲜的媒介,而通识教育是关于世界、人类社会生活、想象王国与理想王国的教育，它意在培养学生的思考能力和表达能力，培养对于意义和价值的意识。通识课程必须避免两个极端，既不能居高临下地面对学生，又不能太抽象深奥，它必须充满热情地、不断地用感性的素材（例如电影、演唱、戏剧）直接吸引学生，感染他们的思想。当然，绝不能忽略阅读和讨论。它们必须迎难而上，简化我们文化遗产中的伟大作品，使这些作品成为一笔共同的财富。下一章，我们将重提这个主题。既然职业课程和手工课堂的全面兴起主要不是为了工作而训练年轻人，而是想通过这些年轻人所认可的、认为真实有用的东西影响他们，那么，通识教育对这些科目施以影响就有着特殊的重要性。那些对概念几乎没有兴趣的学生会在更具体的形式中体会概念的含义，例如，在一些有关机械操作的任务中体会数学，在某些贸易活动中体会历史，在手工制作中体会一部分设计，以及在以上所有过程中体会言语表达和清晰的思维。如果要满足这些需要，就必须有受过全面教育并具有奉献精神的教师，他们将怀着更高的目标来讲授这些科目。

进而言之，整个学校生活同样要渗透这些更高的目标。如果一些学生可以通过阅读来了解民主制，那么所有学生，尤其是那些缺乏天分的学生，也需要通过行动和例子去了解它。据说，我们这个时代所面临的挑战之一就是要在学生中唤起概念和日常行为之间的关联感，这样他们的意志将支持他们的心智所接受的内容，尤其对于那些认为生活首先就是行动的人来说，这是无比重要的。最后，还有人反映，大批年轻人如果离开学校就意味着失业，可如果他们待在学校里，他们又并不擅长做学问、搞研究；并且有人进而考虑到地方和国家有许多项目需要人去做，这样看来，似乎必须有某种连接这两种需要的合适方式。当然，民间资源保护队曾经尝试过类似的方式，但是由于疏于与学校联系，尽管花费很大，其在教育方面的成效却非常有限。在很多城市里，地方工业界需要学生做兼职工作，但人们总是担心学生的利益会受损，学校会沦为工业界的奴隶。那么，似乎有可能建立一种项目体系（它们大部分是地方性的），学生接受指导在其中工作并且可以领取相应的工资，直到他们最后被雇佣为全职雇员。毫无疑问，这种体系也会遭到抵制，因为它会被认为是社会性活动，或者会被认为是触犯了某些劳动法规。我们意识到其中可能存在着危险——正如我们的社会在每个转折点所面临的危险一样——那就是：如果无所作为，就会造成挫折感同时造成人力浪费，而如果行动过度，就会陷入严格管制和国家控制的危险。然而，既然现在人人都上中学，那么我们就必须面对这些较缺乏天分的年轻人的问题。我们不应以一种屈尊的态度去面对这个问题。在历史上这群人曾被认定为头脑简单、做着世界上不被人注意的工作，但是这些人至少应该被看做与那些更有天分的、对读书更有兴趣的同龄人一样优秀。他们和其他人一样是值得珍视的具有民主意识的公民。问题是，我们要用与其他人相同的学校教育理想去教育他们，但就像选用更抽象的方式教育那些更偏重抽象思维的头脑一样，我们应该量体裁衣，选择对他们来说同样有意义的教育方式。

我们下面简单陈述有关通识教育的第二个观点。它关系到通识教育（与专业教育相对）的整个精神与宗旨。专业教育，通过某些具体任务武装人们，因而更具有竞争性，看起来也更直接地通向世俗的成功。至少，对大多数学生来说，并且也可能对于大多数成年人来说似乎是如此。要知道如何去做事情就先要将脚踏入门里，让人生有个可能的开始。一旦置身门内，可以肯定的是，有关判断力和理解力方面的、有关思想看法方面的、有关性格方面的更多无法估量的品质——这些品质更加接近于通识教育的品质——就开始起作用，并且工作越重要，这些品质所起的作用也越大。尽管如此，一眼就能看出的是，技术能力似乎绝对是提升自己的第一先决条件，并且无论从哪个角度来看，它都至少是一种主要的先决条件。因此可以这么说，不完全致力于技术能力的教育是一种不以获得世俗成功为全部目标的教育。这个结论是不可回避的，我们也并不想回避。没有一个社会仅仅为最适应者的提升而存在，或者以更文明、更现代的说法，仅仅为阶层的流动而存在。假如一个社会仅仅是为阶层的流动而存在，那它就不再是亚里士多德意义上的社会了，他认为："国家产生于存在(subsistence)的需要，国家的继续存在是出于对美好生活的愿望。"既然社会追求美好的生活，那么国家就有共同的目标，这些目标的灌输至少是和提高单个个人的素质同样重要的教育任务。的确，原则上，个人的成功必须能更好地服务于(整个社会、整个国家的)共同利益,否则这种成功就是无关宏旨甚或有害的。无论如何,在教育中,个人竞争和共同利益都占一席之地,尽管这两个概念还不是与专业教育和通识教育一一对应的,然而有一点很清楚,那就是:通识教育确实代表了一种体现在课程中和社会中的非竞争性的力量。

最后,这个问题存在于前面提到的学生的多样化的兴趣中,例如对于机械的兴趣、对于艺术的兴趣、对于思想的兴趣、对于客观事物的兴趣,或者其他上千种兴趣。据说这些兴趣似乎是人们天生的,与出身背景或生活方式无关,但尽管如此,这些兴趣却被出生背景甚至某个时代的精神推进或抑制。这样说来,如果通识教育并不反映当前生活的竞争性,那么它也不会反映由竞争所带来的人的天分的狭隘性。相反地,它应该通过努力,通过解放人们全部的自然天分去丰富社会。毫无疑问,这方面仍然存在不足。我们说每个学生应该有共同的教育、共同的知识领域,意味着每一个人,不论他的兴趣如何,都对他所赖以生存的文化及社会负有责任。但是,在任何领域里,有些学生无可避免地会比其他学生更有兴趣和悟性,因此应该创造机会让所有人能够完善自己,竭尽其才。这种需要要求我们现在提出一套通识教育方案。一个理想的、但不是不可能实现的美国社会图景,认为社会是由代表了文明人的艺术和洞见、责任和自我奉献的无数小社团组成的。这是一个井然有序的世界:每个人在谋生的同时还可能会参与其中的一些社团;教育将帮助年轻人为未来生活作准备,而参与社团则是他们走向美好生活的大门。

3.3 为学校所做的基本规划

现在需要做的工作是从以上前提中得出通识教育方案。无论在中学还是在学院,通识教育的中心都不应该脱离人类生活和知识中三个不可避免的领域:物质世界、人类的共同生活以及人内在的洞察力和道德准则。这在前面一章中描述过,下一章还会详细讨论。在我们看来,中学和学院都应该从事与这三个领域相关的通识教育,这既是因为这些领域本身很重要,也是因为近年来学生人数在不断增长。但如果真是这样,那么学院就应该想办法处理这些伟大的主题,也就是说,它应该以中学的教学为基础,而不是重复中学的教学。事实上,正如在前一章中所讨论的,因为这三个领域不仅仅是关注的内容不同,而且其赖以立基的价值及其所采取的方法都不一样,所以仅仅在内容上包罗万象是不够的,而较好的解决方式是像关注事实那样同时也关注价值与方法。换句话说,假如有关这些科目的本科课程,除了一些信息之外还包括一些真理(例如,文学的价值和准则与科学的可证实的真理),那么这类课程多少必须兼具哲学性。中学在某种程度上当然同样存在正确对待课程的问题,教师无法推卸澄清两方面问题的责任,即一方面教授哪些判断和价值,另一方面教授哪些事实和标准。但是中学的主要任务毕竟是让学生掌握知识要点和主要方法,而学院则并不是重复这项工作,它应该上升到理解的新关系和新阶段。

在我们看来,对所有人来讲,在中学阶段,这三个领域中的通识教育应当为所有人形成一个持续的核心,应该至少占学生整个学习时间的一半。这样讲并不意味着所有人都应上完全相同的课程。在现行高中,普通数学和代数之间存在很大差异,商贸专业学生所学的英语和学院预备课程的英语之间也存在很大差别,这种差异因为前面所述学生之间的能力差异而具有某种合理性。正是这样才非常需要对这些传统科目进行改良,以满足那些能力稍逊的学生的需要,而不是仅仅降低艰深课程的难度,推行其"低级"版。所以,这里要再次强调,这就是我们的学校体系所面对的基本问题;通识教育作为未来公民与共同文化之间的纽带的成功与否皆依赖于对这一问题的回答。有人可能会反驳,如果一种教育不是以完全相同的方式为大家所共享,那么它就不能算是真正意义上的共同教育(common education)。这种反对有一定道理,因为在一定限度内共享相同的经验当然是所有教育的理想,在民主社会尤其如此。然而,如果完全照此实行的话,这种理想就会产生灾难性的后果。它将意味着,在通识教育中,并且只有在通识教育中,反应较慢的学生和那些学习能力较强的学生将会被胡乱扔在一起,结果是有些学生的求知欲受到了抑制,而有些学生被迫超速前进,两者都不满意。因此,共同的理想主要体现一种共同的要求,而非共同的实施方式。在通识教育的三个领域中,每一个领域的课程都必须具有不同难度和不同方法,而学生选择课程的标准既不应当是该学生在生活中的愿望,也不应当是他(她)的出身背景或所追求的毕业证的种类,而仅仅应当是,这门课程是否最适合他(她)——也就是说,是能力的标准。课外活动和学校的普遍氛围对于通识教育都很重要,或许这些是唯一真正相同的经验。但即便如此,也只有当学生们具有共同的学习目标时它们才会有更加强烈的作用。

前面说过,我们认为,通识教育核心课程应该占据学生在校时间的一半左右。尽管课程学分制存在缺陷,这一点我们在前面也论述过,但作为一种制度我们还是接受它。按照学分制的规定,通识教育应该占到 8 个学分,并且我们倾向于让它们占一半的课程,贯通在四个学年中,而不是压缩在两个或三个学年。这 8 个学分的划分,大概是英语 3 个学分,科学和数学 3 个学分,社会科(the social studies)2 个学分。但是,非常重要的一点就是,无论学生将来是否继续接受学院教育,这 8 个学分对于所有中学生都是最低标准。对于不继续接受学院教育的学生来讲,因为他们将要结束正式教育,所以似乎有必要在这三个领域中的每个领域再增加一门课程;而对于将继续接受学院教育的学生来讲,继续学习这一个或多个领域中的更深的知识也很有必要。这种观点或多或少与当前的实践有出入,因而需要解释一下。

假如学院继续承担通识教育的责任——看起来学院别无选择,必须如此——那么,那些继续接受学院教育的学生又将会遇到这个问题,并且会更复杂。一般而言,他们在学院就读时也将选择自己的专业领域,由于这个原因,也由于学院的通识教育应该来自更深的基础,因此他们必须在中学就开始播下种子。例如,关于文学的通识教育远远不同于文学的专业教育,对于那些已经学习了一种外国文学的本科生来说,文学的通识教育将意味着更多的东西。或许会有一些自身有天赋又有家学的学生可能在中学已经远远超出通识教育的三个领域的最低标准。但是,大多数学生可能将继续学习其中一个或者最好是两个领域的课程,例如:具有科学头脑的人继续学习科学和数学方面的高级课程,而学习过语言学的学生可以继续学习人文学科和文学。有关通识教育的共同核心之外的课程分类将在下一章中做详细论述。

假如没有课程学分制,可能会有更多的本科生,会像欧洲大陆学校的学生那样,让所有的科目都得到同步发展。当然了,个人的天生兴趣会不可避免地介入进来,并且在任何制度下,都会有不同的学生喜欢并进一步修习不同的科目。实际上,对于本科生来说,明智的课程计划是在整合个人天生兴趣以及知识自身增长规律的基础上,通过选课制度建立起来的,并且看起来是在某些方面与我们提出的本科通识教育计划相似的计划——以共同学习科目为核心,同时加上一个到两个领域的深入知识的强化。但是,无须赘言的是,中学里的这些深入学习应该没有学院里的那么专门化。我们一开始就反对狭隘的专业教育,并且已经感到中学里狭隘的专业化的危险性。在理想状态下,本科生乃至研究生的专业化教育仅仅是在所有教育的普遍目标基础上向一个方向延伸。但是在中学,事情显然应该是这样;并且,无论是共同的核心课程还是其他非核心的课程显然都应该是知识总体的一部分,而这正是教育的恰当含义的体现。

在另一方面,对于那些高中毕业后直接进入社会生活的学生,我们将不强迫他们学习共同的核心课程之外的专深课程,而只是建议他们在通识教育的每一个领域内再学习一门其他课程。例如,外语,虽然对于很多本科学习都是必需的,但是对于这些年轻人来讲,肯定远远没有音乐、艺术、更多的英语学习或对于美国生活的更多了解等更有用;高等数学可能同样不如科普知识那样有用。如果他们在通识教育中增加了这项附加工作,那么他们的高中教育将有 1/3 能令他们受用终身。通识教育可以被比做一棵树的树干,而树枝则代表专业教育,各种学生群体从不同高度的树枝(高中、初级学院、本科学院或研究生院)上离开,并结束自己的正式教育。这个时代似乎存在一条教育公理,即由于他们将要进入活生生的社会生活,每一组学生都应该为此而接受专业教育。在中学,通识教育之外的 1/3 课程将属于对年轻人的专业训练,他们可能有机会上职业课程和商业课程、艺术类课程、农业课程、家政课程以及成千个其他的实用性课程。正如多次提到的,这些课程在内容上不应该是完全职业化的,也不应该与通识教育截然分开。相反,它们应将通识教育精神继续带入这些领域,并传达给这些年轻人,正如把高深的数学或语言学课程教授给那些将要读本科的学生一样。

  为了改变以往的做法,高中的通识教育就应该像一只手掌一样,它的五个手指代表着各种专门的兴趣——数学和科学,文学和语言,社会和社会科,艺术,职业课程。在共同的核心之外,这些手指将会伸向各个领域,每个人会跟随其中一个或多个方向。正如前面所主张的,假如实际工作应该作为高中课程的一部分,那么,它虽然不合逻辑,但是却将成为第六只手指。无论学生将来的打算如何,他的教育都必须有共同核心课程的相关经验,并且还应对一些领域有特殊的兴趣。在这里,我们的方案就是要同时承认两种相互抵触的主张,也就是说,既认可共同文化、公民义务、普适性的人类美德等,又认可多元化的个人兴趣、个人天赋和个人意愿。如此过于宽泛的勾勒势必不能表达出现实的温暖与色调。但是,如果美国教育要同时培育健全的公民和健全的社会,那么它就不可能脱离这样的一个方案。

四 中学的通识教育

4.1 马可·霍普金斯与"原木"

最后我们将讨论本论题的核心,即课程(curriculum)。这是一条漫长的旅途,即便我们已经尽力去鼓舞那些心中想停下休息的艰辛旅者,但仍有许多人半途而废。当所有问题都没有穷尽的时候,我们很难保持分寸感。但无论篇幅是过长还是过短,前面几章都已经服务于或想要服务于一个十分必需的目标。当考虑课程时,如果脑海里没有形成规范或参照点,也就是课程应该达到的目标和它将要培养什么样的学生,而仅仅考虑一门课程的实际步骤,那么它就是徒劳无益的。迄今为止,我们一直在尝试建立两个参照点。第一个参照点就是着眼于继承和变革的社会观。第二个参照点就是既统一又有差别的学生观:所谓"统一",是指学生是共同历史的继承者和共同未来的创造者;所谓"差别",是指学生在天赋、兴趣和愿望方面都有差异。从这些前提出发,我们推导出了一种教育理念:对于所有人而言,除了最早期的教育阶段,其他阶段的教育都既包括通识教育又包括专业教育。教育的这两面应该被视为相互联系的,专业教育永远来自于通识教育,并永远要回归和丰富通识教育。当然这两者相互分离就会给彼此带来损害与削弱,因为脱离具体操作细节的、更高的和更普遍的关系将是空洞无力的,而脱离整体关系的具体细节又会陷入混乱和矛盾。

因为我们已经感觉到，把人类的某些共性与个体的特性联系起来很必要，所以我们一直不愿意为通识教育设置严格的规定。可以这么说，我们在"马可·霍普金斯—学生—原木"*争论中采取了中立的立场。只重视马可·霍普金斯就是假定健全的教育所需的便是一位有天赋的教师的激励和指导，而不论他教什么。在我们的社会里，几乎很少有人履行这样一种不可或缺的职责，即作为一个指导者，去引发学生的素质和热情，表达和反映出教育本身的含义。改善教学远比改革教育重要。改善教学离不开好老师，但是这绝不意味着他所教的内容不重要。教师是真理的代言人，他所讲授的真理的价值在于真理本身是否完善，且是否经得起标准的检验，而这个标准就是我们国家的文化传统。

相反，另一个极端就是仅仅考虑"原木"（"原木"在这里只是用来较随意地表达主题），也就是说，马可·霍普金斯无关紧要，只有真理是最重要的。我们同样反对这种观点。也就是说，就像我们相信一些科目要比另一些更重要、更具有普适性一样，我们也认为应该用不同的方法合理地讲授这些科目——不仅由不同教师去教，而且由不同机构去教。这种信念来自于这样一个确凿无疑的事实：人无完人，没有哪个人或哪个机构在真理上具有专利；学生间的差异也要求不同的教学艺术。这样，教学在阐明真理时就具有双重责任：教学既要适合学生，即有用，又要源于内在的诚信，即诚实。所有教师的工作就体现在这种责任中，即对普遍真理进行负责任的、独特的和个性化的解释。

从根本上讲，教育就是社会将其精神内容和内在形式传递给下一代的过程。因此，"马可·霍普金斯—学生—原木"讨论就是关于社会本质的论辩。我们所采取的立场即是对论辩中的关键问题的回答，而这个关键问题就是：一个自由社会必须在多大程度上接受和灌输普遍标准？

---

* 马可·霍普金斯（Mark Hopkins，1802—1887）是一位保守的美国教育家和神学家，曾长期担任威廉斯学院的校长（1836—1871在任）。在威廉斯学院1871届毕业生的毕业典礼上，当有人提出霍普金斯的领导已经使得这所学院落后于时代时，他的继任者詹姆斯·加菲尔德（James A. Garfield）回答说："在这所理想的学院里，霍普金斯站在跷跷板的一端，学生站在跷跷板的另一端。"这句话后来成了美国高等教育界的一句名言，意思是理想的高等院校应该同时兼顾校长和学生的意见。参看〔美〕爱德华·布尔斯著、徐弢等译《教师的道与德》第41页译者注，北京大学出版社2010年12月版。

这个问题最终落到如何界定"自由"。我们认为，人类在任何真正的意义上都不会拥有自由的选择，除非所有的真理都被他们发现并理解。也就是说，自由并不是允许你去反对真理，而是用对真理的了解去调整你的生活。一个不了解也不遵循健康法则的人，在健康上是不会自由的；一个人如果对社会一无所知，他就不会感到自己对社会有用，也不会有在这个社会中生活的快乐感觉。自由即是愿意接受真理。这种观念在宗教上也有类似的见解。它体现在一句历久不衰的谚语中："完美的自由体现于为他人的服务中。"然而如果必须下一个结论的话，那么可以说，正是这种观点导致"处方式"教育（a prescribed education）存在着悖论，即名义上否定自由而目标上追求自由。权威人士没有发现这种悖论不合逻辑。但我们认为，大部分人都和我们一样怀疑它不合逻辑。那么，这种怀疑的根据何在呢？根据似乎在以下两点上：第一，真理不可能完全为人类所知；第二，即使真理完全为人类所知，人性太容易出错，因而不能证明任何人群有权力去严格规定教育形式。民主制，不论它可能意味着多么信任人性，它也暗含着对人性的怀疑。《宪法》中所设计的权力制衡制度，是用于防止权力被任何一个群体把控，而《权利法案》则保护人们持有不同意见的自由。这些均反映了以下信念：任何一个人群，无论多么明智，其知识也都是有限的，因此必须留出改正和协调的空间。然而如果要下结论的话，这种观点反过来又会导致一种情形，即真理是一个纯粹相对的东西，从而使得社会中不可能存在任何普遍的标准，进而最终导致悖论和不合逻辑。我们因此意识到，两种极端都不可能。自由服从于最好的、最充分的能为人所知的真理。然而，我们承认真理是不会被完全了解的，这是在第二章"遗产和变革"中所描述的立场。这种立场为原木和马可·霍普金斯都找到了位置，它基本立足于这样一种信念：我们的社会和文化确实把握了普遍真理，与普遍真理相关的知识对于任何一种美好且有益的生活都是必要的，然而，既然我们对真理的掌握并不彻底，我们就必须永不停息地探索引导变革的新见解。

那么，我们的观点是：如果知识未能充分地涵盖文化的主要动力，那么知识将是危险的和褊狭的。例如，我们并不认为，按照正统宗教对文化的基本理解来界定教育是安全的；我们也不认为，这种文化会完全反映在任何一套伟大的著作中,这些著作在制定基本标准时或许是重要的,但它们必然会忽略这些标准与现实世界的联系。但是,我们同样不赞同经验主义者们所认为的真理只能通过实验来发现,因为这种观点最终意味着否定任何可靠的真理。我们不否认这些观点中都具有部分有价值的见解,但我们宁愿相信,教育的主要任务是在各个教育阶段向学生同时解读一般知识和特殊知识,即真理中的共同部分以及知识不断成长变化的专门部分。尽管自由社会的存在依赖于教育中的这两个对立面之间的某种平衡,然而在执行每一种教育的过程中,以不同的方式体现这两种对立面不仅是合理的,而且是大家所希望的。

这些观点确定了本章的性质。由于相信多样性是必要的,所以即便我们能够规定中学里的通识教育内容,我们也应该拒绝这样做。另一方面,如果仅仅是陈述一般规则,那么我们既不能清晰地阐明思想,也不能提出什么有用的建议。因此,我们将要检查已经勾画出的通识教育的几个领域,重述为什么它们对于我们来说是必要的,并且提出我们认为每个通识教育的领域中什么东西是最重要的。这种安排,会生出如一列铁路火车那样的结构,一节车厢套着一节车厢。其中的风险在于会产生虚假的印象。懒惰者总是寻觅某些简化的形象,把知识的领域仅仅看做是外观,看做是一个盒子的三个面,或者看做是若干成分——在一个杯子中要混合多少奶油、多少糖、多少咖啡。但是,人类心智的充分成长并没有一个确定的图像。自然科学也好,社会科学也好,人文学科也好,没有一个是独立地与人类心智成长的某个方面有关系。所有的领域都互相重叠和渗透,而不管它们单独来看有多大的价值和机会。我们已阐述了它们之间的相互关系,现在我们将对它们进行分别描述。

4.2 人文学科

英语。我们不需要为了强调人文学科的重要性而过分地声称人文学科是自由教育或通识教育的全部。如果我们建议,在中学四年都要坚持学习文学（尽管文学可能不会是每年都作为一门主修科目或全时制科目），这并不是说文学是唯一的人文学科课程，虽然它是中学课程的合法组成部分。不过我们确实认为，文学学习在中学阶段是人文学科的核心课程，它为实现前面提到的目标提供了特殊的机会。我们所说的机会，首先是指文学使学生有机会通过最好的作者的慧眼看到人生的可能性和规范。文学教学的其他所有目标都从属于这一目标。文学中的所有工作的首要关注点就是使这些景象易于被读者理解。当文学景象呈现于读者面前时，当语词向读者开放之时，教师的任务就完成了。如果我们不能在相当大的程度上获得这种直观的景象，那么我们就失败了。所以最重要的就是在著作和读者之间搭建理解的桥梁。总结或者重复大师们想说的话常常是徒劳无益的，在学生看来可能毫无价值。

这样一来，一开始就很自然地产生了一个疑问。如果我们所谓的"最好的作品"，指的是历史上最优秀的作品，而不是当代最好的作品，或明确地以处在不同智力阶段的人群为目标的作品，也不是迁就读者群之有限经历的作品，那么在中学目前大班教学、学生缺乏相关知识背景、教育资源不足等状况下，"最好的作品"教学不是太难了吗？这种质疑既自然又合乎情理。最杰出的作品是能扩展所有人的思想的作品。对于某些年轻人的心智来说，这种扩展可能永远都不会开始，或者最好的作品教学对于他们来说根本上就是不适合的。显然，这里存在着差异性问题，我们不应该为了少数人的利益而牺牲大多数人的利益。尽管如此，最合理的做法是首先考虑对于那些最能受益的人来说什么样的作品是最好的，然后决定需要作出怎样的调整去适应其他人的需要。

在文学课上尽可能使用名著的根据主要是：我们的文化目前还是一种急需凝聚力的离心文化。正如第二章所述，我们处于与人类的历史丧失联系进而又彼此丧失联系的真正危险之中。补偿的办法并不在于对历史知识多一些了解。历史知识现在已经堆积如山，超过了前面任何一代人的积累。知识如洪水般泛滥是我们这个时代的主要难题之一。16世纪以来的人文学科是一种浓缩和兼容了众多内容的文献。它们不仅涵盖了所有的文学、哲学、音乐，而且还包括"与都市博物馆有关的所有事物",并且因此不再像以前那样是人与人之间的黏合剂与盟约。现在,即使学术大师也不能够看到连续的、完整的人类历史,而其余的人所看到的更只是历史片断。这正如雪莱所说:"节录是危害历史公正性的蛀虫,它们将历史中的诗意部分蛀空了。"而诗意正是我们所需要的。正是通过诗意,即对于通常事物的具有想象力的理解,人们的思想才会最深刻、最根本地联系在一起。因此那些书籍——不论是诗歌还是散文,不论是史诗、戏剧、小说还是哲学——都曾经是人类伟大思想智慧的集成,并极大地影响了一批人,继而又影响了其他人。如果我们探索到理解它们的更好的方式,那么至少就不会忽视它们。我们完全可以认为,启迪和教诲了许多代普通读者的作品,已经演变成大家的共同财富。这些作品丰富了人类的精神世界,而自身也得到了丰富,它们要比那些昙花一现、流传不超过两代学生的作品更受人欢迎。至于教学上的困难,可以参考怀特海(Whitehead)在《教育的目的》里的格言:"教起来不费工夫的书是没有意义的,只配烧掉,因为它根本没有教育价值。"

当然,困难主要在初始阶段,并且我们必须不停地查问这些阶段是否合适,程度是否恰当。早期阅读材料的选择及其等级肯定是一个广泛存在却关注不够的大问题。这里我们提三点意见供大家讨论:

低水平的阅读。在这些低水平的课文中,文字和结构的沉闷枯燥超出了一般读者的耐性。虽然目的在于"养成阅读习惯",但是阅读大量低水平、不需学习者做任何阅读努力的课文,无益于增强其头脑的灵敏度。这样一来,日后他遇到富含意义的句子时感到茫然无措也就不足为奇了。

低劣的英语。大量文学、历史、社会研究和理科课本中需要学生在冗长的课堂教学时间中熟读的文章,都是用令人无法忍受的英语写成的。人们厌倦了这样的情形:学校一边不断重复要努力教给学生清晰而简洁的思维表达方式,一边却在用一篇又一篇由没有弹性和活力的僵死的词组写成的文章培养学生。这些乏味文章的形成或许是由于作者疲惫不堪,或者是由于过早引入了术语而使文章艰涩无味。伯格森(Bergson)* 曾说:"艺术影响我们去感受未知。"但是缺乏艺术趣味也会影响我们去感受未知。这些文字并不是作为写作的典范而引入课堂的,而往往是打着教学内容的需要这一幌子。无论如何,它们会对学生产生影响。一条可靠的原则是,所有在课堂上要被认真学习的篇章都应该是由最好的作家设法创作的有内涵的范文。今后在课堂外还会碰到大量拙劣的文章。

不成熟的陈述。这些文章在另一方面也常常失败,原因是它们总结得过快。让一个学生大致了解他将要去的地方是对的,但替他省去探索的过程则是错误的。有不少课程都是从头至尾地告诉学生他们将会看到的东西,以便他们记住从未体验过的旅行故事。结果,学生的头脑淹没在旅行指南手册中。

这里,制定任何详细的长期阅读计划都不会得到一致意见。本委员会并没有职责建议中学具体该怎么做。我们可以提出一个政策性建议,但也就仅此而已。这里所勾勒的文学学习的政策之最终依据或许是这样的:长期不断地与优秀作品密切接触。对于具有可塑性的、正在成长的、模仿力极强的学生来说,这种作品尤其具有影响力和指导力。由于教师处在一个附属性的位置上,教师与学生所学的作品的接触更密切也更长久,因此来自教师的指导性影响对学生总是有帮助的。作品越伟大,教师就能因自己的指导之责具有尊严而获得更多的支持,以至于最后,追求自由的社会也会意识到这一点并给予教师坚定的支持。

如果我们认为,没有什么比适用的文学作品更有益于学校教育,那么,在安排和教学方面,我们能提供什么建议呢?而在避免浪费精力问题上,我们又能提供什么告诫呢?这些问题还在讨论之中,没有什么新鲜的建议,而有关这个主题的精彩报道却随手可得。因此,这里对有关报告作简要介绍。

一份有代表性的英语语言和文学教学研究报告提出了一些要点。

---

* Henri Bergson(1859—1941),亨利·伯格森,法国心理学家、社会学家。

它指出,在文学学习中最普遍的令人失望的现象和趋势有以下几点:

——脱离教学目标设计而仅仅关注实际内容。
——强调文学史以及对文学史时期划分、文学发展趋势和已有评价的概括,而不是更深地熟悉文本内容。
——常常强行与公民教育、社会研究等建立联系。
——对结构、情节、语言修辞、诗体学、体裁等进行了过分技巧化的分析。
——将(浪漫主义、现实主义、古典主义、感伤主义等)评论术语用做标签,造成读者欣赏作品的困难。
——说教,即过分追求总结人物行为背后的经验教训。

富于反思精神的教师一定熟悉上述这些错误,就如熟悉与其相反的另一个极端一样:

——过多地进行肤浅的阅读,但对于其内容或含义了解不够。
——缺乏帮助学生理解正在阅读的材料的辅助工具。
——漠视或忽略文学技巧。
——缺少使用学生所需要的文学评论术语和评价。
——对正在阅读的作品的含义持不负责任的态度。

教师头脑中应该时刻提醒自己:

——将人的心智区分为理智的、审美的和伦理的几个部分仅仅是出于分析问题的考虑,而人的心智中这几个部分是不可分的,在文学作品中总是以整体的方式存在着并发挥作用的。
——文学中的伦理结果并非遵从某个道德箴言录,而是在灵敏的想象、高度的愉悦以及明晰的看法中产生的。
——某种共同的传统(a common body of tradition)无论是得到支持还是遭到反对,都是为了避免我们沦为伦理上的无知者。

在文本的选择和排序方面应注意如下几个要点:

——注意时间是有限的,要学的东西宁少勿多,要计划好哪些部分可以省略,而不能在时间不充裕的偶然情况下随意省略。

——注意新旧作品之间的双向沟通:(1)新作品必须是当前出炉的,同时又要能和遥远的过去发生联系;(2)旧作品要能体现出现代复杂作品所依循的文学传统。

——需要平衡美国、英国的作品以及其他国家文学译作的价值观。

——课堂学习的文本要由不太难的课外阅读书籍来补充。要提供指导,因为学习的主要目标是达到广泛的、有鉴别力的个人阅读。

——重点放在对一定数量书本的阅读上,或者对某些书或者报告进行批判性阅读。

——保证教师能自由选择自己驾驭得最好的文本,并尽可能地避免不受欢迎的重复。

——历史顺序只有在对文学阅读有启示意义时才值得强调。

在培养阅读能力方面,重点应放在:

——深入细致地研究那些写作技巧高超的文章段落和简洁叙述重要事件的诗歌。

——除了要注意字典里注明的意思,还应注意词语在上下文中的具体用法。

——充分理解文章的含义需要考虑:字面义、比喻义,作者的情感、语调、目的,作者对于自己立场的态度、读者群、生平、其他著作以及其他相关的人和事。

——理解比喻的使用及其必要性,通过集中研究想象思维来理解人们如何依赖类比和比喻进行思考。

——文意解析的目的在于对原文思想做清楚的阐述,而不是作为同义替换练习或试图挑战原文的文学质量。

——大声诵读有益于理解,可以选择性地背诵具有恒久意义的诗歌和段落。

——为了阅读的效率,可以以不同的速度阅读,并为不同的目的而将重点放在不同的文章或段落上。

为了提高写作能力——这主要是为了提高口语表达能力——而强调以下几点:

——不断练习,随时敏锐地发现各种表达问题。

——多做短小的练习,以便于老师能仔细地评论,学生能从容地修改。

——挑选与学生兴趣接近的练习以发展他们的能力。

——注意表达的连贯性、思考的严密性、表意的完整性以及手法的新颖性。

——遵循一定的篇章结构、话语方式,必要时使用字典和其他参考书指导写作。

——语法研究只有在有助于了解语言作品、分析讲话和写作中的结构缺陷时才值得我们去做。

以上便是有关英语教学技艺的一些共同见解,也是一种折中的策略,但又不似当前"中庸之道"一词的含义那样轻率。总体上来讲,它意在确保教师在关注连贯、合理的秩序的同时能享有最大的自由。从以上描述的英语学习中的教师、科目和学生之间的关系来看,毫无疑问,这种自由应该得到细心的呵护。

但是,合理的顺序也很重要。假如在学生看来,他们自己所读的书目互相之间没有任何关系,那么我们就坐失了无数的教育机会。虽然书目之间虚假的或者强加的关联很可能是极大的错误,但仍然有必要对学生所读的书目进行排序和分组,这种排序和分组将使学生形成包括分寸感和方向感在内的对意义的理解。这种安排不可能有任何合理、普遍的通用计划,就如同我们不可能将人的所有智力行为列出一个详细的清单。现实情形确实也是变化的,应该不断修改计划去适应它。尽管如此,仍有一些普遍原则适合推荐给有经验的教师们。

例如,相对简单的故事(《丛林丛书》、《金银岛》、《奥德赛》)和较为开放、没有强烈表意指向的诗歌自然可以较早阅读;圣经故事、神话、旅行与冒险以及简单的人物传记作品等展现出了无尽的多样性,但应该列到最高的文学层次上阅读。又如,像五卷本《剑桥文学阅读》那样的选集,表明了什么样的名作典范可以被收录在一起以满足12岁以上学生的积极主动的研究;在学习了需要更多分析思考的戏剧与小说之后,可以学习更复杂的诗歌。而有关基本论题(人类与国家、道德秩序、痛苦的问题、快乐之源、家庭和社会的重要关系)的讨论不应该被推到太晚的阶段,以免大部分学生在讨论这些论题之前就已经离开了学校。有关这些论题的阅读量不应太大,而且应将注意力主要放在对短小而重要的段落的课堂讨论上。虽然这种讨论可能对班级里很多人来说比较难,但即使是心智稍逊的学生也不应该放弃,他们必须知道这些论题是先贤们主要关注的,也必须知道——哪怕是非常模糊地知道——在这些论题上先贤们都有些什么样的思考。到了最后,大多数人都会发现这些东西并不像想象中的那么深奥。在此过程中,我们可以再次看到,人们在各个教育阶段记诵诗歌和散文仍然是与教学本身一样古老的手段。

在选择阅读材料时,建议选择经过删节与认真编辑的、更接近普通读者的伟大作品的简写本。我们相信,为了有利于教学与公众阅读,学术中某些最具活力的部分应该为现实服务。现在有越来越多的人在阅读名著的简写本,假如这些简写本不是出自学者之手,那么它们就可能出自相对来说不怎么称职的人物之手了。只有学者完全知晓如何从《旧约》全书中,以及从荷马、柏拉图、培根、但丁、莎士比亚或托尔斯泰等伟人的作品中,分辨出哪些部分对当代普通读者具有重要价值,哪些部分适合专业学生的特殊需要。但是,由于学者所受的专业训练以及他所处的竞争激烈的位置,最重要的还由于他们的职业理想,他们通常不关心这个问题。如果这些作家要令非专业人士受益,或者得到最广泛的阅读,那么就需要去粗存精。这是一个非常精细的过程,通常需要在句子中间极其仔细地权衡得失,在清晰性、见识或精确性中达成某种平衡。只有相当了解作者成就的学者,才能作出恰当的判断,才能将互为补充和解释的词组放在一起,或将一些不很重要的修饰语或不相关的参照物删去(而不至于影响原文含义)。当然,最主要的问题是,这个阐明或简化过程应该进行到何种程度才堪称最佳,只有那些既熟悉材料又了解读者背景的人才能回答它。

阅读教育的目标不应该是面面俱到。它也不能为此而刻意避免重复。大部分值得学习的东西也值得反复学习。经过一段时间间隔之后,看看另一位优秀的教师是如何处理同一篇文本的,这种形式非常具有教育价值。害怕反复学习,其实是在担心大部分教学可能都很糟糕。两次错误地处理一本书,当然比一次错误要糟糕得多。在这里,应该关注的是尽可能精读重要的阅读材料,并且保证所读的东西会使学生得到最大的收益。外在的权威永远代替不了一位与班级里的同学关系密切的优秀教师的直觉。然而,"适宜于课堂学习的才是最好的"是一句能掩盖所有问题的话。这一原则将巨大的责任压在了教师的身上,而这些教师在履行责任时通常很少能获得有益的帮助。如果大家能对阅读计划详细检查、讨论,上面所强调的原则——即适宜于课堂学习的才是最好的——就不再是陈词滥调,而会成为一个建设性指令。

在实践中,文本的选择由于诸多因素而陷入了尴尬局面。其中,有些因素是管理方面的,它们通常很少被提及,例如书目能否获得行政许可、图书馆有无书单所列书籍、有无适当的版本等,而更易干扰理想的教育政策的因素是师生关系。许多书极受欢迎,是因为教师感到这些书使得他与全班同学一起度过了愉快的时光。这一点常常被认为是决定性的论据。但是进一步的问题"什么样的愉快时光"却没有被提出来。然而,这一点显然很重要。有价值的课堂工作常常是,甚至通常都是令人愉快的。当然,这不是说课堂上令人愉快的时光一定是有价值的。毫无疑问,在选择文本时没有什么能够替代教学经验,或具有教学经验的权威性。但这种经验必须是经过检验的,苏格拉底式的提问可能会帮助我们看清经验是否有价值。然而,事实上,学习文学是极易令人厌倦的,以致任何娱乐性的补充都是完全可以理解的。一个安全的测试方法可能就是让教师问自己:"这种娱乐需要我的参与吗?"如果答案是"不,没有我他们也会读得很愉快并且能充分理解",那么,就应该代之以一些没有老师的帮助学生就无法欣赏的文本。遗憾的是,这种选择不能由学生来决定,因为他们不了解究竟还有什么其他的选择。

文学学习贯穿于整个语言学习过程之中。英语教师的大部分时间与精力都应与语言有关,不论他是否在帮助学生阅读。但是,我们要进一步说,所有科目里的所有老师都承担着教授语言的责任。教师们越是能更多地意识到自己对这种责任的忽略给自己及学生带来了困难,那么他们就越发明白自己具有教授语言的责任。在这方面可能存在一些误解。这种责任不是处理拼写或语法等准技巧性的问题,或者在通常很模糊的意义上处理"标准的好英语"这样的问题,而是把英语作为本学科中必不可少的教学媒介,在理解和运用英语方面给予实践与帮助的问题。英语是教师教学中不可缺少的媒介,例如,当一位理科老师在这方面花时间与精力时,他并不是在"接管英语课堂应该完成的事情"。事实上,一门学科中所使用的语言与这门学科本身是不可分的。因此在关注语言教学的同时,他还是在做他自己的工作,而不是英语老师的工作。这些科目的教师有着令人钦佩的、丰富的知识储备,能够帮助学生们更好地听、说、读、写,并且他们还能够界定、简化和组织颇有优势的教学内容。

在自然科学与社会科学中,最大的障碍就是机械地重复没有被理解的词句。文学一般没有这种困扰,直到批判的、美学的、语法的或技术性的术语被运用之后才大受其害。正因为如此,文学比其他学科受害更多。那些从事更精确学科研究的教师们了解该学科的术语,并且至少有更好的方式向学生揭示单词和词组的意义或者指出它们不代表任何意义。而对文学术语进行令人满意的解释总是很困难,因而这项任务应该留给学院去做。理科教师理解精确的技术语言的能力可能超过了英语教师,因为英语教师主要处理的是流动的语言,是根据语境而理所当然地改变其意义的语词与句子——它们的使命就是多变与丰富。相反,自然科学术语是固定的。自然科学力求严谨地使用语言,以求通过定义来保持术语之间关系的连贯性。自然科学的关键词汇是具有逻辑意义的术语,或者和术语具有一一对应的关系。而文学和非技术性谈话中的词汇不是这种意义上的术语,假如我们忘记了这一点,就会陷入无尽的迷惑。

由于这些原因,自然科学所擅长的是逻辑研究、术语的严格界定和意义分析、分析错误观念、无情地揭示出鹦鹉学舌式的句子中所潜藏着的错误的或不相干的观念,以及清除不合理的因素。只有在自然科学中,学生才被严格要求着去思考他的理解过程和内容,因为在自然科学之外的任何领域都不存在如此必然的对理解的测试。因此,自然科学老师在帮助学生清晰表述、用语准确方面的职责是无与伦比的。同样,自然科学教师的职责还有,(与英语教师一道)帮助学生认识并清晰地记住严谨的科学用语与灵活多变的文学语言、对话语言之间的不同之处,防止学生把略显枯燥的科技专用语生硬地用到一般谈话和文学创作中去。社会科中的这个问题特别严重,故而社会科教师也应在语言教学中发挥作用。因此,语言教学无疑是所有教师的共同职责。

当然,引导学生学习语言的任务绝大多数还是应该由英语教师来承担。在学生身上会发生什么,很大一部分取决于在老师身上正发生着什么。如果老师自己都不能清晰地理解语言的含义,那么他怎么向学生解释呢?这便是教育的悲哀了。

更具体地说,如果教师的著作及表达方式是软弱无力或含混不清的,那么他在其主要职责方面,即在激发学生用词准确、表达生动有力等方面就将失败。口头表达是先于阅读和写作而出现的,这种优先应当予以保持。阅读和写作实际上可能会妨碍口头表达,当前的一些潮流鼓励用阅读和写作取代口头表达的优先性,如"用眼睛扫读"(eye-reading),其阅读速度很快,这是浏览报纸和大多数教科书时的好方法。更为省时、省力的做法是提倡默读及减少出声,学校在这方面就做得很好。但是文学是用生动的语汇构建出来的,而不是图示符号的堆砌。文学表现的是具有不同语序的话语。严格意义上的默读不发出任何能表现语言形象的声音,因而使得词语丧失了大部分表达力。实际上,单纯印刷在纸上的语言无法起到这样的作用。这种现象对诗而言尤为如此。值得关注的是,通常一篇让全班同学迷惑不解的论说文或说明文,在被一种尊重和反映思维顺序的、饱含智慧的声音朗读之后,就很好懂了。对于师生来说,采用何种方式来阅读什么样的内容是一个非常重要的且有待共同考虑的问题。

如何尽可能让读者从字里行间看到更多的东西,很大程度取决于教师能否用一种恰当的方式去朗读。在大多数教师培训中,这个领域被忽略了。很明显,这里面存在着很多危险。我们所需要的不是流利,而是忠实于原意的元素和结构。教师在阅读时必须去理解,并且向学生显示他在阅读中理解了什么。这里,我们可以指出,借助于收音机,公众开始重新重视那种关注和评论口语的隐含意义和细微差异的权力。众所周知,这种权力在印刷术发明后没有能够被人们充分享有。现代社会又变成了由听众构成的社会。这对于"自由"概念的意义几乎不需要强调。

阅读,无论是朗读还是默读,都是一种艺术。把它们看成机械的过程是很危险的。在初级阶段,学生如果能在图画辅助下做到发音流利、正确,我们就感到很满意了。这使得我们不明智地也通常不正确地认定,正确的思想不知不觉就会从读者的脑海里冒出来。为澄清是非,这里必须指出:在许多方面,混淆较低水平及较高水平的活动将误导教学。例如,作文手册通常会讨论如何选择"正确"词汇的问题,仿佛这种选择与拼写正确是出于同一种原则。我们在第二章中也曾经谈到"正确"这个词在教学上具有一定的模糊性。首先,正确的词汇是有关表达得体的问题,而正确的拼写是出于英语上正式规范的考虑,也就是说,它必然存在缺陷。这种模糊性会给学生带来不知所措的挫折感。词语的误用与拼写错误没有相似之处,发音错误及不当的语法也没有相似之处。遵循某种规则是对它们的共同要求。但是哪个词汇最确切表达了它要表达的意思则是另一个问题,它涉及选择最佳方式来达到目的和作出判断,这是人类的最高能力。这样一条基本规则是必须遵守的。

在作文教学中,将机械的规则与灵活的原则区别开来是非常重要的。作文,不论是口头作文还是书面作文,大部分都是模仿。"模仿"一词,意味着对所有方面的模仿。在拼写、发音、标点、语法规范等方面,我们要遵循文字和句法结构的固定规则。在表达思想感情方面,要明白"意在言外,不以词害意"。如果教师给出的模式毫无内在意义,学生就不能取得很大进步;如果我们推荐学生阅读的材料不清晰,没有说服力,文章结构欠佳,从语言到内容都不那么吸引人,我们便剥夺了他们接受有效指导的最重要的工具。如果让他们模仿他们尚未认识到其写作意图和写作技巧的文章,将会更糟糕。作文要为言说和写作提供好的范式,同时要明智地讨论是什么因素使言说和写作卓有成效。因此,我们已经在上面强调了选择最适合课堂学习的东西的重要性。

外语。在中学教育中,恐怕外语教学是最让人迷惑的问题,也是人们最少达成共识的教育问题。外语是否应该是通识教育的重要部分,有经验的教师在这一问题上的意见也是大相径庭的。有的人认为,外语不应该在通识教育中占有地位,有人则认为外语才是通识教育中真正应该包括的科目。

那些强调应该学习外语的人经常提到的一个主张是,外语的经验对于英语理解是有价值的,对掌握英语写作也是有帮助的。几乎可以肯定,在英语和其他语言之间进行比较具有极大的价值,而不是在浪费时间。在其他语言中,有些词汇的意义是英语词汇所没有的,它们区分意义与彼此关联的方式也迥异于英语。学习这些外语词汇,并理解其表意方式,可以称作"哥白尼式的方法"。这种方法使人文学科能够给人们提供最具有解放意义、最令人兴奋和最发人深省的思考机会。运用哥白尼式的方法,并借助语源学,学习者对英语的兴趣能激发出来,他们对传统风俗、文化遗产、思想哲学的全面理解也会随之而来,有时候他们对传统的理解通常可能与我们意愿相反;有时候,人们会对某些外国作品中的思想无比信赖,尽管他不知道作者的名字,但是作品的语言具有无限的历史性,包含着奇妙的历史,以及语言发展史和语言自身的无限奥秘。所有这一切,都是在英语和其他语种之间初次建立联系时就可以获得的感受。有时候,一个英语单词有多种不同意思(例如"idea"、"right"等词),它可能包含着一套可以衍生出连鸿篇巨制也无法囊括的哲学,它的含义比字面要丰富很多。或者又如"不可理解"(incomprehensible)或"相信"(believe)这类词汇,也可以平淡无奇地表达那些非常大胆的个人思想,仿佛人们所能做的只是记住字典所收录的词义。

似乎可以这样认为,学习其他语言是人文学科中的必要组成部分。同时,翻译工作的价值也得到了认可。**只要译者在另一门语言上的修养足够好**,对于英语写作和阅读来说,没有什么练习比翻译更好了。之所以用黑体强调,是为了指出这样的事实:尽管在学校中有大量翻译工作,这种情形还是不尽如人意的。从最初的哥白尼式方法到有益的翻译工作,需要完成艰苦漫长的工作,而很少有人能最后坚持下来。也就是说,很少有人对一门外语的掌握能够达到这种程度,即对他们的英语母语来说,既具有扩充的效果,又具有规范约束的效果(例如,以莎士比亚的拉丁语为例,他的拉丁语造诣赋予他超巨量的、来自拉丁文的英语衍生词汇,而对于这些英语新词,他又能根据有限的词根规则纯熟地自由使用和创造)。并且,几乎没有人能通过另一门外语去掌握与这一语言密切相连的异文化传统,并将这种异文化扩充到自己本来的文化中去。那些没有做到这一点的人,实际上在浪费时间——或许不那么绝对地说,是他们没有学到什么东西,但是至少可以说,他们可能从别的地方学到了很多。然而,对于那些把语言作为开启心智之门的人而言,无论是以诗人和作家那样传统的方法研究词句还是以历史学家的方法研究文化,语言都是重要的。实际上,任何社会如果缺少一定量的受过诸如此类教育的人,都会陷入褊狭与僵化。

在外语教学中,主要的问题或许是:怎样引导多数或绝大多数学生采用我们所说的哥白尼式方法进行学习?——该方法认为,任何语言(不仅仅是他们的母语)的骨架是结构,而词汇则承载着历史的信息。另外,如何使那些相对少的却能够并应该取得更高成就的人扎实而富有成效地掌握一门语言?

我们在这里暂停一下,插入一个一直困扰语言教学的区分问题,即语境与语意的区分问题,因为它通常没有被非常明确地指出来。语言时常被当做工具来学习,例如,有望成为科学家的人认为有必要接触德文的科技书籍而去学习德语[①],打算去南美找工作的人学习西班牙语。很明显,这种学习在战争中得到了很大的发展。工具性学习使得相对清晰、单一的学习目标与相对正确的过程获得了较好的匹配,也就是说,集中时间学习(intensiveness,顾名思义,简捷、迅速进入到一种语言中,学生应该在这种氛围中过一段时间)和直接教学法(the

---

[①] 由于在自然科学、数学、工程学和医学方面的重要且出色的工作成果,德语迄今为止在外语中占据着独特的地位。但是,务必记住的不仅是德语作品,还应包括斯堪的纳维亚语、荷兰语、波兰语和巴尔干语作品,以及俄罗斯和东方研究者的作品,这些作品曾经或正在用德语以全文或摘要形式出版。

direct method,指从一开始就说这种语言,以至于它尽可能地变成一种生活习惯而不仅仅是一种概念框架)获得了较好的匹配。但是,在作为一种工具的语言教学中,掌握这种工具有时会被认为是语言教学的唯一目的。然而,事实并非如此。古希腊语和拉丁语已经废弃了,它们以及许多仍在使用的语言都不是被人当做工具去学习的,而是为了文化的目的而学习的,正如上几段所提到的那样。人们当然可以说,拉丁语对于莎士比亚或弥尔顿来说是工具,法语对于蒙田和莫里哀作品的读者来说是工具。但是,由于学生在学习语言的行为中关注的东西比语言本身要多得多,因此可以说这种说法有点极端。学生在学习人文学科的时候,不仅会学习跨越时代的作品,还会学习异国的文化以及各种语汇的不断变化的丰富含义。那么很明显,把外语作为一种工具来学习还是把外语作为人文教育的一部分来学习,其中隐含着不同的学习方法,并会取得不同的结果。

作为一种工具的语言几乎不能被归入人文学科,并且可以说,这样的语言更接近于一种专业教育,而非通识教育。一个为了科研而去修习德语的人当然也可能继续去阅读席勒的作品,并且无论学习语言的目的多么狭窄,任何语言的学习都会对一个人母语的表达方式有影响。可以想象,一个学习一门新语言的人,无论他对运用母语有着多么执著的实践倾向,都会将新语言和母语进行比较,在语源学上进行推敲,以及使用新语言中的语汇来提高自己的表达能力。语言与旅行有某些共同之处,那就是都不可避免地会带来对比。但是,如果允许比较的话,任何知识、任何知识的分支都会有益于通识教育目标的达成。我们之所以说语言是一种工具,乃是因为越来越多的人是在需要学习某种语言的时候才去学习。毫无疑问,越来越多的大学为学生提供语言方面的强化课程,特别在暑假学期中,当学生认识到自己学习的需要时,他们会尽可能快速、有效地补充这方面的课程。这类课程在中学开设比较困难,因为中学的课程机制不太灵活。但是从语言教学的经验来看,动机是首要的和必不可少的因素。当学生认识到学习这门语言的必要性(正如前程远大的青年科学家需要学习德语)时,即使还没有系统方法,他也能学得很好。我们应该极力避免的是:学习语言,既不为掌握一种工具,也不为提高人文素质,而只是一种被动的、心不在焉的、单调的、没有清晰目标也没有切实成果的学习。

回到早先提到的一点,就通识教育而言,语言教学有两个截然不同的阶段:对多数人而言的哥白尼式方法阶段,以及对少数人而言的在与文学、历史的关联中掌握语言的阶段。下面简要说说这两个阶段。

前面已经详细地论及了"哥白尼式方法"的内涵,以及它对母语学习的广泛影响。现在的问题是,如何进行具体的操作。最近几年来,"普通语言学"方面展开了许多研究工作,与英语有关和无关的其他语言的结构以及字源都得到了研究。"普通语言学"研究的优点是,它坦诚而公开地主张通识教育中的语言学习都意在更好地诠释和理解英语。其缺点在于,对于九年级学生来说,它过于学术化,过分强调研究成果。也就是说,指导学生时仅仅给他们提供了信息,而没有渐进地提高他们的能力,这样就没有达到学习语言的目的。试验将表明哥白尼式方法的重要性,假如这个方法有效,普通语言学则可以成为高中一年级的英语教学的核心。

同时,教授一门单独的外语仍然是促进英语学习的更为常见的方式。在语言教学早期阶段更是如此。可以说在语言教学的早期阶段很难判断哥白尼式的方法的效果,因为它的效果主要体现在学生的英语水平是否得到提高,而不是学生对新语言的掌握程度如何。这是由于英语语言的历史而造成的。英语是早期混住在大不列颠岛的部落发展出来的逐渐简化的语言,这种语言缺少性和绝大多数变格词尾,因而英语的语法和句法极其模糊。但是,随着英格兰岛和大陆之间联系的加强,特别是经过诺曼征服以及文艺复兴之后,英语通过拉丁语源的引入(日耳曼语单词)极大丰富起来。因此,英语单词量也在增长,在那些认识到英语潜力的人们当中,英语的精妙性、暗示性也在增加。随着这类词汇被越来越多地使用,结果就可能出现:一个普通法国人能读懂拉辛(Racine)①的作品,一个普通德国人能读懂席勒的作品,但是一个普通英国人或美国人读莎士比亚作品就有困难。这样,我们回过头来看,语言教学早期阶段的主要功能不是要求学生掌握一种新

---

① Jean Racine(1639—1699),法国剧作家。

语言,相反,它是要求学生能更好地在句法和词汇两个方面启发英语。

这种需要在很大程度上证明了,在小学高年级和中学低年级学习拉丁语或法语的合理性。以往人们认为,学习这些语言,尤其是拉丁语,在心智训练方面具有神秘的优越性,这个优越性在很大程度是不正确的看法。然而,说到句法,拉丁文要比英语清晰得多,而且这种句法的清晰正是英语所需要的。正因为如此,学习拉丁语宜早不宜迟,最好在七年级或者八年级。在这个阶段,甚至有人在主张是否以拉丁语取代英语。至少,如果有更多的学生在进入学校学习英语之前,已经有一些句法知识和对单词词根的认识,那么,这将极大地促进英语学习。

但是,语言课程中的任何收获都有一个前提:教师们完全理解并从不忘记在早期阶段开设外语课程的目的。再重复一遍,其目的主要是让学生在母语学习而非外语学习上有所长进。然而,至少学生会感到有些困惑,年轻人一般都有着明确的想法,如果他们被告知要学习一门语言,而某种意义上又不是在学习这门语言,这事的确令人迷惑,至少可以这么说。因此,他们的进步必然不可避免地在相当程度上要用新的语言而不是母语来衡量。与学习"普通语言学"相比,仅仅学习一门外语既有不足之处也有益处。其不足之处在于,仅仅学习了这门语言本身而没有和英语学习建立联系,而"普通语言学"却与英语有着明显的联系。学习一门外语的好处则在于,所要求掌握的东西是比较明确的,同时也是一个历史形成的连贯的系统,并符合学生的逻辑思考习惯以及他们对人类和过去的想象力。要做到取长补短,教师就得承担复杂的任务,即通过一个国家的语言讲述这个国家的文化,同时和所有的语言学习一样,激发学生对这门语言的结构和词汇的感觉。这个任务的完成要求机智、博学、顺序和内容的合理分配。然而,鉴于英语的历史和本质——也许甚至还要包括人类的天性——是通过经历不熟悉的东西来更深入地掌握熟悉的东西,很少有任务比这个任务更重要。

最后,已经有小部分人出于进一步提高英语水平的目的而在学习一门外语,在我们看来,这部分人应该继续下去。在这里,我们不准备讨论那些为掌握一种工具而学习语言的有关问题,而是要讨论以理解人文科学为目的而学习语言的有关问题。语言和人文科学的关系,就像数学与科学的关系。数学和语言可以说都是独立的学科,而且数学较语言尤甚,但两者又都是其相邻学科的入门工具。在高中阶段的第二三年里,有些学生会倾向学习数学和科学,而另外一些学生会倾向学习语言和文学。这并不是说,不同的学生群体不应该在这两个不同的领域里同时继续他们的通识教育,这仅仅表示他们分别找到了自己的发展领域并可以在其中深入发展罢了。那些兴趣在人文学科领域的人需要承担双重的任务,他们要以那些把语言当做工具的人们的热情来学习语言(因为如果不是为了牢固地掌握语言这一工具,他们又何必去学习呢?)。同时,对他们来说,语言还应该不仅仅是一种工具,他们必须通过语言进入另一个文化的视野,了解他们的思想历史发展过程,发掘出一些有深度的、有生命力的作品和思想。

在这个意义上,我们应该学习什么语言呢?德语和西班牙语,很大程度上可以被看作为掌握工具而学习。学生如果在更早一些时候就开始学习法语或拉丁语,就能为自己将来深入地研究人文学科提供一条自然的途径,基于此,学校就应该为了这个意图而进行专门的法语或拉丁语教学。另外,还应该提及俄语和古希腊语。俄罗斯文化的伟大之处无须赘言,俄国的思潮和历史对未来的影响也是我们可以预见的。俄语可以让学生在中学的后几年开始学习,为那些主要兴趣在文化或者历史和社会研究领域的学生提供一个新的学习维度。对希腊语的理解也是一样,其功用虽然或许稍微有所不同,但是同样重要。通识教育将会更清晰地显示出那些伟大的希腊著作在我们的文化中的基础地位。哲学、政治理论以及文学的许多分支,对我们来说甚至很大程度上就是从这些著作开始的,所以也就不可避免要回头去和它们做比较和考究。虽然大部分学生可以通过阅读英译本了解这些著作,但是如果通识教育不能让一部分人对这些著作有生动真切的理解——只有原著才能激发这样的理解——通识教育的部分使命就没有完成。简单地说,这才是通识教育中所有更深层次语言学习的目的所在——就像科学训练能给某些人带来生动真切的理解一样,人文训练也能给另一些人带来这样的理解。只要学校教育能培养人的洞察力,这种生动真切的理解就是洞察力的根源。

艺术类课程。为了达成通识教育的目的,艺术类课程应该以尽可能多的形式让儿童尽早体验到。这里的艺术课,我们主要指音乐、绘画、素描和模型制作。我们当然也不能否认舞蹈、建筑以及其他艺术门类的作用,但是我们现在关心的是学校中的通识教育以及那些已经在学校中存在、通常又能在学校中教授的课程。有人可能对中学是否应该要求学生学习这些科目中的正规课程持怀疑态度,然而实际情况已经证明这种规定是正确的。但是,必修课程的缺乏,或者任何此类课程的根本缺乏,不应该意味着学生在音乐或者艺术方面经验的缺失。许多人(或者说几乎所有的人)将因自己具有对音乐、美术以及文学的审美能力而备感幸福,也可能因缺失这些方面的审美感受而体会不到幸福。

艺术能带来快乐,艺术能陶冶情操,艺术能提高悟性。例如,在绘画和素描方面的训练能使我们的视觉感知力变得敏锐,从而使我们在色彩、外形、空间等方面有更高的鉴赏能力。一般来讲,有了包括(培养听觉感知力的)音乐在内的所有这些艺术课,人的大脑就能透过字面的意思和外在的现象而获得经验的共鸣,以及经验背后的弦外之音。艺术通常被人们称作是对"美"的洞察和交流。这种说法很有道理,因为它表明了,艺术既非沉醉于一己之私,也不是对色彩、声音、材料等物质的简单运用和处理。然而,"美"这个术语对艺术范围的限定略显不当,因为在"美"之外艺术家还热心于发现和表达事物内在的各种价值。

因此,艺术教学应该被看做是通识教育的一部分。艺术通过发展感官来促进人的大脑的发育,它能使年轻人在理性思维发展成熟之前以最直接的方式理解他们的传统。心智的成长,是从非语言的思考到概念思考,到最终掌握可变的数学符号。艺术能为那些可能从来不会通过抽象概念理解传统的人开启理解传统的窗户。如果人们的理性已经成熟了,这时候艺术又可以通过具体直观的感觉来加强对概念的理解。当人们描述艺术类课程的目的时,非常时兴用"欣赏"这个词。所谓"欣赏",表示既有"理解"又有"感受",然而多数课程在这两方面都不成功。学习世界艺术传统,是要通过分享大师的视野而培育人的心智,同时也是为了体验纯粹的愉悦。但介绍传统仅仅是艺术学习的一个方面。在这里,我们认为艺术学习的另一方面就是要有助于个人的心智。大师的作品不是用来机械模仿的,这些作品的价值就在于它们能在孩子们幼小的心中播撒一粒种子,这粒种子将来能长成或大或小的一棵树。艺术学习必须融入每个人自己的东西,这样艺术品才能产生个性化的新形式。

我们切勿混淆个性和主观性。如今,当对艺术真实性的概念产生自然而然的抵触情绪时,老师会要求孩子们尽可能率真自然地在画布上倾吐自己的思想。但是,美的工作不是自我表现而是自我超越的,就像一个演员把自己融入一个角色一样。过于热衷在艺术中自我表现,部分原因可能是由于反对清教主义——清教主义过于压抑自我情感,可说是弄巧成拙。无疑,任何学习都必须被个人经验所吸收,因为人是一个与外在世界相互沟通的生命体。对于艺术工作来说,服从一定的规范是重要的,但这并不意味着可以强加外来的武断限制。艺术的规范来自于艺术家所用的材料的本身特点,例如颜色的特点、空间的特点、黏土的特征、声音效果等,并且也来自于它所表现的对象的结构。想象力这个单词,容易让我们误认为这就是发明创造。事实上,想象力是通往理想的可能领域以及价值领域的通道。艺术家不能创造出这一领域,他只能揭示这一领域,发现这一领域之所在,进入这一领域并且服从它的有关规则。

概括地说,艺术教育包括三个部分:首先是对历史上积淀下来的各种艺术传统的接受;然后是个人对这个传统的反应,从而对已有的经验进行扩充;最后是打开学生的心智和眼界,帮助学生进入普遍的价值领域。这并不意味着,这三个部分需要按照上面的顺序依次进行。许多例子表明,孩子只有当对他周围的美很熟悉的时候才能更好地理解艺术传统。

艺术是关于具体物什的各种思想与情感的综合体。这也就难怪柏拉图主义者和清教徒经常会对艺术抱有恐惧心理。审美感受是和被审视的物体本身分不开的。在油画里,艺术家用他的指尖来感觉和思考;在艺术中,学习和实践通常是交融在一起的。这样,艺术通过它的自然属性实现了这个转换,而我们常用相关性这个术语来表示这个转换。因而,唱歌或者演奏一种乐器能帮助学生更好地理解和欣赏音乐文献的微妙之处。建筑艺术与其他艺术形式有所不同，建筑艺术要对复杂的情况进行相关判断。画家可以宣布自己要居住在波希米亚，但是建筑师通常必须住在普通人的世界里。在设计一栋房子的结构时，除了要考虑他自己的个人风格，他还必须考虑他的客户对家居的需要以及那些附加的约束条件，例如经济限制、地理位置等。

最后，艺术教育对培养人们智力以外的其他品质有意义。在这个世界上，我们必须与他人共同生活，我们需要社交也需要独处，而音乐艺术就能培养社交技能。例如，在唱诗班中唱歌或者在管弦乐队里演奏，都能把自己融入一个大的训练有素的团体中，而且不失自己的独立性。因为就是通过扮演一个具体而个别的角色，个体能够促进组织表演的有效性。并且，因为音乐并不表达清晰直接的想法，所以音乐表演团体中也没有辩论或争吵的机会。这样，艺术可以将在其他方面存在分歧的人们联合在一起。作为个体的人，即使在学术能力上存在差异，也都能动容于艺术的感性魅力，公共节日或宗教典礼就是例证。当前，艺术也被视为游戏冲动的代名词，并且，在体育运动界确实有着社交和独处这两种节律。例如，在足球比赛中，球员必须调整他自己以配合球队。但是，钓鱼则是一种孤单的运动，钓鱼者和他的同伴是独立的，大家都独自面对或平静或湍急的水面，他甚至可能因为陷入沉思而让鱼儿脱逃。钓鱼不仅培养一个人的哲思，而且也培养一个人的艺术细胞，特别是构思小说的能力。

关于艺术类课程教学的方法，我们应该从那些期望将来从事艺术生涯的孩子着手。常见的做法是，一开始就把有天分的孩子送进艺术学校。这种做法令我们感到痛心。这里，我们不妨回顾一下前面的相关论断。对于一个艺术家来说，要成为一个伟大的或者是优秀的艺术家，除了技巧训练外，他还需要对人类生活有着相当宽广的体验和理解。剥夺孩子的通识教育就等于减少他在艺术方面成长的机会。如果这个孩子只受过艺术方面的教育，稍后却发现他并不适合从事艺术方面的职业，他是否应该退出？如果退出并改变职业，他将会缺少通识教育的基础和适应性。但是，学校必须要为那些有天赋的学生作适当的调整，例如在音乐方面，专业训练必须在早期就开始，学校不应该要求这些孩子按照一般标准上很多学术性课程。

当然，我们的主要精力还是放在那些接受了通识教育而且并不准备从事艺术职业的孩子身上。重要的问题在于，当他成人后会是什么样子？艺术教育是否给他提供了那种令他终身受益的东西？能否通过孩子学会了业余休闲方面的什么技能或者根据孩子的与艺术经验不直接相关的一般经验是否得到丰富来衡量学校艺术教育的作用？也许这两种评价方法都需要。例如，对于一个不准备成为专业音乐家的学生而言，可能按业余爱好者的要求来学习歌唱或者演奏乐器就行了。但是绘画则有所不同。据说丘吉尔先生在绘画方面技艺高超，当他因为政治生活方面的变故而失去权力时，他把许多时间用在了绘画上。但是，我们之间只有很少一部分人能碰到这样的事情；很少有非专业的孩子能从学校中学到足够的技能来从事绘画，既愉己也悦人。

为了达成音乐方面的通识教育，合唱队训练具有明显的优势。孩子们天生会唱歌，几乎所有的孩子都能唱歌。当然，乐器为许多演出提供了令人喜爱的音乐表达方式，但是唱歌是一个人以他自身拥有的天然条件来自我表达。当前学校有一个不太好的倾向，那就是专注于向学生传授音乐技巧和音乐符号。这样太过于理论化了。实践应该在理论学习之前，当开始学习理论时，所学理论应该与已经获得的实践经验相关。孩子必须先有音乐实践：倾听音乐，甚至融入音乐。发展学生的鉴赏力是很重要的，因而很有必要给他提供高水平的经典音乐作品。如果音乐质量低，他很快就会厌烦。不过，也没有必要为了提高孩子的兴趣和理解力而刻意选择那些壮观的、令人印象深刻甚至浪漫的音乐。孩子们会自然而然地喜欢上美妙的韵律和悦耳的曲调，而这些在大师的作品中很容易听到。

谈及绘画教学，问题有所不同。擅长描摹物体或人物外形的孩子经常被认为是潜在的天才，他们经常被迫切期望能画出一幅与众不同的作品。然而，这样的孩子很有可能缺少想象力和深度，他将来可能很难取得成功。但是，当前强调或者甚至强迫孩子们有创造性也是不太可取的。大家都知道，学习弹钢琴的学生只有花大量时间进行艰苦练习，才能获得熟练的弹琴技能，而我们却假定一个人能够只凭他的天赋来绘画，这两者之间当然是矛盾的。绘画教育的目的应该在于让孩子们懂得色彩和构图原理。在掌握了相关知识和风格之后，学生不一定要学习一些类似室内装潢这样的专业课程。审美教育要让孩子们拥有评判具体情况的标准。通识性艺术教育的目的也就在于帮助孩子将他们的美感融入日常生活当中,也就是说,我们的房子、工厂、汽车和大桥等都能体现出实用与美观的和谐统一。只有大众化的艺术教育才能做到这一点。既然艺术品的主顾不再是王子、贵族、大富翁,而是广大公众,因此,对于职业艺术家来说,最重要的就是了解公众的各种偏好和兴趣。

4.3　社会科课程

亚里士多德曾经说过:"人在本质上是政治动物。"他并不是说,人类总是寻求公职或习惯于从事我们所说的政治活动。他的意思是说,文明人所生活的社会是有政治性的,也只有在这样的社会中他才能满意地生活。亚里士多德之所以这样说,同时也是在表达他的老师柏拉图,以及他的老师的老师苏格拉底的学说。苏格拉底说道:"美德和善不是偶然产生的,而是知识和意志的产物。"在他的判断中,不是所有人都能适应最高形式的文明生活。即使是那些有能力适应社会生活的人,他们的禀赋也只是一个基础。"剩下的工作是教育:我通过习惯学会一些东西,通过教学学会另一些东西。"和柏拉图和苏格拉底一样,亚里士多德毫不怀疑有关在有组织的社会中该如何生活的教育对于国家的福祉是多么重要。换言之,教育是所有公民过上美好生活的前提。

所谓旨在培养公民积极、有责任、明智的习惯和品质的教育,显然应该属于通识教育而非专业教育。这种教育当然不能只在正规教育中进行,因为未来公民的培养主要在家庭、教堂、大街或游乐场。但是,无论是中学还是大学,都不能不尝试改善公民素质,因为我们整个生活的福祉正是建立在此基础之上的。

社会科课程并不是指所有与真实的社会生活紧密相关的课程。在某种意义上,课程体系中的每个科目都应有助于达到通识教育的目的。但是与中学里的其他课程相比,社会科课程与公民教育有着更直接的关系,并且即便这些课程更关注的是通识教育的其他方面,而不是致力于培养公民的终身责任感,这仍然是它们存在的最突出的理由。

众所周知,关注公民教育的机构远远不止学校。这些机构的工作与许多非学术性组织的工作紧密相关,它们涉足的也许正是学校不能处理的领域。男童子军、女童子军、4-H 俱乐部*、基督教青年会、基督教女青年会(Y.W.C.A.),以及许多其他的宗教组织和社会团体,常常向年轻人灌输一些有关责任感的态度和习惯,在这方面它们通常比学校做得更多。在城市或者乡村的一些学校体系里,这些活动已经与更正式的学校课业紧密联系在一起,因而通常兼具两者的优点。有些地区已经开始了这样的试验,男孩子或女孩子被直接带入成人公民活动领域,通过学徒制来培养年轻人的公民意识。不过,无论这些组织是完全独立于学校还是附属于学校,其中大多数都成功地使处于易受影响的年龄阶段的学生直接接触到了公民生活,并生动地感受到了公民生活的机遇与责任。

除了正规课程,大部分学校还有各种各样的课外活动,下面讨论一下这些活动的贡献。学校为了鼓励孩子们关注公共事件,开展了一些演讲和讨论。学生会能让孩子们体验政治活动的方法和职责。学校论坛和辩论社团通常关心社会事件,这些社团活动在许多成为时代领袖的孩子们的成长中起到了重要作用。一些有兴趣、有能力的教师经常鼓励学生建立一些关注时事的社团组织、讨论小组以及模拟性政治会议。

校内外的这些活动的价值是显著的。关于正规训练的价值,我们当然不必多说。校外组织及其所用的方法,使得处于易受影响的年龄段的孩子们懂得了社会关系和社会责任,因此社会应该感谢这些组织。我们有理由相信,它们在未来社会更重要。

但是,我们在认识到这些活动的价值的同时,也必须认识它们的局限性。有一点值得指出,这些组织的活动很少能从本质上帮助青少年形成全局观念,因为这种观念通常都源自对那些在时间和空间上远离了直接经验的情形和思想的研究。早些时候,人们认为熟悉文明传

---

* 4-H club,智心手体社,四健会,是美国农业部主办的农村青年组织,在农业和家庭经济方面提供现代科学教育,四个 H 即 head、hands、heart 和 health。——译者注

统对公民教育具有实用性,如同它对文学研究具有有效性一样。政治智慧部分地基于历史知识,也基于理解那些隐含于不同制度之中的或由政治家和哲学家明确地表达出来的价值观。这么讲并不是要质疑或者降低理解当前政治和经济事件的价值,而只是说仅仅研究当前的问题常常是不够的,因为在某种意义上,当前的这些问题是传统思想的产物。我们并不是在厚古薄今,而是说,旨在把孩子引向智慧和公民责任心的教育应该包括历史和社会科学的正规学习。所以,仅有对公众事务的兴趣和良好意愿虽然重要,但还是不够的。

前面一章曾讨论到多样性问题,对多样性的需要可能会导致社会科应针对不同的学生群选择不同的教学内容。毫无疑问,目标仍然是一样的。但是,学生在背景与学术能力上的差异性要求我们选用不同的教学内容和教学方法。鉴于有人准备就读学院、有人不准备在中学毕业后继续接受正规教育,我们认为在教学内容上作出区分几乎没什么理由。那些在中学就结束正规教育的人与那些将要上技术学院或文理学院的人,都需要文化素养,而这种文化素养只能来自于对历史的学习。他们都应该了解文化传统的性质和价值——他们并没有创造这些传统,但必须帮助维持;此外,他们还应该理解现在与过去之间的连续性——这种连续性只有研究了过去才能明白。无论是那些打算在本科学院和专业学院待六年或八年时间的学生,还是那些高中毕业后立即开始工作谋生的学生,都不可避免地要面对公民的权利和义务这一事实。如果学校没有帮助学生理解他们赖以生存的社会的问题和个人所应承担的责任,那么学校就没有履行其社会责任。那些准备就读学院和不准备就读学院的学生在时间和课程的分配方面应有所区别,在这一点上需要恪守的唯一合理的原则就是:社会科的某些方面,例如与政府学和经济学有关的课程应推迟到学院阶段学习,以便学生能以一个更成熟的态度进行研究,这样安排才能对公民素质的发展更有意义;对于那些准备在学院阶段学习政府学、经济学或者社会学的学生来说,在中学阶段接受扎实的历史教育是特别重要的。

每个学校都需要有一个关于社会科的总体计划。制订这类计划的首要理由是,确保不遗漏那些应得到基本关注的科目或教学内容;

第二个理由是,确保课程适应不同年级、不同水平的学生的循序渐进的发展;第三个理由是避免重复。

小学。由于这个委员会主要针对中学和学院问题展开讨论,因此在这里详细讨论小学社会科教育的内容不大合适。但是,我们认为,中学的工作只有建立在对小学工作进行认真设计和实施的基础之上,才能做得更充实、更有价值。它应该尽量避免让学生重复学习以前所学内容,除非重读这些材料比读新的材料更有意义。它也应该使学生理解某些具体的学习方法、掌握某些技能,以及认知某些信息。

我们并不是要提倡在学校教育最初的七八年中系统地或长期地学习社会科。至少在中学高年级之前,全面学习社会科的意义非常令人怀疑。首先,试图在低年级里这样做是不明智的,事实上,在高年级里学习社会科会更好。其次,我们还经常犯的一个错误是,认为就像与学院里的情况一样,在中小学里,知识的全面性非常重要。知识的全面性有它的作用,而且也是重要的,但是系统地或者广泛地学习经常会抑制学生的兴趣,而不是增强他的好奇心或引导他自觉地持续下去。正如孟德斯鸠所说:"我们不要总是穷尽一个主题的所有内容,这样做会使读者完全没有自己的空间。"

在低年级里,孩子们开始了解习俗、生存方式以及那些远离了他们自己的经验的人们的传统,并理解他们自己所在的社区的历史发展。环境与文明之间的关系并不可能完全通过研究眼前景象来获得。这并不是说我们轻视学生对社区、本州或本地区的了解,毕竟这些了解对于学生形成有关社会、政治等的正确观点来说是非常必要的,而是认为地方观念对于形成公民意识还只是一个粗浅的基础。在低年级里,应该更多地强调通过介绍多种多样的、不同文化背景的人们的生活方式来让学生获得自己的感受和理解,而不是强调全面考察或关注大事年表。这里所说的学习方式与地理课结合起来常常最有成效。但是应该注意的是,我们应避免对历史只进行生动的介绍,此外,情绪化的解读方式不可能使学生对不同文化背景的人群的生活方式产生任何真实的理解。

我们很难确切地讲清楚哪些教学内容适合低年级学生,因为有很多种可能,而且有多种组织方式。对于低年级学生来说,学习一些简单的内容可能比较合适,例如,学习有关斯堪的纳维亚人或者印第安人的生活方式;而等到年龄稍长,他们就能从马克·吐温的小说《哈克贝里·费恩历险记》(*Huckleberry Finn*)中找到理解美国生活的某个迷人片断,但是这显然对于小孩子是不适合的。近代以来的伟大探索所提供的丰富材料,有助于人们理解近代的经济问题以及不同种族、不同国家的多元化的生活方式。此类学习也包括学习现代地理,当然这个学习应该是对现代地理进行生动、有用的介绍,而不是死记硬背有关首都、河流和主要产物的名单。

七年级和八年级所开设的社会科应该小心地把低年级和高年级的相关内容衔接起来,这是大家公认的一个原则。也许有人在怀疑,是否存在一个能适合所有学校的学习计划。有些学校进行了试验,即从七年级开始进行为期两年的社会科学习,结果表明这样做是有意义的。这个计划将两年的学习联结起来,并为将来的学习打下了坚实的基础。在一些学校中,相当多学生在十一年级之前离开学校,这批学生可以在七年级和八年级学习一门关于社会生活和公民的课程和一门关于美国历史的讲故事性质的课程。就我们目前的经验来看,这种做法是否值得在全部或者几乎全部学生都能完成12年学业的学校中实行,还很难说。我们反复强调,避免课程内容的重复很重要。在七年级或八年级时,可以多提供一些有用的科目,而把美国历史课和公民课留到中学的最后几年再学习。

高中。我们并不主张每所中学的每个学生都在高中四年的每一年学习社会科,虽然对于大部分学校来说,这是比较可取的做法。在前面,我们提出英语学习应该贯穿在整个四年的学习过程中,当然在每个学年里它可能不是主课或全时制课程。持续开展社会科与此也有着相似之处。如果课程计划有足够多的弹性,在目前这四年中的每一年开设社会科同样是可能的和可取的。在其中的某一年或两年里,例如在九年级或十年级,社会科可以作为辅修课程或半学期的课程。

部分学校现在正在考虑在高中采用2+2制社会科课程计划。这个计划有其优点,虽然可能并不是所有情况都能适用。这个计划包括在九年级和十年级时学习欧洲史,或者学习通史和地理;接着,在十一年级和十二年级,有一个完整的两年计划学习美国史和美国生活的各种问题。这个计划能同时适应私立学校和公立学校的需要,不管这些学校体系是初中+高中体制还是原来的四年制中学。

无论如何,如果学生对现代文明史没有相当的了解,那么作为一个中学毕业生,他的中学教育就是不完善的。假如我们对目前我们生活的时代的成因没有一定的理解,我们就很难获得好的公民意识所必需的观念和判断力。作为公民,要认识到目前所发生的事件,起因通常要追溯到1941年12月7日或者1933年3月4日。所有事件都有根源,这些根源对未来的影响比20世纪对未来的影响要深入得多,战争、种族歧视、现代科技和现代医药技术等都有其历史根源,包括我们所谓的"美国生活方式"——制度、传统、思想和价值观等——也不例外。当然,每个学生在结束高中学习的时候,都应该学过一门完整的关于美国史的课程。但是,即使是如此重要的课程,也不能提供美国公民所需要的所有历史学习或必要的训练。我们的制度和思想中有相当多的内容,甚至包括基本价值观,其源头要先于白人到达新大陆。美国的科学、艺术和文化不单纯是由美国人创造的。我们生活在一个越来越小的世界上,对我们来说,我们不能忽视距离我们数千英里之外的、其他地区的战争或冲突,因为这些战争、冲突通常是过去的几个世纪以来蓄积而成的。

通史课程的中心应该放在欧洲史上。当然了,该门课程可能没有涉及其他地区,特别是亚洲的历史事件,而且这可能过于狭隘而无助于培养现代公民意识。但是尽管如此,欧洲还应该作为学习通史的核心。这样的课程,不应该是对欧洲史进行完全的总体介绍,例如从罗马帝国解体开始介绍欧洲史。但是,也不应该只限于19世纪和20世纪的欧洲史。无论这门课是包括较长时期内的历史事件,还是限于一段相对集中的时期,都必须做到一点:突出介绍现代文明的主要发展趋势。

通史的学习应该与地理学课程的学习结合在一起,这样效果会更好,至少在高中是这样。这样做的目的并不是要学生学习自从查理曼大帝以来、甚至是自《威斯特伐利亚和约》签订以来,发生在欧洲版图上的所有历史事件。如果生搬硬套,就可能变成对历史学和地理学的歪曲。但是,这里需要强调地理因素在现代世界的发展中的重要性,尤其是在与历史研究及20世纪的热点问题相联系时更是如此。这里所说的地理因素,既包括经济地理,又包括政治地理。

在过去几十年间,令人遗憾的是,一些学校忽略了世界通史尤其是欧洲史的教育,这些学校既有公立学校也有私立学校。然而,在此需要重申的是,我们并不认为每个学校都必须严格设置同样的课程。显然,学院不应该把学生修过这门课或任何其他形式的这类课作为招生的前提条件,即使我们认为学院可以——也应该——要求学生在欧洲史(或世界通史)以及美国史方面具有扎实的基础知识。但是,为了达到这样的学习目标而规定具体方法显然存在风险。比如说,在某所学校里有一位热爱古代史的教师,那么一门关于希腊史或罗马史的课程就可能成为这所学校未来公民教育的一个主要部分。可是无论这门课教得多么好,它都不能促使学生熟悉现代世界的发展背景,而熟悉这种发展背景对于理解目前社会是必不可少的。也就是说,这门课程可以成为以后现代欧洲史和美国史的极为有价值的基础,尽管它不能替代这两门课程中的任何一门。社会科学教学方面的实验还需要继续做下去,最不明智之举就是将其嵌入某种僵化的模式。教师对其所教的课程持有热情是最为重要的。但是,即使将所有这些因素都考虑进去,我们还是要说,欧洲史与美国史不能被排除在我们所列的最有助于实现通识教育目的的课程之外。

在中学高年级,最好是在十一年级开设美国史课。这门课程的重要性、性质和特点可能已无需赘述。目前,这项工作的价值已得到广泛承认,中学里几乎已经普遍开设了这门课程。

在有些学校里,学生要接受三次、四次甚至五到六次的美国史教育。根据我们从有过如此经历并深受其苦的师生那里得到的证据,我们认为这种重复学习并没有充分的理由。这样做既不会让学生更好地掌握美国史,也不会增强他们的兴趣。频繁修习这门课程,学生的收获不会越来越多,反而厌恶心理会越来越重。较为明智的做法似乎应该是,把这门课放在高中的某一学年里修习,而且以与其他任何课程同样高的标准来要求这门课。没有哪门课应该承担更重大的责任,也没有一门课程能够提供更多的教育灵感。我们再次重申:如果这门课程不是作为一堆杂乱拼凑的课程中一个单独的部分,而是作为历史与其他社会科序列课程之一,那么这门课程将会更加有用。开设这门课的目的是为日后研究或讨论美国生活和社会、参与公民工作奠定基础。我们认为,这门课的性质应该是以事实为基础的。这并不是说,课程内容应该是一系列重要日期和历任总统名录的介绍。相反,它的重点应该是认真而详细地学习美国史上的重要事件、运动、人物以及制度的发展。切勿鼓励学生没有学到真知就轻易做总结。课程自然应该对近半个世纪以来所发生的事件和各种动态做适当论述,但不该局限于近期的事件。

中学历史教学如果能够避免不加区别地全面覆盖的做法,那么,留存在学生脑海中的历史知识就会更多。前面我们说过的选择的重要性在这里同样适用。当我们想了解历史大趋势时,广泛的覆盖是必要的,因为只有这样才能表明各种事件的联系和关系。但这并不意味这种覆盖可以不分轩轾,或者说事件的方方面面都要涉及——同样详细地或同样简省地涉及。有些内容值得详细介绍,例如,制度形成过程中里程碑式的标志性事件、伟大的著作和文本,科学发展过程中某些促成从巫术向现代科学转化的、具有历史意义的实验和发现,对经济、社会生活具有广泛影响的技术以及引起甚至立即引爆大规模战争的事件,所有这些都可以进行非常详细的介绍,而且大有裨益;同时,整个历史只需用最简单的叙述将整个图景的各个部分串联起来就行了。对整个历史按时间发展做系统化的介绍,充其量只是完成了大纲所规定的课程内容,然而却使学生丧失了对历史的兴趣,并使他们的理解力局限于课本的狭隘范围内。这门课程试图介绍的是促成现代文明形成的那些发明、历史运动、历史事件等,它可能没有系统的完整性,但是它也许会在学生的脑海里留下更为持久、深刻的印象。

在学习历史的过程中,学生除了要欣赏前人所创造的历史遗产并理解历史遗留问题的多样性和复杂性,还要从历史学习中得到所谓历史技能的训练。这种技能指的是:识读地图和分析文本的能力,对当前资料及历史资料的信度甚至学术价值进行检验的能力。前面我们指出过,在学生没有掌握切实证据时,就要求他们做判断,从教育上来说是危险的。这意味着,应该教给学生如何收集、整理历史证据。此外,前面说过的在英语教学上过早下结论的危害,同样适用于历史教学。学生掌握相关的史料细节很重要,但是如果单纯为了追求史实而灌输一些不相关的知识同样也是不足取的。我们也知道,这样说是很容易的,但将其具体实施到教室之中却很难。解释和归纳虽然也很重要,但只有在理解了相关事实之后进行解释和归纳才有价值。智慧地运用这一原则,能有效地帮助区分什么样的教学是好的教学,什么样的教学是不好的。历史学研究在前一代人中得到了惊人的发展,因而教师在解释和归纳问题时不知比上世纪又难了多少倍。问题终归还是问题。对学校来说,不是为了历史而教历史,而是因为它与整个通识教育关系密切。如果历史教育只限于对细节一知半解的记忆,或者是以轻率的解释取代认真的学习,那么这种教育是不会取得成功的。威廉·詹姆斯说过:我们对事物细节的了解程度,决定着我们能作出什么样的归纳。这一观点适用于社会科以及学问的各个分支。

探讨当代社会之性质的课程构成了之前开始的社会科里的所有工作的恰当的顶点。并且,它极有价值的地方就在于能向学生介绍即将来临的公民职责。所谓研究当代社会,并不是指对于时事的学习,虽然最好的教学通常总是要与当前的问题和事件有某种联系。相反,我们的建议是,在十一或十二年级时全面接触大学政府学系、经济学系和社会学系所探讨的话题。换句话说,这门课的主题应该是那些构成美利坚合众国之政治体制、经济生活、社会关系的基本目标和基本价值观,以及重要的组织、程序、问题和矛盾。显然,没有哪一门课程能够全面地涵盖这么广泛的领域,我们也还没有找到完美地选择、安排教学内容的办法,没有一个能够令所有的教师都满意的计划。这种丰富性一定会导致这门课程的教学有多种多样的方法和侧重点。这门课程最好是紧跟"美国历史"课程之后开设,如果在此之前学习过世界通史或欧洲史,或学习过政治学和经济地理,那就会更有益处。

涉及这一教学内容的许多课程,都冠以"美国社会问题"(Problems of American Life)这样的题目,或者稍加变换题目,但总有"问题"二字在内。强调"问题",至少当这个词从根本上表明了课程的内容和方法时,总是有利也有弊。在中学的最后阶段,让学生了解现代政治和经济生活中某些尚未解决或者不可能解决的问题极为重要。但同样重要的是,重点不能只放在问题上,这尤其是因为有些问题今天看起来很大,几年之后即便没有被人完全忘却也可能会变成无关痛痒的小事。这类课程,绝不能忽略那些将要构成政治、经济和社会之系统的基本结构与程序。同样重要的是,它也要探讨我们制度背后的价值观念。如果这门课程重点探讨的是种族歧视,却很少提及过去一百年间所发生的人道主义运动——这些运动共同的前提是所有人类理想的尊严与价值,以及它们的一系列伟大成就——那么这门课程可能会培养出愤世嫉俗的情绪,或者是不切实际、急于求成地寻找解决办法的热情,不过当学生开始面对真正的改革中所固有的困难与复杂性的时候,这种热情就会幻灭。如果这门课程绘声绘色地讲述残酷无情的政治腐败情节,而极不严谨地忽略了政府政党制度的重大意义——在这种制度下,言论自由意味着有权表示不同意见,反对派只能通过宪法程序才能获取权力,交谈、投票取代了暴力、集中营和强权政治——那么,这样的一门课不会让将被要求学习履行公民职能的学生真正了解社会的性质和价值。

讲授美国政治、社会和经济生活课程时,不能只涉及当代的内容,也不能把社会看做一个持续不变发展的问题。"没有历史的政治就没有根"这句备受批评的古老格言,如果得到恰当的解释和应用的话,还是正确的。这并非意味着政治(一旦我们真正了解它,就知道其必然与经济学、社会学交织成一体)应该从历史的角度来讲授,但是今天的政治、经济与社会问题的确有其历史根源,就像今天的这些问题会成为未来其他问题的根源一样。要想理解政治机制的复杂性,至关重要的就是要与其既往历史建立联系,对这些问题有所了解。

教育界曾经掀起过一种运动,要求"现实地"学习政府学和经济学,这无疑能帮助学生更加清晰地了解当代的问题与发展过程。不过,由此而得到的理解却常常流于肤浅,这部分地是因为对各种历史力量的忽视,部分地是因为对政治学、经济学中相对抽象的法则所起的作用不够关注。大约50年前,霍尔姆斯法官(Justice Holmes)就说过:"理论是法律定理中最重要的部分,就如同建筑师是一座房子的建设中最重要的人一样。"这个论断在社会科学方面如同在法律和建筑方面一样准确,然而这些课程的讲授却很少遵循霍尔姆斯法官的原则。结果,要么是把一时的口号标语奉为至上的真理,要么是产生了对一切持怀疑态度的相对主义,认为成功是衡量价值的唯一标准。要防备这些不良结果的产生,最好的办法莫过于学习一些纯理论学说以及一些阐述政治、社会信仰的言论——这些信仰曾经为前人所拥有,而我们就是从他们那里继承了现有体制,并要为这个体制的持续与改进负责。一位研究美国历史与政府的明智的学者最近说,以前学校讲义的一个基本组成部分是关于自由政府的格言和箴言的书籍,我们今天却没有东西来代替这些旧书。他所指出的问题的确很严重,虽然以前的格言集今天看起来似乎很教条、与当代的生活毫无联系,但是有些政治、社会理论的经典论述或可用于欧洲史和美国史课程中,或可用于公民学和美国生活方面的有关课程。这里显然需要根据学生的能力对材料进行仔细挑选。我们不主张在高中课程中使用《政治学》或《国富论》这样的书,但是其中一些关于民主之基本原则的论述却应该让所有的学生了解到;而其他的论述,则应该像代数或外语方面的高级学习一样,仅适合于某些学生群体学习。因而密尔(John Stuart Mill)的《论自由》(*On Liberty*)或者《代议制政府》(*Representative Government*)可能只能由一小部分高中生来学习,而杰斐逊的《弗吉尼亚备忘录》(*Notes on Virginia*)中的某些部分、《联邦党人》(*The Federalist*)中的某些篇章则可以由较多的学生来学习,当然前提是,老师受过训练,有能力解释上述知识在美国政体形成中的地位,能够讨论其与当代事务的相关性。同时,几乎所有的学生都应该有机会读一些主要的宪章文本,以及皮特(Pitt)*、伯克(Burke)**、林肯(Lincoln)、威尔逊(Woodrow Wilson)和罗斯福(Franklin D. Roosevelt)这些人的伟大讲演。这些讲演中的许多言词已经成了现代作家们的共同财富。最为重要的是,这些都是自由社会信念的力证。它们还是立宪民主历史上的范例,它们论述的是造就了并且还将继续造就我们所生活的这个社会秩序的原则。这样的内容学生们不仅要会复述,而且还要会分析。

近些年来学校的社会科教学受到了很多的批评。这些批评,至少是那些来自学校以外的批评,似乎都是同一主题的变种。为了便于分

---

* 威廉·皮特(William Pitt,1709—1778),英国政治家,1766年1月14日发表了《论无权向北美征税》之演说。

** 埃德蒙·伯克(Edmund Burke,1729—1797),爱尔兰政治家、演说家,他支持美国殖民地以及后来的美国革命。

析与讨论,可将其分为三个部分:第一,社会科教学常常以说教和情绪化来代替合理的分析;第二,教学过于单薄肤浅;第三,这类课程的主要内容并没有像语言和数学那些课程一样提供学术上的训练,却排挤、取代了那些课程。

一门课如果含有大量的有关正确观念的说教,那么它对公民权责的培养便没有太多好处,这一点极易得到认可。虽然被狄更斯撰文讽刺过的杰斐逊·伯利克(Jefferson Brick)*为沙文主义呐喊的精神有时还为校董会成员们所钟爱,幸运的是,教师中却很少有人有此倾向。学生们通常对这样的雄辩言论敬而远之。然而学生的常识并不足以提供坚实的知识基础,但这正是每一门此类课程都需要的。在我们所有的社会科教学中,我们需要更多的诠释,而不是更少。但如果在没有可靠的事实根据的情形下进行推理,那也不会有好的效果。

有人指责这门课有时用情绪化的伦理腔调代替了对原则与因果因素的严肃学习。这种指责与有关这门课流于肤浅的指责密切相关。的确,许多教师由于对这门课缺乏准备,几乎只是在强调当代,他们讨论时事,但极少涉及这些时事所反映的复杂性。即使受过最好训练的中学教师和大学教师,有时也会过于自信地向学生谈及大量的话题,而他们对这些话题中的任何一个都缺乏彻底研究。在历史课以及那些有关公民学或政府与经济学问题的课程中,都有着泛泛而谈的危险,以致没有提供仔细分析的机会。不恰当的泛泛而谈,如前面所暗示的,致使真正的学习牺牲于过于匆忙的归纳。现在,太多的孩子只能从繁多的学习内容中学到太少的东西。这个责任可能既应该由教师来负担,也应该由校方,由那些制定学院入学考试要求的人来负担。所有这些人必须更加清楚地认识到宽泛的总体研究的固有局限性,必须在鼓励广博的同时也鼓励精深。

还有人认为社会科没有像某些更为传统的科目那样提供心智训练,这种看法基本上是不对的。的确,这些科目甚至在目标上也不是如学习数学或者拉丁语法那样苛求精确或者严谨。但是如果一种教育完全倾注于对这些学科的学习,那么它就是不完整的教育。数学或

---

* 杰斐逊·伯利克(Jefferson Brick)是狄更斯的 *Martin Chuzzlewit* 一书中虚构的美国政治家。

者语法学习的价值是无可非议的,但我们想说的只是,当我们必须处理社会生活和政治生活的复杂性,处理情感因素、变量和未知的一切——在学生今后将要面对的几乎所有情形中都可以发现这些因素——这时,应用于数学和语法中的推理方法只能起到部分作用。严格的精确性不能代替事物发展的连续性和变化。在教育领域如同在生活中一样,我们不能逃开令人烦心的复杂性与不确定性,而躲到轻松简单的辩证法式的规律性和综合性中去。经院哲学带给现代文明的重要原则是有序性,而学术中的有序性如果处理不当,会给这个不断变化的世界的秩序与正义带来致命的打击。要知道,社会秩序和社会正义既是前人留给我们的遗产,也是我们应该担负的社会责任。在社会科的教学中,我们期望的不是数学或者逻辑那样的精确,而是仔细、严谨地学习那些形成了我们社会秩序的基本事实,并理解和思考其中包含的理论与原则。

要做到这一点,显然不是容易的工作。为了达到上述的这些目标,讲授社会科的教师必须是有能力的人,还必须受过良好的训练。现在有许多教师被选中不是因为他们的能力,而是因为他们在做体育教练之类的工作之余还有时间来教书,或者因为其他不相干的原因。即使在那些将全部时间和精力投入社会科教学的教师中,仍有许多仅受过拙劣的训练。历史或者其他社会科的教师应该像语言科或者数学科的教师一样受过学院训练,熟练掌握历史学、政府学、经济学方面的知识。社会科教学方法上的训练也是有用的,但不能取代教学内容方面的训练。学院也应该为这种情况的出现负部分责任。许多学院没有提供教师所需要的这类课程,而通常只是为了满足未来的学院教师和研究学者的需要才安排这些课。这些课程尤为欠缺的是没有规定这些科目里的学习目标。学院或者大学里的任何一位教师都很容易沉迷于本专业中的内在一致性与学术问题,而看不到自己的专业与通识教育的关系。为了让中学历史教师或者其他社会科教师能受到较好的训练,学院和大学必须重新考虑他们的教学方法和课程安排。

如果没有认识到社区中校园之外的个人或群体有时强加在教师身上的束缚,那么对社会科中教学问题的讨论就不是圆满的。这些束缚或强制来自于那些相信或者声称相信自己正在宣扬美国主义真谛的人。他们总是忘了美国主义的基本原则在于思想和言论的自由,同时他们也忘了那些摒弃思想言论自由的国家所引起的灾难性后果。可以得到充分认可的是,在探讨那些有争议的且悬而未决的政治的和社会的观念与运动时,教师应意识到自己庄严的责任。他们的作用是分析、讨论、传授,而不是滔滔不绝地说些陈词滥调。但是在认识到教师的这种作用的本质之后,不能以此为借口扼杀教师探索、讨论有争议事件的自由。这种自由对美国生活模式的延续至关重要。教师们是公民,他们的学生也会在短时间内担负起公民的责任。除非教师能够自由地享有课堂之外的权利,能够在课堂上发扬探寻与讨论的精神并付诸行动,否则教师与学生的权利就会牺牲在强制顺从的统治下。这种强制顺从在民主进程中激起的反抗精神要多于理性的参与精神。变革在政治领域如同在科学与战争艺术领域中一样是难以避免的,我们的立宪制度正是基于这一假想建立起来的。正如我们制度的奠基者们所认识到的那样,有序的变革只能在自由讨论中前进。对那些完全满足于现状的人来说,任何修正宪法的建议好像都是违背爱国主义的和违反宪法的。这些人让我们回想起杰斐逊 73 岁时所说的话来,那时他已花了近 10 年的时间回顾自己 40 年的公共生活。他说:

> 法律与制度必须与人类的进步并肩前进。当人类越来越进步、越来越开明时,当又有了新的发现,又开发了新的真理,并且习俗与观念随着环境的变化而变化时,制度也必须前进,与时代保持同步。文明社会沿用祖先的统治方式,就像我们要求大人穿着他小时候的衣服一样不合情理。(*Writings*, Paul L. Ford, ed., X, pp. 42-43.)

4.4 科学与数学

通识教育中的科学。不同的人对科学的含义有不同的理解。有人认为,科学主要指给人类文明、社会发展带来巨大影响的技术奇迹。

而另一些人则认为,科学主要指的是以精确性为特征的学术活动,在这个意义上,数学也可以归入其中;或者,科学是对事物的有序性进行探索的活动,在这个意义上,社会科学亦可归入其中。此外,还有人认为,科学主要指有关物质世界的知识与假说。

以上特点科学都具备。但是,为了能富有成效地讨论问题,同时考虑到科学对通识教育的贡献,我们应该给科学下一个更为恰当的定义。在我们看来,科学是一种可以为通识教育作出特定贡献的、特殊类型的学术活动,仅涉及现实世界中极为有限的领域。

科学不能与技术分开。科学与技术平行发展,彼此丰富。然而科学并不是技术,其首要目的是"知"而不是"行";或者干脆说,"行"的目的是为了"知",而首先不是为了其他目的,比如说,不是为了能带来更大的技术便捷性、更高的效率、更强大的军事力量或者经济优势。

我们在第二章中说过,科学的独特精神在于其不断地追求精确性。它要测量一切可以测量的东西,它的逻辑在于实事求是地给出解释和结论。当逻辑与事实发生明显冲突时,科学家认可的是事实,而把解释留到以后再作修改和补充。科学旨在理解自然的本质,并在自然中运行和检验本质规律。它的目标如培根所说,是"在行动中把握本质"。它并不急于构造一个逻辑体系,科学就像谚语里说的密苏里人一样,一定要把自己全部展示出来。在这个意义上,科学既是专门的知识,又是高度组织化的常识。

当我们说科学关注的是可以精确定义和测量的事物和现象时,我们指的是这些事物本身及其运动有一定的稳定性。在某种程度上,科学把它的目标限定在有着稳定的规律或者可重复性的事物上。物质世界有很多这样的现象,但我们不能指望这个世界上所有的现象都适合于科学研究。因此,科学家总是尽可能确定好自然现象发生的条件,以此来确保自己能在适宜的状态下从事探究。这是科学实验的关键所在。通过这种方式设定好各种因素,就可以为现实世界中的某个高度专门化的问题带来毫不含糊的答案。这里讨论的这种理论体系下的规则是其他现实领域内的学者所做不到的。

正是对事物本身状态的持久兴趣,使得田野与实验室里的直接经验成为科学教育中不可缺少的部分。不用说,它是如此重要,以至于我们设计田野工作或实验室工作不仅是为了让学生有事可做或者开发技术能力,而且也是为了直接提供科学论证的素材和科学假想的实验。这一工作并不需要很复杂的精心策划。有这样一种现象:系在一定长度的线的底端的不同重物的摆动周期相同,而无论这些重物的重量和摆动幅度分别是多少。对这个现象进行简单的观察比进行任何形式的口头解释都更能说明自然规律的真谛。人体结构的各个部位和青蛙的各个部位具有对应关系,对这种现象的直接观察比任何口头陈述都更能说明有生命有机体之间的基因关系。

科学是用来梳理和批判性地评估事实的,许多其他的学问领域也是如此。但科学研究的是特定现象中特定类别的事实,尤其是那些可以准确描述和测量的物质和过程。世界上有许多事物是无法用这种方式进行检验的。无论这些事物对于人类具有怎样的内在价值,它们都不包括在自然科学的研究范围之内。科学只处理现实世界中可以用科学方法来评估的事物。公众由于缺乏对科学的这一根本的和自我强加的局限性的认识,往往会感到非常困惑。在我们对自然科学进行界定时这一认识也极其重要。例如,人类社会组织的某些方面就是自然科学的潜在研究范围,因为人和社会是物质世界和自然界的一部分。然而,正是因为人的社会行为和社会过程还不能得到足够精确的分析和解释,所以对这一潜在领域的研究目前还不能实现。

在可能的前提下,自然科学中的精确成分是由测量来实现的。因此它的描述就是数字化的,可以用数学方法进行处理。这一过程最终就会产生科学原理或假说。最佳结果是用一个数学等式来表达一条科学原理。并不是科学的所有分支都能够达到这一最终境界,但所有研究者都在朝这方面努力,并且都在利用与这一状态的接近程度来衡量其成功与否。

因此,定量测量及其数学处理便不可避免地成为科学结构的组成部分。在物理学、化学和生物学的广泛领域里,舍弃数学形式而只保留学科自身逻辑一定会损伤学科的基本结构。现代物理学源于伽利略的精确测量和数学论证,现代天文学源于开普勒对第谷·布拉赫广泛测量的数学处理,现代化学源于拉瓦锡的定量分析,现代生理学源于威廉·哈维对血流和心脏体积的测量和计算。牛顿不得不发明微积分来处理他的力学观察。科学教育当然应该向学生们反复讲解这些关系并引导他们练习应用。

数学和实验室工作对有些学生来说是名副其实的学术障碍。有人设想，如果这些因素不存在的话，通识教育的重要目标以及自然科学教学的价值，就会更为顺利地达到。然而这个假定却恰恰忽视了直接观察和精确性正是自然科学贡献于通识教育的最重要的价值观和基本思想。

没有这些因素的教学带来的不仅不是科学，而且从真正意义上说是反科学。它在性质上与经院哲学相类似，而现代科学在开始之初就与经院哲学分道扬镳了。它有着典型的对言语权威的经院式依赖——在这里依赖的是科学文献作者的权威性；它有着同样占统治地位的演绎型逻辑结构，它看重的同样也是言辞，而不是仅能由言辞部分表达的事物和过程。不用直接观察、实验和数学推理也能理解科学，甚至能理解得更好，这种想法从根本上误解了科学的本质。

我们已经强调了使所有科学领域都富有生气的某些通用的观点和方法模式。很明显，重要的思想脉络和内容使自然科学的各分支学科相互联系，然而必须补充的是，虽然有这些相互联系和相似之处，科学的各分支学科还是大为不同。这些差异来自于客观现实的本质；它们并不只是由于科学家们的偏好而兜售给我们的。

从物理学到化学，再从化学到生物学，我们跨越了真实的学科疆界。我们对自然世界加以认识的基础总是在变，总是会有不同的参照框架。我们要么考虑的是不同的事物，要么从完全不同的观点考虑一个相同的事物。当我们从物理学角度看杠杆，我们考虑的不是这个杠杆是木制的还是钢制的；当我们从化学角度研究木头或钢材时，我们考虑的也不是这种材料被做成杠杆的可能性；在生物学上研究杠杆，我们考虑的是杠杆原理在动物运动方面的运用，在这里我们考虑的既不是杠杆原理本身，也不是杠杆的材料，而是在解剖学上杠杆对有机体的维护和存活所起的推动作用。

所以我们想观察的是物质世界的几乎方方面面。它从物理学、化学、生物学等方面呈现给我们，不单是从不同方面，而且用不同方法，从完全不同的参照标准观察物质世界。与这些基本的学术差异相联系的是技术方法的巨大差异。我们必须走进物理学、化学或者生物学实验室，才能看到它们是如何运用不同的工具进行工作的；我们必须直接观察不同的现象、声音和气味。这样做也不是根据科学家的偏好或教育，而是根据所考察的材料的性质和所从事的研究的性质。因此，我们在自然科学各分支中所处理的问题是我们所感觉到的自然世界中的模式所固有的。这不单单是传统的教育策略问题。既然如此，它也就不可能为任何教育重组所去除。

科学类通识教育的一个重要目标应该是让学生明白这个真理，让他们清楚地了解自然界的层次以及它在科学层次上的反映。无论从哪个角度讲，我们都可以作出一个最为重要的推论：所有的探究模式都要与现有的材料与研究方法相适应。如果这项教育目的能充分地实现，以后我们就会更少地看到一些打着"科学方法"的幌子对现有材料使用完全不适用的方法的情况，也能更加清楚地认识到文学或社会学领域的陈述在本质上、精确性上必然与机械学领域的陈述有所不同。

上面，我们已经说明了我们所认为的科学的意义、什么是科学、什么不是科学，我们还试着举出了一些科学的特点以及科学对通识教育特有的作用。现在，我们的任务是更加明确地界定实现这些可能性的条件。科学课程能够提供精确的信息、使用数学方法、设有实验室、避免粗暴对待自然和各科学领域里的分层结构，但只有这些是不够的。许多已经开设的此类课程具有所有这些特点，却还是不能对通识教育起到充分的作用。

失败的原因是多方面的。尤其是对中级水平的科学教学，教师并不总是很清楚他做的到底是通识教育还是专业教育，他该把多少精力放在知识覆盖上，多少精力放在最新知识上，他该把学生的操作性技巧训练到什么程度，等等。从通识教育的观点看，我们看中的首先不是上述问题本身，而是因为它们与一个完整的学术结构相适应。通识教育中的科学教学应该宽泛而完整，它包括科学思维模式与其他思维模式的比较、各科学分支学科之间的比较与对比、科学与它本身的历史以及与人类通史的关系、科学与人类社会问题的关系。这些方面的科学教育能对所有学生的通识教育起到长久的作用。不幸的是，在现代教学中这些总是被轻视。

许多科学教师可能会立即反对说，他们的时间已经很紧张：有那么多的内容要讲，日复一日还要不停地添加很多新内容，如此一来，教师只有付出持久的努力才能覆盖全部教学内容。这样，他们怎么能再去顾及其他的事——对本学科的批判性考察、学科史、学科文献，还有本学科的一般文化背景？当然，如果这些方面被看做科学教学的题外话，那就不是真正意义上的科学教学。但这些并不是题外话——它们是通识教育中科学的重要内容。一旦明白了我们投身的是通识教育而不是专业教育，这些方面就成了必须强调的内容，而且随着学生逐渐成熟它们会变得越来越重要。显然，对年龄很小的学生来说，科学教学主要传授的是为直接经验世界所熟知的知识，而这主要是通过对事实和类别的直接接触和强调来进行的。这里的关键点是学生自己的生活模式及其与当前环境的个人关系。

但当学生离开了直接经验，离开了眼前的熟悉之物，就会越来越需要一种学术体系，即需要一种用科学事实与演示的血肉来充实的关节骨架。科学现象与实验室操作不再能独立存在，因为它们不再代表与学生的日常生活直接相连的简单、和谐、现实的因素。当科学现象越来越远离个人经验，越来越复杂，越来越抽象，就必须从其他背景（即文化背景、历史背景和哲学背景）来学习科学事实。对一般学生来说，只有这种更为宽广的视野才能赋予科学的信息和经验以意义和永久的价值。

我们应该在什么时候进行科学的通识教育而不是专业教育呢？我们相信这个问题的答案很清楚。在大学水平以下，所有的科学教学都应该致力于通识教育。中等学校中某些形式的技术教学首先是出于职业目的，我们不把这些包括在我们所说的科学教学中，不过我们倒是希望，只要有可能，这些职业性的教学也能保留一种通识性的科学态度。在下一章中我们会谈到大学科学教育中通识教育与专业教育的关系。

中学阶段的科学教学。科学教学应该在中学低年级就开始，不能晚于七年级。它可以涉及与周围环境贴近的常见现象，可以在大型的综合单元课中加以讨论，对这些单元的学习将打破科学各分支学科的传统边界。在这个阶段，不用侧重自然科学的方法或体系。相反，学生本人和他所处的环境应该是中心主题;并且如果教法合理的话,它们的相互关系可以不受自然科学的方法或体系的限制。

因此,比如说,如果学生要学习有关大气层的知识,他们就应通过简单途径得知空气由物质组成,有重量,空气可以施加压力,还有其他传统上属于物理学范畴的性能。从这些性能还可以考虑到空气的组成成分;例如,燃烧过程消耗掉了空气的一种成分,即约占空气总量1/5的氧气,并在燃烧过程中产生了二氧化碳。在这里,学生学习的是传统的化学领域的知识。接着,学生可以立即推想到动物也消耗氧气、产生二氧化碳,而绿色植物却正好相反,这样我们已经进入生物学的领域。

即使在这个最基本的阶段,学生也应该认识到来自自然的直接的吸引力,而这正是自然科学的核心。很大程度上可以通过教师示范来做到这一点,但也应该引导学生亲自探索事物,引导他们通过简单的实验方法来为简单的问题找到答案。当然自然科学中也有很大一片领域要靠仔细的观察而不是实验来研究。应该尽一切努力使学生对户外的自然界有一个真切而丰富的了解。这个时期正是学生对收集、分类和简单描述尤为感兴趣的阶段,而这些对他们以后生活中更为复杂的经验来说是一个不可缺少的大背景,因而应该现在就加以培养和发展。

让学生学会把实验当做解决自然问题的方法是很重要的,但完全没有必要对这个过程做学术分析。科学方法的优劣已被讨论得很多,在现实中,它指的是任何可以适宜于解决自然环境中的问题的方法。勤奋的科学家们为解决这些问题调动了一切可以调动的力量——现有的知识、直觉、试错法、想象力、形式逻辑、数学——所有这些都可能以任何顺序出现于解决一个问题的过程中。

教学的关键是要解决问题,我们可以在解决之后再分析是怎么解决的,然后可以进行总结,以逻辑序列的形式发现解决问题的过程。但那不是事情发生的真实情况;而且不管怎样,对这个非常复杂的程序进行分析是一个异常繁杂的尝试,它对方法的顺利使用来说并不是必需的,孩子们在对自然进行初步了解时更不用如此。如果让学生不仅牢记理解自然现象的过程中所谓科学方法的"步骤",而且同时对某种严格齐整的科学程序亦步亦趋，那就没有什么比这更能愚弄学生，使其更远离真正的科学家的教学方式了。

在高中阶段，科学教学当然应该继续下去。在这个阶段，那些真正有这方面资质的学生应该有机会探索科学，开始发展与之相关的技能。而尤其是对于那些中学毕业后不再接受进一步教育的学生来说，并且可能对于所有的学生来说，设置某一门具体的科学课并不能真正实现通识教育的目标，倒是应该开设一门对科学做一个整体介绍的严谨而高度综合的课程。这样的一门课与文法学校里所教授的那类普通科学课应该有很大不同。它的内容可以超越学生的生活环境和直接经验，可以开始帮助学生区分不同的观点与方法，而这些正是将自然科学划分为不同的独立学科的基础。这门课应该含有有关科学发现的历史的内容，还有关于主要科学概念和假说的一些讨论。这样的一门课如果设计得当的话，不仅可以给那些将不再继续学业的学生提供一门理想的课程，而且也可以给那些要在专门的科学领域里继续研究的学生做一次最好的科学介绍。

科学类的第二门课程，也可以作为为那些已经在通识性科学上受过充分训练的学生而准备的第一门课程，可能最值得推荐的就是普通生物学课程了。在九年级或者十年级，生物学应该比其他科学课程更具有优先权。因为学生的智力成熟阶段更适于学习生物学，该门课主要可以用描述性的方式讲授，因为这门课的内容与学生的日常经验和教育需要联系更为紧密。比如说，这样的一门课应该在个人卫生与社区卫生、营养和生育等方面提供知识性的和不带感情色彩的讲授方式。

普通生物学通常是十年级的课程，这门课程可能是许多不接受学院教育的学生所学的最后一门正规的科学课程。他们在积累知识的过程中所学的科学精神和方法都将体现在这门课程里。为了实现这个目的，既要通过学习伟大的生物学家们的著作，比如说巴斯德（Louis Psteur，1822—1895）、孟德尔（Gregor Johann Mendel，1822—1884）、达尔文（Charles Darwin，1809—1882）和哈维（William Harvey，1578—1657）的著作，还要通过个人性的实验室工作或野外工作来完成，这些工作应该与课堂学习齐头并进。

有些准备接受学院教育的学生对科学没有直接的兴趣，他们也可以到此为止。但是,如果有些学生在九年级学过生物课,那么可以建议他们学习物理课或者化学课。最好是为这些学生系统地展示物理学方面的基本概念和原理,这种方法现在正在一些学校里试用。这类课采用说明性的材料,因为它们适合于这门课的主题。材料可以来自物理学、化学、地质学和天文学等领域。它的目的应该是为物质世界的本质和组织提供一种广阔图景以及一种更为成熟的探讨科学概念的方法,这种方法是七年级到九年级所学的基础科学课程所不可能学到的。不用说,它的首要目的应该是通识教育,而不是将来的物理学家和化学家所要发展的技能和专业知识。

如果有学生计划在学院里研习科学和数学方面的高级课程,那么他们在中学里除了要学习生物学课程,还应学习一年的化学或物理学,或者两者都学。设置一门自然科学方面的综合性课程对学生有特殊的价值。这样的一门课程延伸到第二年可能更有益处。只要规划合理,这门两年期的课程对学生的通识教育、对学生为将来的学习所做的准备,要比在物理学和化学方面分别设置的一年期课程要有用得多。

在这一章的最后一节我们会说到实际操作技能的训练在通识教育中的重要性。对那些有意进行科学或者技术研究的学生来说,这一点有着特殊的意义。要进入实验领域,就必须知道如何操作物体、使用工具,此外还要知道简单仪器的构造。即使理论数学家也常常极大地借助于操作经验的帮助——三维物体的形状、轮廓、相互关系所提供的启发和满足感是在平面图的限制中所实现不了的。目前,缺乏实际操作技巧方面的训练是进行各种技术研究和对本科生和研究生进行科学、医学和工程方面训练的最为严重的阻碍。学生在中学里尤其要学的是如何使用简单的手工工具,如何操作诸如焊接或者基本的玻璃吹制与镶接这样的简单工艺。如果能教会学生使用钻机、刨床和机床就更好了。当然,使用电动工具来工作的设备通常只有规模较大的学校里才有。

通识教育中的数学。我们已经强调了数学是自然科学的学习中不可或缺的组成部分,这并没有完全反映它在通识教育中作为工具和作为有效的思维方式的地位。科学以外的其他学科,尤其值得一提的是经济学、心理学、社会学和人类学,正越来越多地频繁使用数据图表、统计学和简单的代数公式。几乎所有的学生在接受正规教育期间或毕业后都会接触到这些领域中的一个或几个,因此应该尽早为他们将来的职业做好必要的数学技能准备。

这一主张对即将接受学院教育的学生有着特殊而直接的作用。但是对初等数学的需求事实上还牵涉到他们以外的普通人,这些人的数量要大得多,而且在持续增长。现代工业部门、政府部门和国防部门组织和技术的复杂性,越来越多地要求其普通成员和工人具备数学知识和数学技能。战争期间,有许多在其他方面都很合格的青年,仅仅因为数学的欠缺而被拒绝参加军官培训,这种情况在现代的各种工作招聘中仍然存在。事实上,不仅在民用部门和政府军事部门中,而且在工业部门中,都有越来越多的工作将良好的代数和几何训练作为先决条件。对于相当多的职位来说,立体几何学和三角学是必不可少的。

然而,除此之外,数学在通识教育中还有着重要的实质性作用。它有助于培养一些塑造合格人才所需要的技能和理解力。在过去的50年里,数学和逻辑学被合为一体。就逻辑思维的严谨、抽象和关联性而言,它与数学的联系是很明显的。数学分析过程的重要特征就在于,能够将一个具体的情况分析成其组成要素,将部分综合成为一个有着内部关联性的整体,在舍弃无关因素的同时筛选出相关因素并能明确地解释它们,并能够将以上这些因素创造性地结合起来使问题得以解决。

数学可以被定义为研究抽象形式的科学。它关心的是具体情况的共性模式。辨析结构的能力,在欣赏油画或交响乐中的重要性绝不亚于它在理解物理系统之运作方式中的重要性。它在经济学中的重要性也不亚于它在天文学中的重要性。数学以概括的形式,研究由特殊的物体和现象中抽象出来的秩序。伯兰特·罗素(Bertrand Russell)曾说,数学就是一门我们不知道自己在谈论什么,也不知道自己说得是否正确的学科。当他对数学作出这样的定义时,他风趣地阐明了我们正在严肃谈论的话题。

数学并不是理解抽象和逻辑结构的唯一途径,但它却是达到这些目的的最便捷的途径,对年轻人来说尤其如此。在培养青少年应用抽象逻辑系统方面,还没有发现比论证几何学更好的例子。如果我们想了解几何学的教学在通识教育中的作用,只需看一下它对一位聪明青年的影响就可知道:他从借用定理的逻辑顺序和重复使用"所以"、"证明结束"进行几何证明的过程中获得了成就感。

通识教育在其发展史上一直把数学视为其主要组成部分。数学与现代通识教育的联系丝毫没有减弱,当然了,现代通识教育中必须补充数学在现代生活中的应用的相关内容。

中学里的数学。到七年级末或八年级中期,每个学生都应该相当熟练地掌握数学语言,开始理解数字系统,具有一定的解决数学问题的能力,并能够评价数学在构想和解决实际问题中的作用。

到这个时候,每个学生也应该了解更普通的几何事实,无论是通过测量、绘图和整体观察来归纳出它们,还是通过直观推理得出它们。下一阶段的数学教学,以及对最不具有数学天赋的学生的最后阶段的教学,应该培养他们运用公式、曲线图和简单方程的能力,以及一些运用三角学知识解直角三角形的技巧。即使是在数学方面反应不灵敏的学生,这最后阶段的学习也不应该超过半年。进入九年级的学生中也许不到一半的人能真正从扎实的代数教学中获益或能够掌握几何证明。那些具备必要才能的学生当然应该接受这样的教育。

许多缺少数学天赋的学生,仅仅为了保持他们的学习成绩,或因为这些科目是学院预备科教学的必要组成部分,就觉得自己必须学习代数和几何,这使得这些科目的教学变得复杂化了。许多学校试图让这些学生和能力更强的学生同班上课,结果使这些科目的教学方式出现了巨大的退化。也许,任何为了适应差生而明显降低代数和几何难度的做法都很有可能是没有实际意义的。它对理解力弱的学生的贡献值得怀疑,但对更敏捷的学生的损失却是肯定的。

代数和几何是通识教育中最有价值的部分,但不幸的是,它们比数学运算技巧教学难度更大,也是学生更难掌握的部分。因此,教师为了降低学生学习数学的难度,往往会减少它的趣味性,而增加它的技巧性,将它作为一个由死记硬背的公式和过程组成的固定程序。这个看法恰好与流行的观点相悖,它们认为数学原理和基本概念较容易讲授,而解决具体问题才是最难对付的障碍。

我们必须认识到,对于数学天赋较差的九年级学生来说,除了算术和非形式几何以外,即所说的公式、方程、曲线图和直角三角形的应用以外,几乎再没有其他合适的浅显数学内容了。有人认为这些学生学习"商业代数"之类的科目会受益更多,然而不用细想就能发现它其实比普通代数更难。另一方面,为了激发数学天赋较差的学生在算法及数量关系方面和在几何学基本原理方面的兴趣,当然有必要采用各种各样的数学变通形式,例如工厂数学、商业算术、农场数学等等。在这些新颖的形式中,这些学生对简易算术知识的掌握,以及应用其解决实际问题的能力得到了重新检验和进一步的提高。

如果要对这些学生进行更深入的数学教育,那么非形式几何和机械绘图会因其简洁具体的表达功能为他们提供最大的成功机会。然而,这种教学路径迫使学生放弃数学教学在通识教育中的基本价值。数学由抽象和应用抽象结果解决特定的实际问题两方面组成。在这两方面中,抽象是基础。正是由于抽象,数学才能被广泛地应用于解决各种不同领域中的问题。当一个学生对处理抽象事物的容忍度达到了极限,他在数学方面的通识教育也就走到了尽头。

现在,我们来讨论数学天赋相对较好的学生。这些学生能够在九年级或更高的年级真正地理解代数,将其看做是对算术的扩展和归纳。通过代数,他们更好地理解了算术数字系统和算术过程。通过代数,他们还了解到对特定过程的抽象和归纳是怎样为广泛的实际问题提供解决方法的,如何通过代数方法用符号解决问题,以及如何极大地简化和缩短数字运算过程。

这些学生还具有理解论证几何学的能力,他们应该在十年级或更高的年级学习论证几何学。这一科目的教学,应当训练他们去设计和评价逻辑论证,以及最终得出某一具体论题的结论,还应该引导他们去理解抽象逻辑系统的结构。

尽管不经过论证几何学教学也可能学会演绎推理,但是迄今为止,对于中学生来讲,还没有发现比论证几何学教学更好的抽象逻辑思考的训练方式。如果教学方法得当,这一方法体系会要求每一个术语经得起推敲的逻辑论证都由未定义术语、已定义术语和假设三部分组成。论证几何学表明定理是由基本假设推导出的有效结论,但并未断言假设本身是绝对成立的。它认为从其他假设也有可能推导出相当不同的定理,这些定理在逻辑上同样有效,然而也许会和以前的定理相互矛盾。如果这样教授几何证明,那么就能完成数学价值向人类兴趣的其他领域的转换,而这正是通识教育的主要关注点。

在描述九年级、十年级和十一年级的代数和论证几何学教学时,我们考虑的是那些具有中等以上数学天赋的学生的需要。我们在前面的讨论中强调过,在我们这样一个技术高度发达的社会,生活环境、工作和国家的昌盛都需要每一个有能力掌握这些科目的学生接受数学教育。准备就读学院的学生当然需要这方面的教育。

对于那些在十年级或十一年级就决定不准备在通识教育所要求的范围之外发展数学及科学兴趣的人而言,或许不必再布置更深入的学习内容。然而,为了保证即使是这类学生在以后也能完全自由地选择科学或技术培训,也为了确保他们在这个日益重要的学术领域中能受到较完整、较严格的训练,我们还是极力建议对他们进行更进一步的数学教育。

与其要求这些学生进一步研究数学中的几个传统部分,如立体几何、三角学或高等代数,不如在他们为进入学院而做准备的中学高年级里,给他们概括地介绍初级三角学、统计学、精确测量和曲线图应用方面的知识。这样的一门课程会给他们提供一个也许比较初级,但非常全面的知识准备,以便他们能更好地理解以后非常可能遇见的许多情形。它还可以作为以前所学的代数和几何的激活剂,这些知识在学生即将进入学院之际通常已经快被忘光了。

无论如何,学生在十一年级以前通常已经结束了数学教学,而这离他们进入学院还有两年时间,课程安排上的这一时间缺口实在是教育过程的巨大浪费。在此期间,大部分学生在九年级和十年级时所学的数学都被遗忘了,以致本科一年级的大部分数学教学时间都用于复习高中所学知识。纯粹从教育的角度看,如果将我们为进入学院前的学生所建议的最低限度的数学系列课程的教学教得慢一些,使它在整个中学课程中平均分配,这样也会好得多。

对于高中第三年的学生来说,如果他们已经决定在学院阶段接受有关科学和数学的训练,无论是纯研究性的训练还是应用性的训练,都需要接受进一步的数学训练。除论证几何学外,这些学生还应该接受高等代数、立体几何和三角学方面的教育。这些学生尤其需要一门高中数学课程，这一课程摒弃了把这些学科分开教授的传统方法。我们所谈论的这种高中数学课在难易度上会参照非理科学生的数学课难度。对于在科学和数学方面有着直接兴趣和正常天赋的学生而言，这一课程除了初级三角学和一些立体几何以外，还可以包括解析几何和微积分基础知识。无论如何应该引导这些学生跨入微积分的门槛，以便本科阶段的第一门数学课程可以直接就是微积分。

负责指导中学生选课的教师和教学管理人员也许会对学院里的理科教师的判断感兴趣。后者当然希望每一位中学生都应掌握那些人人应备的共同财富——科学观念。但是从学院科学教学的角度来看，如果他们必须从两类学生——一类学生科学知识丰富但数学知识匮乏，另一类学生缺少科学知识但具有良好的数学基础——中选择其一，他们几乎无一例外地会选择后者。学院入学考试委员会的统计数字表明，本科阶段的物理成绩与入学考试中高等数学高分之间的联系，比它与入学考试中物理科高分之间的联系更为密切。

总体来说，那些为所有学生规定的数学内容应该在八年级末或九年级上学期完成。之后就应该将学生分为两类，一类学生从进一步的纯数学的教学中收获甚微，另一类学生具有相对良好的数学天赋。我们认为，应该极力主张后一类学生中的每一个在高中学习代数和论证几何学，而且不应轻易放弃任何一门。有望就读学院的学生当然需要接受这两种科目的教学。那些准备就读学院但对科学、医学或者技术领域没有特殊兴趣的学生，不应该被要求进一步学习数学。所有对这些领域有特殊兴趣的学生都应该学习中学所开设的全部数学内容。

4.5 教育与人

教育机构根据课程是否修满和考试是否通过来授予文凭，这一事实并不意味着，教育的目的完全就是传授知识。我们在第二章里提到，学习的目的是要培育人的基本智能，简言之，就是要培育人的理性思考能力。人类与动物的区别在于，人类能够根据事实和推理原则进行思考,可以明智地进行选择,有所辨别地感受事物。这些能力赋予人内在的价值。理性既是目的,也是手段——一种把握生命的手段。是否把知识与理性有机地结合在完整的人格之中正是对教育的最终检验。我们这样讲,并不是否认理性的核心地位,也不是否认知识之于理智的辅助地位;我们强调的是,理性必须争取成为一个高度复杂的内在王国的主宰,这个王国拥有许许多多的、各种各样的成员,正是这些成员构成了一个完整的人。说得直白一些,如果教育过程培养出来的只是一些缺乏生气、有光无热、书呆子气十足的青年,那么教育就没有达到目的。但是,把问题停留在这些术语上会使人陷入危险的迷惑之中。我们必须使我们所持的观点不被误解,而这种误解已然发生。我们需要阐明的是,除智能之外,还有哪些是一个人格完整、通情明理的人所必须具备的重要品质?

学校应该关注学生身心两方面的健康。身体必须健康,能够工作,并能够执行大脑的意志。心理健康有两种形式:第一种是社会调适能力,即理解他人、对他人的需求能够作出快速反应,并且礼貌周到;第二是自我调适能力,即了解自我,镇定从容地应对各种具体情况。显然,这两者是不可分割的。

传统上人类首先被看成是一种理性动物。近来,人们将注意力转向了人类的无意识愿望和情感,这些愿望和情感遮蔽了理性,有时还游离于理性之外。可以肯定的是,古典哲学家们承认激情的存在,但他们趋于将后者看做是干扰因素,是一种负面的复杂因素。然而,激情虽然是原始的甚至是野蛮的,因而是危险的,不过如果加以正确引导,它也是力量的源泉、成就的动力。布莱斯勋爵(Lord Bryce)*曾说过,政权如果掌握在年轻人手里,就会犯很多错误,但是如果掌握在老年人手中,那就会一事无成。在古代神话中,驾驭战车的驭手是理性,而不是带动战车的马匹。从一个全人身上,我们希望看到的是主动、热情、兴趣、意志力和内驱力。在一个自由社会里,政权内外的许多进步都来自于公民个体的创新精神和顽强耐力。人们努力追求生活回报的内心冲动,一旦通过公平竞争的原则以及公共利益原则加以规

---

* James Bryce(1838—1922),英国法理学家、历史学家、政治家。

范，就是社会进步的源泉。

前述观点可能导致的误解是，把人类个体看做是由种种孤立的能力构成的，每个能力因素都能独立存在。比如说，思考能力不是一种能够独立于兴趣与热情而发挥作用的能力。没有对知识的热忱，没有好奇心的推动，思想者只会懒散而无作为。不过，虽然说一个人能力的完善一般取决于各种能力的平衡发展，但是仍然有一些重要的、不能预知的例外。例如，并不是每个精力充沛的大脑都要配有健康的身体，文学界、科学界都有一些了不起的人物终生与疾病作斗争；还有一些人发展不均衡，只在某一个专门领域出类拔萃。人格问题是一个神秘的问题，这提醒我们不能作出笼统的、僵化的论断。

再者，全人（the whole man）的概念并不足以作为教育的目标。先天机制、情感和意志力都是中性的，能够向两个方向中的任何一方发展。如果这些先天潜质不能被"教化"，不能被统合在责任感之下获得发展，就会成为"反社会"的潜能。一个全面发展的人，必须是良善之人，道德品质源于人的本性向理想目标的历练。最终的至善是将自我奉献给一个高于自身的理想，即献身于真理和他人。

到现在为止，我们谈的是总体目标，而教师自然会问，学校该做些什么来实现这些目标。我们想说明的是，培养人的上述能力绝不能完全依靠一系列课程，也就是说绝不能只依靠正规教学部分。像保健或者礼仪这样的课程，可以有也可以没有，需要视情况而定。我们主张，在一个恰当的通识教育计划中，所谓培养人的心智，应该教会人有能力处理诸如健康、人际关系等形形色色特殊而又具体的问题。这样看来，心智教育是一个培养全人的过程。然而，显而易见的危险可能是，学校为自己设定了这么一个包罗万象的目标，或者说设定了过多的目标，他们就会忽视自己最核心、最基本的作用。学校不可能包办一切，当他们尝试去担负太多的责任时，有的时候会什么也做不好。其他社会机构也会帮助开发个人能力，而学校有着特殊而关键的责任：发展学生的智能（intellectual abilities）。我们讨论那些使人性完整的素质，是根据这样的一个假定：虽然这些素质至关重要，虽然它们对我们这个社会的未来福祉是必不可少的，但是它们并不是学校唯一的责任，对这些素质的培养并不妨碍学校对首要任务的关注。

但是，情感和意志不能仅靠理论教学来训练。知识的三个领域无疑都提出并讨论了有关人生价值的问题，各有各的方式。然而，价值观不能光从书本上学习。不妨考虑人的社会调适能力的例子。思考是一个孤独的过程，只要教育的目的是开发智能，思考就会使人成为个人主义者。当然，思考可以在与他人的讨论中受到启发，但是最终作出决定的还是自己。然而生活是一个合作的过程，社会调适并不是个人随着岁月流逝就会自然获得的变化。一个人必须学习如何去与他人相处，就像他必须学习使用复合句型一样。不过学习与人相处要难得多。孩童不知道怎样彼此共处，老师或者其他成人必须始终在与人相处中控制局面。如果成人以孩童的方式生活在一起，像孩童一样处理他们的分歧，我们可能从来不会有、或者永远也不会有一个自由的社会。孩童必须学习很多东西才能学会与同类人平等共处，或者与陌生人一起为某种共同目标而进行协作。孩子所在的家庭和生活社区为他们提供了许多入门知识，而主要的教育任务却要在实际的训练场上，特别是由青少年和成人生活所构成的训练场上来完成。

我们承认，正规教学并不能实现所有的教育目的，但同时我们也要注意到，除了正式教学外，学校还通过其他媒介对学生施加影响。学校是一个组织，拥有其特定的生活方式。学生在潜移默化的过程中养成了一种习惯；无须说教，或许其他某个学生所说的一句挖苦的话就能对他起到矫正的效果。再者，教师既可以通过自己在讲台上的言语，又可以用自身的示范作用对学生施加影响。在这个专业化的社会里，教师可能认为教好一门课就足够了，但是可塑性强的年轻学生从教师身上学到的远不止科目的内容。他们会评判教师的一举一动。在某些方面，年轻人尤为苛刻。他们希望自己的老师尽善尽美，他们并不渴求自己一定要做到完美，却希望在所有那些具有威信的人身上看到完美的范例。教师们应该更清楚地意识到，自己会给学生带来课程知识以外的影响。

最后，学生们在学校里参与各种课外活动。有人了解过中学和学院的早期历史，其中有"教堂里的母牛"和"公用草地上的暴乱"这样的故事。他们中没有一个人可能会遗憾地觉得，学生们现在有更为合法的手段来发泄他们过剩的精力。然而，千真万确的是，我们有可能为了追求某种目标而做得太过火,并助长了反智主义倾向。或者,我们给学生提供的实践活动太少,尤其在城市的中学里,培养了他们十足的书生气。

理想中的"课外活动",顾名思义就是将课堂上的理论付诸实施。在前一章里我们强调了正确的判断能力的重要性。课外活动提供了一种手段,能将课堂上传授的抽象技巧与具体的选择和行动结合起来。课外活动的教育价值在于,尽管不怎么好,习惯和经验对于包括智力技能在内的所有技能的发展都是必需的。学生自治在某种程度上对公民素质的培养很有价值。只有当学生真正面对民主治理的种种困难时,他们才能了解一个自由社会的复杂性。学习如何顶住压力,学习如何发现弱势群体的力量,学习用自由言论对抗一言堂,以及学习制定法规并遵守法规,都是民主生活的首要训练项目。法语俱乐部、辩论俱乐部、合唱团以及论坛等,很好地将课外活动与课程设置联系在一起。至于办公室管理活动、体育活动是否能够很好地体现出课程和课外活动的联系,我们不能很清楚地描述出来。不过,管理一个组织和在团队活动中处理所遇到的问题,无疑会激发学生的决断力、主动性和合作精神。

对于学生来说,强调课外活动的重要性是多此一举。这里需要强调的是,如何在智力价值观与其他人文价值观之间取得恰当的平衡。课外活动不能被当成是与课程无关的活动,而应该被看做是课堂的延伸。然而,对这些活动进行正式管理,也会使其价值大为降低,因为这些活动的价值就在于,它们是学生自发地组织起来的。相反,只有在某些课外活动中才有的精神也应该引导到课堂学习中来。课程与课外活动的差别,在学生的心目中就是责任与娱乐的差别。因此,想让年轻人永远像热爱体育运动一样热爱学习是愚蠢的。不过,在适宜的学校氛围中有可能将学生对课外活动的某些热情引入学习中。据说,当今企业家在中学和学院毕业生中物色职员时,感兴趣的主要是学生在课外活动中的表现,而不是其在课程方面的成绩。不管这是否属实,我们认为教育当局不该迫于来自公众的压力而在自己的标准上让步。学校在社会中的作用主要是引领文化标准。最危险的就是,学校中并存着两套永远不会重合的标准——学术标准和实用标准。

学校的氛围、教师在教学之外的潜在作用以及课外活动都是中介物，它们有助于学生的实践和习惯，对学校正规的教学工作起到了补充作用。我们必须强调的是，在活动中培养习惯必须借助于理性解释，换言之，仅仅注重培养习惯是不够的。这就好比语言学习，一方面，一个人在学习某种语言时只知道语法和词汇是不够的——他必须使用这种语言，用它特有的习惯用法来表达。另一方面，一个在街头流浪的阿拉伯人会说一口流利的母语，并不证明他受过正规的语言教育——对语言的形式结构有所了解，会有助于语言能力的深化。社会调适能力也不只是与他人相处的适应能力，它指的主要也是对他人的理解——理解他们的愿望、才能和价值观。人的外显的姿态和气质来自于内在的知识修养与能力，来自于对目标的清晰认识和坚定信心。没有这些，人格力量往往会堕落成为被误称为"个性"的浮躁不定的品性。

就以上所说的种种情形而言，我们已经将学校的潜力挖掘尽了吗？不，完全没有。当课程设置、学校氛围、课外活动已经充分发挥了作用之后仍然达不到预期的效果时，学校必须求助于某些特定课程的教学。隐性教学与显性教学有所不同。前者我们指的是间接指导，比如像学生通过通识教育的课程获取思考和交流的技巧，或者通过参加体育活动获取主动性和变得足智多谋。通常意义上所说的聪明的年轻人能够得出自己的结论，并举一反三，把他所受到的整个训练的精神应用到具体情况中去。但是，有些学生必须得到具体而明确的指导。例如，许多学生能从生物学和其他相关课程中汲取有关保健的知识，然而有些学生却需要在个人卫生方面得到明确的指导。同样，有些学生在学校约定俗成的行为准则的感染下学会了礼仪，而另外一些学生却需要教师花费许多口舌来告诉他们礼貌和规矩。一个为第一代移民所构成的社区提供服务的学校可能必须开设有关美国人生活方式和生活标准的课程。然而，这样的明确指导应该被看成是对课程设置的补救和补充。由于情况各异，不可能给出有关这些特殊科目的统一列表，但是可以提出一些建议。

没有道德指引的教育是不完整的。道德智慧可以从我们的宗教遗产中得来。因为法律和传统习俗的原因，现在在大多数美国中学和学院里很难发现宗派主义的存在。但是，西方许多最优秀的传统都会

四 中学的通识教育

在先知们的箴言中、在人类早期的寓言故事中、在圣经的训谕中找到。这些并不是某个派系或者基督教徒的专利。它们是伦理世界的经验集合,应该是所有人的财富。

的确,身体健康是遗传的恩赐,而个人幼年时所受的照料能强化健康。但是,学校在健康发展过程中也会起决定性作用。虽然有关健康的第一责任落在家庭和社区身上,但在某些地区,学校必须担负起直接指导个人健康或者说市民健康的职责。对许多年轻人来说,如果要了解有关饮食、休息、运动、医药和疾病方面的基本知识,那么他们必须到家庭之外的学校里学习。这种指导将区分一个社会是健康的还是虚弱的。这一科目会占用那些更具学术价值的课程的学习时间,但是教育系统或者社会系统只有建立在坚实的体质基础上才是可靠的。

在前面一节文字里,我们说过实际操作训练对那些愿意投身于科技工作的学生的重要性。这类经验对所有学生的通识教育都很重要。大多数想就读学院的学生现在接受的是几乎完全口头形式的预备训练,而手工训练、对物体的直接操作却主要限制在职业领域。这是个严重的错误。书卷气的学生应该像那些不打算继续接受学术训练的学生一样,知道如何做事情、如何制造物品。直接接触材料、操作简单的工具、将头脑中的一个观念付诸实践的动手能力,凡此种种都是每个人的通识教育不可缺少的方面。在有些学校里,学生在低年级就接受这样的训练,还有些学生在学校之外获取这样的经验,而对于那些在工具使用上没有经验的学生来说,只有在高中阶段设置一门这样的课才能使他们有机会接触这样的技能。

在现代社会,很少有子女自动继承其父母的职业,因而学校义不容辞地要在择业上给学生一些帮助。任何有关美国社会的课程应该让学生了解他们今后将要面对的美国生活的许多方面,而有些学生还需要更为详细地了解各种各样的工作的要求和可能性。正规课程教学对这个问题所起的作用很有限,因此,为了解决这个问题,最好是对学生进行个别辅导并在学校图书馆为他们提供适当的图书阅读。

除了要了解未来的工作,学生还需要实际工作经验。当然不能希望学校本身以任何正式的方式提供这种经验,然而这种经验对所有人都有益处,并且,较之于那些将要从事手工劳动的学生,这种经验甚至对那些希望进入商界或从事某种专门性职业的学生更重要。这种经验对社会的整个生产力也是一种重要的贡献,当然,它不一定是手工劳动方面的经验。换言之,真心愿意去工作胜过被迫去工作。我们重申,我们在这里所考虑的不是任何正规的学校要求,而是对一个年轻人的成熟所必需的东西。

很明显,我们所描述的教育对于整个人类的影响是以人类本质和价值的普遍理论为前提的。同样明显的是,就这种状况的本质来说,这一理论在本报告里只是一个假定,而没有得到明确的论述。与现行的潮流进行对比有助于澄清我们的观点。出于对传统的正规的、书卷气的学习方式的自然反抗,教育实践趋向于另一个极端,即用高度专门化的实用课程来代替传统的课程设置。这种教育实践的危险在于,职业培训正在取代教育。最近又出现了对这一实践的抗拒做法,即要将名著置于核心的甚至是垄断性的地位,要将开发思考能力作为教育的唯一内容。我们的观点居于两者之间。我们已经说过,教育所致力的是人的全面发展,而不只是人的理性。同时,我们也认为,人的全面发展只有在用理性来主宰生活的情况下才能实现。因此,当我们将心智的培养看做是学校的主要功能时,我们也将理性看做是把握生活的手段,并且将智慧界定为生活的艺术。我们强调了作出恰当判断的重要性,并且认为,学校应该帮助学生了解概念框架之外的事物,并致力于具体的应用。然而,既然学校在本质上不能复制现实生活的复杂性,单纯的实用导向的教学法也是不够用的。

某种极端的和片面的观点很容易引起注意,并会招来一大批狂热的信徒,而不偏不倚的公允之见往往不会立即引人注目。如果追求公允,就不会得出激动人心的结论,因为追求公允的目的就是要公正地对待整个真理的各个方面。正因为如此,持论公允有望通向真理,至少是部分地通向真理。

五　哈佛学院的通识教育

在前面的几章中，我们已经讨论了通识教育的目标和基本问题。我们也对在中学实施通识教育的可能性及办法提出了建议，当然，我们清楚地知道，这些思想并不能按照某种整齐划一的模式实施于中学中。我们在本章的任务是，跨越专业教育与通识教育之间的分界线来具体讨论如何将我们的主张实施于哈佛学院。在从事这项工作的同时，我们必然会关注一个大学的复杂结构和组织形式等多方面的问题。

虽然我们认为对某一个学院进行讨论绝非与主题毫无关系，但我们希望，本章为哈佛学院*所做的建议并不是专门为了美国其他高等院校。如果认识到中学之间的巨大差异是必然的，那么认识到学院之间存在更大的差异也同样是必然的。在美国，相对简单的初等教育结构到中学阶段就变得较为复杂，到学院层面则呈现出巨大的差异性。这种差异是众多环境的产物。现在，环境仍然在发挥作用，到下一代时它们可能将导致更大的差异，并且将使得任何想在所有学院里实行唯一的通识教育计划的努力成为泡影。

或许，许多人，包括学院内相当一部分教师在内，仍在继续试图解决高等教育中的所有问题，仿佛"学院"一词在全美各地有着单一而特殊的含义。这种观点在某种程度上仍然存在着，它可以说是一种不合

---

* 哈佛学院（Harvard College），是哈佛大学历史最悠久的一个学院，也是哈佛大学的本科生学院，建立于 1636 年。

时宜的想法,它妨碍我们对高等教育问题进行任何实事求是的分析。对美国学院这一机构的主要类型的考察可能有助于搞清楚我们为什么把对整个高等教育的讨论限定在某一所院校之中。

5.1 学院的类型

从历史的角度来看,最初的美国高等教育机构是文理学院。它们可能是独立学院,或者是大学的组成部分。其中一些学院是男女同校的,一些仅仅是男校或女校。它们的显著特征是:通常要求四年或者是相当于四年的学习期限,以获得学士学位;另外,这些学院主要不是职业性(vocational)学院。

在过去三代人的时间里,职业性本科学院增长很快。像文理学院一样,职业学院通常也要求四年拿一个学位,但是它们主要提供的是职业训练,而不是要求学生在很大程度上(如果说不是全身心)投入人文学科、社会科学、数学和自然科学的训练。职业学院包括那些为工程、农业和教师工作做准备的学院,还有许多商业类的本科学院,它们或者是独立学院,或者是大学的组成部分。许多职业学院与文理学院相结合,二者通常都是一所较大的大学的组成部分。这在商学院和教育学院中尤其突出——学生前两年通常在大学的文理学院里学习,之后则转到各自的职业学院里完成后两年的学习。

在20世纪,两年制初级学院同样得到了极大的发展。这些学校的重点要么在职业科目上要么在文理科上,它们通常提供纯职业性的课程和人文学科、社会科学和自然科学类课程。目前建立技术院校的浪潮仅仅是美国教育发展中的一个近期方向,这些技术院校是以职业科目为主导的两年制初级学院。

第四类院校是职业学校(vocational school),它与高中衔接但又缺乏明确的身份,它们既不是两年制初级学院,也不是四年制学院。这类学校包括大多数私立工商学院、护士培训学校、商贸学校及其他类似院校。它们均要求只有高中毕业生才能入学,但是又不以本科生的知识广度为目的。

除文理学院以外,在所有的这些院校中,通识教育通常都是限定在前一年或前两年,或者根本不开设通识教育课程。它们对专业或职业教育所作的主要承诺是在一定的学时内培养有竞争力的工程师、护士、农场管理员、会计、牙医助理、绘图员或秘书,而学时看起来总是太短。有那么多要学的技能,那么多要了解的技术知识,缺少专业技术知识的直接惩罚是,年轻的毕业生无法保证胜任第一份工作,因而通识教育要么全然被抛弃了,要么勉勉强强让学生在那些概览课里心不在焉地获得一些知识。

在过去几年中,学院一级主管专业教育的领导者们开始强调要多加关注通识教育。"工程教育促进会"(the Society for the Promotion of Engineering Education)的近期报告认识到纯技术教育的不足,建议对未来的工程师进行教育时要更多地关注许多与工程并不直接相关的科目。有趣的是,报告好像特别关注少量的针对工程师的审美训练,以及工程师既不了解也不参与与公民及慈善相关的公共事务。我们仍不清楚这种主张将对职业学院产生何种影响,但是我们完全赞同,如果那些在科学研究和技术中处于领导地位的人在文化趣味和公民责任方面最为迟钝的话,那么社会将遭受很大的损失。

初级学院和技术学院通常至少会对通识教育作出一种姿态,其中大多数院校都把两年制职业课程中的1/3或者1/2的时间用来学习文理基础课程。另外,我们发现,在本科师范学院和工商管理学院里,学生在职业训练之前的两年里必须接受更全面的通识教育。只有在第四类不具有学院身份的职业学校或商贸学校里,有时候会完全忽视通识教育。当然了,事情也不总是这样。

但是很明显,文理学院不应当是唯一关心人类行为的目的之类问题的高等院校。独立思考能力、交流能力、辨别各种价值观并作出恰当判断的能力,既是那些花四年时间受较少职业训练的年轻人所需要的,同样也是初级学院和商贸或职业学校中的年轻人所需要的。但同样明显的是,不同类型的院校不可能做同一个规定,它们在通识教育的学时和通识教育的内容设计上必然会存在差异。

5.2 文理学院的通识教育

文理学院之间甚至也出现了越来越大的差异,以致对于一个学生来说,很难从一所文理学院转到另外一所文理学院并完成早先开始的学业。虽然这里我们不试图全面介绍这些实验,但了解这些学院的简要特征可能有助于阐明某些问题,以及为我们讨论哈佛学院提供一个视角。可以说,现在在学院之间有五种解决通识教育问题的主要办法:(1) 分布必修课;(2) 综合导论课程;(3) 功能性课程;(4) 名著课程;(5) 个别指导。

第一种是使用最广泛的,它是为改进选修制的一些弊端而引入的,是为拓宽学生的知识而要求学生在不同的领域或院系分散性地必修一些课程。有时它规定要必修一至三门课程或科目,有时它仅仅要求修习特定领域的课程。

那些对分布必修课不满意的学院,常常以一套人文学科、社会科学、物理科学和生物科学方面的综合导论课程来代替。这些课程通常要求学生花掉前两年学院时光中的一半,有时甚至要把前两年几乎所有时间都花在这些课程上面。事实证明这种做法在管理上是可行的,并且现在已经推广开来。在这些课程中,教材的选择和处理方式存在着巨大的差异,对此我们后面将进一步加以讨论。

"功能"这一术语已经被用于命名这样的一些课程,即明确地对待生活中的某些重要事件,例如保健、择业、家政管理或明智地购物和享受服务。上一章结尾中对人的分析或许可能成为设计一套功能性课程的基础。明尼苏达大学通识学院(General College of the University of Minnesota)所要求的"核心"课程就是这种功能性课程的典型。近来美国教育委员会(the American Council on Education)的《通识教育纲要》报告描述了四种功能性课程:个人和社区健康、社会改革问题、婚姻和家庭调适以及职业定向。

名著课程计划(great-books program)获得了广泛的声誉,特别是在圣约翰学院(St. John's College)采用了此计划之后。它意味着要花四年的时间学完大约一百本西方历史上的名著,并辅之以古代和现代语言、数学和实验科学课程。这四年时间的课程是完全规定好的,没有选修,没有专业。其他有些学院开设了人文学科或文学类名著课程,这些课程要求阅读许多文化和哲学著作,但是它们并没有遵循圣约翰学院课程范例中的基本原则。

个别指导在此是用来描述像本宁顿(Bennington)、莎拉·劳伦斯(Sarah Lawrence)和黑山(Black Mountain)等学院的课程计划的。前一两年向学生提供大量的选修课程,由他们自己从中选择,尝试感受。其理论依据是,学生自己将会发现一系列足以作为其日后工作基础的兴趣点。一旦学生发现了其真正的学术兴趣,他在学院的课程学习计划将围绕这个中心兴趣而设计。最后学生所学的课程可能十分宽泛,或者与传统学院的专修(concentration)计划相似。但这种方法与过去的选修制有着很大的不同。探究性课程特意设计成小班形式,以使学生有机会与教师建立亲密关系。导师制或者说咨询制度使学生能与那些对其了解较多的教师进行定期会面。这样,学生的学习计划在成型过程中几乎都处于教师的监管之下,如同被规定好似的。

所有这些解决通识教育问题的方法都体现了对选修制不同程度的不满,但是除此之外,它们之间甚少有相同之处。在圣约翰学院,完全规定的课程与选课自由度较大的传统制度之间存在着很大的差距。我们与其努力传递我们所欣赏的各种建议,不如表达这样一种希望,即继续推行这些做法,并把我们对学院通识教育的进一步讨论限定在一所具体的高教机构——哈佛学院。

5.3 哈佛学院的目前状况

哈佛学院目前的结构和状况是我们讨论的基础和背景。我们可以从一个最重要的参数——哈佛学院目前的规模入手。它是一个大型高教机构,也是一个比它大得多的大学的一部分。许多年前,哈佛学院入学人数的规模定为 1000 人,但也并不总是受此限制。"二战"

前的这些年里，本科生的总体数量在 3500 人到 3600 人之间。① 担负本科生和研究生教育的文理学院（the Faculty of Arts and Sciences）教师，除助教（predoctorate）及年度讲师外，共有 300 多名，他们给本科生提供的不同种类课程一般超过了 400 门。甚至在战争期间当职员和学生受到严重影响时，本科课程也不少于 300 门。

哈佛学院的生源来自于全国各个地区、各种类型的中学，以及各种经济水平的家庭。一年又一年，学生主体代表了越来越多的阶层甚至美国所有的社会阶层。一个经过仔细考虑的积极的政策促进了这种趋势，即，尽可能使所有有前途的学生进入哈佛，或者通过奖学金使处于各种生活状况的学生都能进入哈佛。新英格兰地区的哈佛新生的百分比这些年开始稳步下降，降到了目前的 48%。另外的 24% 来自于中部靠近大西洋的州，14% 来自中北部的州（印第安纳州、伊利诺伊州、密歇根州、明尼苏达州、威斯康星州和俄亥俄州），大约 3% 来自中部的州（艾奥瓦州、堪萨斯州、密苏里州、内布拉斯加州、北达科他州和南达科他州），4% 来自南部，4% 来自遥远的西部，3% 来自其他的美国领地以及外国。1944 年入学的学生来自 490 所中学，其中 244 所是公立学校。当前哈佛学院一半的学生来自公立学校。他们得以从全国各种类型和规模的公立学校入学归功于一个灵活自由的政策，下面将对其进行概述。

近些年来，哈佛的招生政策已经成功地拓宽了所招收学生的经济背景。1940—1941 年间，提供给本科生的经济资助超过了 30 万美元，总数几乎相当于学院整个学费收入的 1/4。特别是"国家奖学金计划"助长了这种趋势，尽管它只给予极少数很有希望的学生。目前，大约 3/4 的国家奖学金受助学生来源于公立学校，而且主要是中西部的公立学校，其中约有 3/4 来自年收入低于 3000 美元的家庭，约有 1/3 来自年收入低于 2000 美元的家庭。

近年来，在美国，无论教育背景如何，学生只要有能力都能进入哈佛。1942 年以前，考生要在两种考试计划中作出一种选择，那些来自偏远地区的学生可能在某种情况下无需任何测试即可入学。除了计

---

① 哈佛大学同时期所有院系的学生数约为 8000 人。

划 A(旧计划)——即考生参加一套包括规定的和可选科目的学院入学委员会组织的考试,直到全部完成整个入学要求——有潜在希望的学生还可以申请计划 B(新计划)。后者强调中学成绩和校长的推荐,但不特别规定除英语以外的其他科目内容。选择了计划 B 的考生在其中学的最后一年里,除了要求测试其学术性向外,还要参加学院委员会的四次综合性测验。有一个测验必须是英语测试,另外三个是从大约 12 个科目中选择。来自东北沿海以外地区的申请者,也可能无需测验就能进入哈佛,但申请人在其中学最近两年中,在规模在 7 个学生以上的班里排名要在前七分之一。

自 1942 年以来,由于考试的复杂性,并且每年有三批新生入学,先前的学院入学委员会测验已经弃而不用了。以前,学院入学考试委员会的专门性向和成就的客观测试仅针对奖学金候选人,并在一天内进行,而现在则要求所有考生参加。学术性向测试包括口试和数学两部分。综合成绩测试由 9 个部分组成(英语、法语、拉丁语、德语、西班牙语、物理、化学、生物和社会科),考生可任选三项。因此,每个学生几乎都可以参加测试,同时所有学校开设的课程也几乎都能适合这个测试。哈佛招生还特别看重学校档案记录和中学校长推荐。因此,公允地说,对于那些渴望上哈佛的有才华的学生来说,哈佛除了看重学术性向和高中成就,事实上已经没有任何指定性的要求。

我们上文已经提到本科课程超过了 400 门,我们现在不妨来探究课程设计要素。重视博雅教育和通识教育,在哈佛并不是新鲜事。这些年来,它一直是被不断审视和修正的目标。在 1940—1941 年,文理学院全面审视了整个本科课程,并且制定了新的规则。因此,在这方面我们所拥有的东西都出于自觉的设计,而不是出于偶然或疏忽。我们将在这方面对其作出评价。

在相当长的一段时期里,由于已经考虑到了足够的原因,哈佛教师形成了一种倾向,即仅仅规定教育结构最一般的大纲,而在内容方面留出最广泛的余地。或许,目前课程最显著的特征准确地说是:除了形式以外几乎没有规定,甚至形式也是极其灵活的。学生在各方面被给予了格外广泛的选课自由。哈佛目前没有要求所有本科生都要学习的课程,唯一一门要求所有人都上的课是英语作文——英语 A。

在直接测试之后,所有那些英语应用写作不合格的学生都要修习它。

除此之外,哈佛对学习内容的唯一一项直接规定就是要求学生掌握一门外语的阅读技巧,在这方面,学生必须通过测验或中级语言课程。学生只要在进入学院之前通过学院入学考试委员会所组织的某一等级的成就测试就可以满足这一要求。直到最近,外语被指定为法语和德语。而现在,在近来全球化观点的影响下,教师把外语考试的语种扩大到能包容拉丁语、古希腊语、意大利语、西班牙语、俄语、汉语、日语和阿拉伯语等。

在所有课程中,学生只要完成16门全课程,即可获得学士学位。目前提供两种学位:文学士学位和理学士学位。修读这两种学位的前提首先是中学阶段必修课程不同,其次是在学院阶段对古代语言基础的要求不同。

入学新生在院系指导老师的帮助下,在一系列"定期向新生开放"的课程中作出第一个学习选择。目前,大约列出了48门不同的课程,实际上是84门学期课程(half-course),而且大多数课程形成了成对的序列,分布在21个系中,并且很少有限制性的规定。甚至这个要求也不是强制性的。那些高中学业较好的学生进入哈佛以后允许直接修习高级课程。大约有1/3的新生获益于这种机会。

一年级结束时,根据指导老师的建议和学生的选课情况,学生选择一个专修领域,其中,获得学位所要求修习的16门课中至少要有6门属于该专修领域。目前,30个不同的专修领域已经开列出来了。由于还有一些特殊的混合交叉领域,这个数字有可能有所增加。专修领域中只有两门课程可以限定在初级水平。这种规定旨在确保每个学生在哈佛都能够在某个学问领域学有专长。

进一步的规定是确保通识教育有一定的广泛性。直到最近,所有学生都要求修习四门分布必修课,它们属于专修领域以外的课程。某些初级语言课程,包括英语写作,不能包含在分布必修课程之内。

1941年,由于上面提到的研究,文理学院采用了新要求,使得现存的规则有了更大的自由度。文理学院提供的所有课程分成3个领域,并可进一步分为8个部分。两个部分组成自然科学领域;两个部分组成社会研究;四个部分组成艺术、文学和哲学领域。初级语言(包括英语 A)、作文、演讲、军事和海军科学中的某些课程被排除在所有这些部分和领域之外。规定要求每个学生的学习计划必须包括四个部分中每部分的至少一门课程，并且必须代表所有三个领域。为了防止过度专业化，规定还进一步要求每个学生的所有计划至少包含任一部分以外的 6 门课程。如果学生所选修的三个部分能涵盖所有的 3 个领域，那么军事或海军科学中的一门课程可以代替第四个部分中的一门课程。

必须强调，选课规定具有相当大的灵活性。仅社会研究领域这一个部分就包括经济学系、政府学系、心理学系和社会学系的全部课程，还有人类学系的大部分课程。数学、天文学、化学、工程科学、物理学被归入同一部分，因此单选数学一门即可满足这一部分的要求。另外，哈佛的所有历史课程都被归入同一部分，学生只需选修科学史或宗教史，即可满足该部分的学分要求。

在哈佛学院，本科生必修规定的现状如下：为未能熟练使用英语的新生开设的英语作文必修课；10 种古代或现代语言中的任意一种的阅读课；包含 46 门课程的可供选修的新生课程计划；在 32 个领域中选择一种进行专修；通识教育分布必修课，它涵括了几个系的全部课程。

选择什么样的通识课程和专修领域都是非常灵活的。一旦选择了某一个专修领域，一个真正的、甚至详细的必修计划就起作用了。几个系通常限定了什么课程将包含在其直接的兴趣范围以内，他们对学生的活动和时间作出大量的规定，并且，由于通识教育中几乎没有对内容作出限定，专修课就不可避免地在课程中占了优势。

如此一来，许多哈佛本科生就达到了相当程度的专业化。目前促进这种趋势的一个课程特点是研究生和本科生课程之间的分界线十分模糊。每个系的课程都被分成主要面向本科生的课程、面向本科生和研究生的课程以及主要面向研究生的课程三部分。在大多数系里，绝大部分课程既面向本科生，也面向研究生。合格的本科生可能发现自己不难进入那些主要为研究生开设的课程。有益的结果就是，本科生通常发现，自己在所有领域的高级课程中都与研究生形成了直接的竞争。

专修领域的学习最终需要进行综合测验(General Examination)。这是哈佛学院对所有专修化学和工程科学以外的任意领域的学生在最后一年的常规要求。综合测验是测试学生对其专修的整个领域的理解。如果学生在这个测验中不能表明他已经从总体上掌握了专修科目,无论他在课程学习中的记录怎样,他都不能拿到学位。

正如上文所述,专修领域通常要求修习至少6门课程,然而优秀的学生通常会修习优等生荣誉课程(honors program)。这可能需要学习专修领域里的高级课程,并在具体阅读或独创研究的基础上撰写荣誉论文。

这使我们最终了解,目前哈佛教育最具特点的因素就是导师制度。处于综合测验要求领域的学生从本科二年级开始时就得到导师的指导。导师由专修领域中的一个教师担当,并且通常只指导与这个领域相关的问题。各系在导师指导的侧重点方面以及导师指导与正规课堂教学的整合方面表现出了很大的差异。有些系主要雇佣在读博士生助教当导师,其他系则充分利用其高级职员的便利条件。一些系强调导师制教学的重要性,其他系则没有在课程中给导师制教学留出明确的位置。导师制度在哈佛的教育模式中的地位下文将有所讨论。这里将要指出的是,目前它成了专业教育体系的一部分,而不是通识教育体系的一部分,在某些情况下,它还有力地助长了专修计划的成功。

因此,目前无论哈佛的通识教育多么含糊不清,但专修制度是清楚的、明确的和内容丰富的。有一系列强有力的教育机制在支持它:学系、必修课程、荣誉学位制度、导师制度和综合测验。它为有能力和有进取心的学生提供了在其所选择的领域中学有专长的机会。整体上,专修制度在哈佛取得了明显的成功。与此形成鲜明对比的是,哈佛的通识教育目前随着其模糊的诉求和消极的规定而显得松散,这个规定要求学生在其专修领域以外修习两门或三门课程,而且几乎是任何课程。

到目前为止,我们似乎仅仅根据教学内容来讨论通识教育,而忘记了通识教育所寻求的价值和质量。我们不是要说分布必修原则是促进哈佛学生通识教育的唯一因素。重复一下第二章所说的,通识教育区别于专业教育的,与其说是教学内容,不如说是方法和视角。下面这种结论是错误的:因为哈佛学院没有规定其所有学生都要修习的科目,因此它就没有提供有关通识教育的基本训练。很明显,鼓励学生诚实地思考、清晰地表达、在做结论以前养成搜集和衡量证据的习惯比要求学生修习一些介绍性的课程要重要得多。我们相信,要求学生具有普遍共同的东西是有完全合理的根据的,但是要求其在知识和思想方面具有某些共同的东西并不意味着要求学生学习更多的有助于通识教育目标的课程,而少学习一些专门为专家或未来的专家而设计的课程。

如果制度要求学生修习一定量的分布必修性课程,那么,在这种制度下,学生除了要修习本专业或专修领域的课程,通常还要修习一定量的其他领域的导论性课程。这些课程通常主要是为那些想在同一领域进一步深造的学生而设计、组织和教学的,而极少是为那些以导论性课程结束自己学业的学生而组织或教学的。通常情况下,那些稍具专业性的导论性课程也会进行完善而详细的分析,以使学生获得优秀的训练,但它们通常难以克服学术的系科分化所必然带来的狭隘性,并且也通常不能提供有关各种思想与各种学问分支之间关系的见解。换句话说,它们主要不是为通识教育的目的而设计的,它们对通识教育的贡献通常是偶然的,甚至是意外的,而不是主要的和有意的。那些教授这些课程的教师更关注的是专业领域的学习和专业知识的内部逻辑,而不是其教学内容与任何普遍性的思想或知识的关系。即使是这样,它们对通识教育的贡献常常是巨大的,并且我们相信,如果说仅仅是附带地为通识教育的目的而设置的课程被证明是有价值的,那么,专门为此目的而设置和教授的课程将对学生产生出更大的价值——给他们以有条不紊的思维能力和辨别能力、交流的艺术和作出恰当判断的能力的训练;帮助他们形成一种参考性框架,以便普遍观念之间的联系具有更加显著的意义;并且,它们也将以某些共同的信息和思想来武装学生。

在这一报告的前面几部分,我们很少将通识教育当做共同教育来讨论,这也许是因为,共同教育常常被认为是通识教育的主要的(如果不是唯一的)合法依据。此外我们已经认识到了学生和学校的需要不一致,并且不愿拥护共同教育,因为共同教育有可能被证明对大部分接受共同教育的学生来说是没有用的。但是当我们讨论单个学院时,似乎就有必要不仅仅从通识教育所追求的质量的角度,而且从它能达到的一致影响的角度来谈论通识教育。

目前哈佛学院的专修和分布必修制度对专业化和由此而来的专业分化提供了大量的机遇。但是,它在为学生提供、发展共同的思想和信息方面实际是薄弱的,而这些共同的思想和信息在某种程度上应该为所有的学生所拥有。换句话说,所有的哈佛学生并没有太多共同的学术经验。很清楚,除非那些希望相互交流的人们有某些共同的知识和思想以及在价值观分析和关系分析方面有某些共同的训练,否则,高水平的交流就是不可能的。本科生,无论他专修的是自然科学、人文学科还是社会科学,都应当能与其他领域里的伙伴进行超越于闲聊的高水平的交谈。他应当与其他人一起共同意识到理想和目标的重要性,并共同理解他这一代人所拥有的遗产。除非学生对所有学问领域的共同点以及他们各自的目标和方法的主要差异有所理解,否则学院层面的通识教育就不会完全成功。

从这个争论中并不能得出应当放弃专修制的结论。委员会考虑过一些完全必修性的课程计划,但并没有明确地建议采用其中的任一计划。我们相信,超越其初级阶段来探索一门学科,毫无疑问可以获得教育价值。把大学本科学院分成各个专门的科系受到许多批评,其实它只是过去两三代以来知识大量增长和专业化的结果,而试图避开现在的专业化和学科分化,代之以一个统一的结构方案,不仅是不切实际的,而且也跟不上现代高深学问增长的步伐。

那么我们可以得知,通识教育在哈佛被忽视了,但是我们并不能由此得出专业化应当被取消的结论。允许学生掌握学问的某一具体部分,具有很大的教育价值。其他制度中没有一项可以向学生提供价值相同的教育,至少对比较认真的学生来说,其他制度中没有一项能提供与其努力学习相对应的满足感。而且,专修制度甚至允许单个学院在背景、学术性向和兴趣以及职业意图方面存在巨大差异。但是我们没有必要这么深入地讨论专修制度——学术组织的整个趋势都有利于它。然而,我们确实看到,已经有许多教师认为某些领域的专修制做得过分了。我们认为,较之于过去,将来的批评会更激烈。

即使委员会赞成继续实行专修制度,它也认为所有学生所共有的且明确地指向通识教育目标的各种训练的重要性被忽略了。通识教育的主张应当陈述得像各个系关于每个领域的专门训练的主张一样清楚。最后,我们建议,不仅要采用某种一定让学生满意的规定,而且要在学院里建立一个机构,就像目前各系管理其专业教育一样,这个机构能捍卫通识教育的旨趣。

在讨论我们为哈佛学院的通识教育所做的计划的性质、所建立的机构的结构之前,应该指出,我们不需要在整个学士学位课程要求中作出激进的变革。某些具体的计划在本章稍后会提出来,但这些计划并不准备去改变通常学位所规定的年限,或者是所规定的课程的门数。过去三年的经验已经表明,缩短获得学位的年限具有很大的局限性。缩短学制也许适用于学习那些能够得到即时利用的技能或信息。当教育的目标不在于那些技能或即时性时,一年中的十二个月都在进行高强度的教学就变得极端令人怀疑。我们已经看到,在战争情况下许多学生都历经了那样的制度,但是他们中的大多数,特别是那些在课程学习和测验分数上表现出色的学生,由于时间短暂以及学院岁月过于匆忙,因而丧失了很多学院训练的价值。缩短学制的教训强化了这种信念,即学术成长和情感成熟是最大的教育价值,并且这种成长和发展通常不能通过加速学习课程而得到促进。或许我们的许多学生可以提前一些达到更成熟的学术理解和情感理解的水平,但是这应该通过准备更多的适于成年人的学习素材,以更严格的标准、更丰富的课外活动经验,甚至工作、旅行或从事完全远离学院的活动来完成,而不是通过诸如增加学年长度或修课门数之类的特殊策略来完成。战时经验更倾向于支持修习由 4 种内容充实的课程所组成的计划,而不是由 5 门或 6 门内容更单薄、更简约的课程所组成的计划。

这并不是说应当毫无例外地实行四年制学位。对有些学生来说,或者在某些情况下,三年制学位应当是可能的。现在不是对其详加讨论的时候,但是我们相信将来可能会更详细地考虑它。我们建议,在常规的学年里,应当仔细考虑暑期学校与工作的关系,而且尤其要强调教学内容的类型以及在诸如此类的相对较短的学期里的最有效的教学方法。缩短学位获得时间的战时经验表明了这种缩短本身有许多不足,而强化语言课程的战时经验却支持了以前许多教师所持的信念,即至少从实用性的角度来说,可能最满意的语言学习是短时间的强化学习,而不是传统的一年又一年的每周3小时的学习。我们似乎可以设想,还有其他一些课程也适合于强化学习。然而,同样还有一些课程,一旦通过强化训练的手段进行学习而不是投入更多的时间进行思索,就会丧失一些根本性的价值。

5.4　对通识教育提出的要求

通识教育和专业教育不是,也必须不是处于相互竞争的位置。通识教育不仅为学生选择专业提供了足够的根基,而且还为学生充分发展其专业潜质提供了环境。专业化只有在更宽广的通识语境下才能实现其主要目的,它不能切断有机的联系。通识教育是一个完全的、整合的有机体,专业教育是有机体的一个器官,它在有机体的整体范围内完成特殊的功能。专业教育教会学生能做什么和怎样去做,通识教育教会学生需要做什么以及为什么需要。通识教育是对事物之间的有机联系的理解和认识,这种认识和理解赋予专业教育以意义。在某种程度上,通识教育应当渗透在所有的专业教育中。哈佛学院所开设的每门课程,无论多么专业,都应当对通识教育作出可识别的贡献。如果它在这一点上失败了,那么它也不可能最大限度地为专业教育作贡献。

我们希望避免将通识教育刻意地从专业教育中分离出来的制度,即使二者没有什么共同点。但是如果一点也不分离,如果通识教育完全成了专业中的或技术视野中的课程,或者以专业的、有时是职业的需求为目标,那么通识教育一定会受到损害,尽管一流的专业化在某种程度上也会促进通识教育。

在学院里我们应当有一些专门地而不是偶然地追求通识教育目标的课程,有关注普遍关系和价值而不是关注学问和专家技能的课程。我们并不建议这些课程应当在一个时间里,甚至是学院生涯里的一个时期中全部完成。一种错误的做法就是将学院的某一时间段用于通识教育,另一时间段用于非通识教育,似乎通识教育在某一阶段就停止了,与接下来的学习无关。通识教育并不应限于学生为了从事更有趣、更有意义的专业学习而去修习和完成的一些课程。它应当是一套课程要求，同时对在学院求学的学生具有广泛而持久的影响。带着这个目标，我们提议下面这个计划。

本委员会建议在学生学位所要求的16门课程中，应有6门属于通识教育类课程。在任何个人的计划中，没有哪一门课程既可算做专修教育(concentration education)又可算做通识教育。6门课程中，至少有一门属于人文学科，一门属于社会科学，一门属于自然科学。在人文学科和社会科学这两个领域中，应当各有一种课程为所有学生所必修。这些课程将在本报告的下一部分得到描述。人文学科和社会科学中指定的课程应能提供共同的核心，即那些构成了所有哈佛学生共同经验以及导入了西方文化传统研究和普遍关系思考的学问与思想。在自然科学领域，建议设立可供选择的课程以满足不同学生(即那些有不同知识基础和专业学习计划的学生以及在数学和科学方面具有不同能力的学生)的需要。

除了这些导论性和指定性的通识教育类课程，我们建议学生应另外修习三门更高深一些的通识教育类课程。(本章后面描述的两种科学导论课可能被算作通识教育所要求的课程，可帮助理解这一点。)额外选修的通识课程或第二组课程都不能来自学生所专修的特定系科之中，但是其中的一门，并且只有一门可以在他所专修的宽泛领域以内，因此，在第二组通识教育课程中选择范围将是相当大的。然而，这种选择应该限定于由本报告所建议的通识教育委员会(the Committee on General Education)批准的课程，以完成通识教育目标。因此，具有狭窄的专业化特征的课程将不能满足这些要求。

而且，报告建议导论性课程将不再是为通识教育目标而设立的唯一新课程，许多其他的新课程将会设立，它们不是为了满足专业化训练或专修的需要，而是为了达到通识教育的目标。本章后面将讨论几种可能的课程。这些新课程中，没有一门是全校必修的，尽管它将显然属于通识教育委员会所建议的对通识教育目标似乎尤其有价值的课程之中。报告相信，文理学院现在所提供的大量课程是适合通识教育目的的，或者是稍作改变以后适宜的。通识教育委员会将有权筛选出一系列满足通识教育要求的课程，这些课现在由系或学部提供，或者将来由文理学院中的现有机构提供,或者由委员会自己开设。可以进一步相信,文理学院成员将很高兴有机会开设适合这些要求的课程,并且本委员会应当考虑并且可能会支持这些课程的开设。

不应当认为应通识教育要求而设计的或由通识教育委员会主办的所有课程都是大型导论性课程(mammoth introductory course),并且当然不是概论性课程(survey course)。被要求的第一组课程,或者如两门选择性的科学课程,确实将是大班性质的,尽管它们不是概论性课程通常所理解的那种课程。但是在第二组通识教育课程中,其中的许多课程都应该是小班制的,某些情况下甚至还应被限定在有特殊资质的学生身上。人们希望有些课程是国会讨论课程(House Conference Course),即战争发生时那些为战争服务而去职的许多教师曾经试验过、有发展前途而不幸中断的课程。

我们建议,人文学科、社会科学和自然科学所要求的课程在学院的头两年里修完。大多数情况下,要求学生在一年级时修完这些课程中的两门,二年级时修完第三门。这些课程的广度特别有助于那些准备选择专修领域的学生。通识教育中余下的课程或者说第二组课程并不强行要求在任何特定的时间里修完。实际上,我们建议大多数课程在大三和大四时修习,因为这时学生更成熟,拥有更多的知识,能够在更高水平上学习某些原理、价值和事物之间的关系,而这些对于实现我们所关注的目标是特别重要的。通识教育不应当与初等教育相混淆。

英语作文是一个让绝大多数教师困惑的问题。几乎所有的学院教师都同意,学生在高中时就应当在英语作文基本技巧方面受到较好的训练,应当养成一些熟练的表达能力。换句话说,他们应当准备好了以后才来就读学院,然后继续前进,而无需这方面的学习,更不需要复习基本的拼写、语法和造句。但是我们认识到作文是一个在中小学开始并且必须在学院里继续下去的永无止境的科目。然而大多数学院教师抱怨道,高中没有养成学生清楚地、合乎语法地运用他们的母语进行写作的能力,因此学院必须教作文,而这应该在高中就已完成并且应当比学院做得更好。这种情况好像几乎每个国家都存在。结果,大多数学院都要求补修英语作文。在哈佛,英语A是对几乎所有一年级学生的要求。可以看到,这门由大量哈佛学生修习的课程并没有算做完成分布必修的课程。这种现象表明,学院相信,英语A不得不着重于写作技巧,而且从根本上并不是一门有着具体教学内容的课程,它培养一种技能,而不是探索一个学问领域。

目前的英语作文的优点在于它有助于在一门课中提高英语写作水平。不过,它相应的弱点在于,它把写作训练从学习领域中分离出来了。由于将书面交流能力的训练责任交给了负责英语A的教师,各个系科的其他教师就常常觉得,他们对培养学生的写作技能没有什么责任。我们认为这是严重的薄弱之处。学生需要的主要不是英语文学方面的技能。作文训练不应当只与英语系相关,它对课程,即学生学院经历的主要部分来说都是有用的。所以,写作应当尽可能地与通识教育中的训练相结合,而不是与单个课程或系科结合。我们知道,如果作文训练是每个人的责任,那么它可能就变得不是任何一个人的责任了,但我们相信,目前英语A必修课所期望的结果能够通过修正现存体系来更好地实现。

我们建议用一个更为直接地与通识教育中的导论性课程相联系的课程取代目前的英语A。我们估计,所有学生在一年级时将修习至少一门通识教育中的导论性课程,大多数一年级学生将修习两门导论性课程。我们建议一年级学生的前半学年的作文时间限定在每周两课时或者一课时加一小时的讨论,重点放在写作的基本技能和技巧上。这将是对所有不能通过与过去几年难度相当的测试的学生的要求。换句话说,大多数一年级学生被要求在第一个学期补修英语作文。甚至那些被要求参加这项训练的学生,也会在教育基础和能力方面存在极大的差异,因此有必要将学生按成绩和能力分成不同的部分。

在一年级的第二学期,所有学生都要修习英语写作。它不应与通识教育割裂开来,而应与通识教育类课程结合在一起来开设,然后让学生修习。单独的作文课将不再开设。学生通常被期望去写与通识教育课程相关主题的作文。在进行试验的第一年,作文可能由作文教师讲授和纠正。但我们希望,以后所有讲授通识教育类课程的教师都来承担这项任务,这样作文教师就会与通识教育课程有亲密的联系。他们应当尽可能地成为通识课程教师中的一员。他们应与每个学生就每个主题进行讨论。这种讨论会应该不仅仅是在教育价值上对第二学期缺少正规英文作文课所作出的补偿。

在我们看来,英语作文课不应该有额外课程学分,但它应当被看做通识教育课程的一个整体部分,是提高思想交流能力过程中的一个阶段,并且是系统分析、价值评估、敏锐的洞察力方面的深度训练。

5.5 管　　理

我们建议成立一个通识教育常务委员会。就像各系对专业教育承担着责任一样,这个常务委员会作为设立于文理学院的委员会,同样对通识教育承担着责任。换句话说,它将在这个领域拥有普遍监督的权威,这种权威包括执行通识教育的规则,尽管不是制定规则。文理学院在学校董事会(the Governing Board)的同意下对规则进行表决,委员会将监督他们的执行情况。正如经验所表明的那样,委员会也负有向文理学院提议变更这些规则的责任。

像各系和各学部有责任保证学生能完成专修课的要求一样,通识教育委员会也将负责保证学生能完成通识教育所要求的课程。这个功能通常不会带来很多大的管理问题,但是由于我们相信维持通识教育计划的灵活性是值得的,因此我们认为需要一些自由裁量权,通识教育不应当以完全机械的态度来管理,或者是由比文理学院委员会更少权力和责任的机构来管理。常务委员会再一次沿袭系的范例,将负有管理校方分配给通识教育预算的功能,以及促成通识教育类课程建立的功能。

我们并不希望有人专门或永久地从事通识教育类课程的教学工作。我们认为,从长远的观点看,避免把教师分成两类——一类是通识教育教师,一类是专业教育教师——是更明智的举措。教授通识教育课程的教师应当继续隶属于各系,并且有可能的话,应当能够同时提供通识教育和专业教育两方面的教学。这种制度应当对两类课程有利,其中,一类课程追求的是人类活动的宽泛目标,即追求的是普遍的思想以及各学问领域的相互联系,而另一类课程旨在促进特定学问分支的详尽研究。通识课程和专业课程之间的教学联系应当是真实的、持续的。那些承担通识教育类大型导论性课程教学工作的文理学院教师,通常应当连续教授数年,同时他应当继续在系里担任教学工作——本科生水平或研究生水平的教学均可。

本委员会将负责提供通识教育类课程名录,即使系或学部已经列出了各自的通识教育课程名录。通识教育委员会可能仍需要发行一本小册子来陈述管理通识教育的规则、管理规则所立基的基本原则,以及各种通识教育类课程的内容、范围、方法和目标。

如果我们所建议的课程计划被采纳了,那么它们不应该即刻推行。有些通识教育课程可能在一两年内只面向小部分学生,以便在它们作为必修课程而开出之前,或者向有可能选修它们的所有学生开放之前,能获得合适的方法和教学内容方面的经验。试验期间也会留出时间来为每一门大型课程配备任课教师,并且在这些教师中开展初步探讨。

在这样一个过渡期间,目前的分布必修规则可能仍然有效。对通识教育委员会来说,这将是一件简单的事情,即把每一门新课安排到某一个领域(area)中去,如果必要的话,安排到某一个部分(section)中去,安排到现在的课程划分方法中去。这样,新课程可算做完成分布要求的课程——只要这些要求还在生效。委员会应当有责任向教师建议什么时候将目前的分布必修规则变更为通识教育新规则。

通识教育委员会的成员应当由校长任命,同时要使任期的安排能够维持成员的连续性。委员的任期最好为三年,而这三年中每年替换1/3。不存在一个必然正确的特定规模,但是委员会成员维持在9个左右可能是合适的。适当的规模应该包括文理学科的不同领域,又不会太大以致让会议的安排和有效的工作变得困难。由于委员会在整个哈佛教育方案中处于中心地位,文理学院院长似乎应当依职权担任委员会的主席。委员会可以在其委员中纳入几个开设通识教育课程的教师成员,但又不应当局限于此。换句话说,它应当包括本身不参与那些课程的教师成员,尽管或许没有必要预先指定成员分布方面需要遵从什么样的比例。这是可能应相应地借助经验做决定的大量问题之一。

5.6 对通识教育课程的建议

在开始讨论具体的课程建议之前,我们要谈到先前提及的那些原则。在哈佛大学的通识教育中,我们对课程的建议是建立在第二章提到过的通识教育哲学的基础之上的。在这里,没有必要去重复那些已经展开过的争论,但我们认为插入这段介绍是有益的,这样可以让那些主要关注学院教育问题的读者知道,学院是整个教育过程中的一个不可分割的部分。

我们在第二章里已讨论过,可以将学问划分为三个领域:人文学科、社会科学以及数学和自然科学。我们既不想重复作出如此划分的理由,也不想重复那些与我们关于中学的讨论有联系的原则。我们将学院阶段的通识教育看做是中学阶段通识教育的继续。学院阶段的通识教育与中学阶段的通识教育的不同之处在于,随着学生成熟程度、学习水平以及掌握特定技能的水平的提高,对通识教育的要求也相应提高了。我们在第四章中阐述了学习文学、艺术、社会科、数学和科学的理由,以及这些课程的目的,其中大部分阐述也适用于哈佛学院。正如我们在第四章中所说的,我们并不认为学院要把高中的课程再学习一遍,也没有说同一本书要重读一次,或者是要保持与以前相同的标准。其实,我们的意思是,学院阶段的通识教育应当被看做是从中学阶段就开始的通识教育的更高水平的发展;我们同时也认为,在这个教育过程的不同阶段中,教育的价值和目标会保持一致。

(a) 人 文 学 科

本报告建议,所有学生应学习的人文学科领域内的课程均应能够被称做"伟大的文学文本"。开设这样一些课程的目的应当是让学生对作品有最充分的了解,而不只是对人物、时代、写作技巧及所显现的历史或文学的发展以及任何其他事件有所了解;其内容只有在需要用它们来解释作品时才可引用。如果不是这样,它们就应当属于专业教育,而不是通识教育。

文学领域中有大量的附属研究,这些附属研究能够向学生指出正确的门径,引导他们恰当地理解文学作品,并能充分欣赏它们。这些附属研究偶尔也会起重要作用。因此,在不同的时期,语言学、语言史、文学史、作者自传、文学形式的讨论、文学批评、诗体学和语法都有可能被发现占据了学生的很多时间和精力,甚至完全忽略了这些有价值的课程的源头(即文学本身)。

在过去,学术只不过是一架子的古希腊、拉丁作家的著作,现在学术则变得越来越广泛,越来越重要,也越来越正式,如此一来,忘却学术探究之主要目的的危险也在不可避免地增长。辅助性的研究能够,也的确对于专业人士进行专业性的文学研究有很大的帮助。它们无疑属于专业人士专业素养的一部分。进一步提高该方面的素养,并在运用中培育继承者是专业人士自己的事情。此外,在这些辅助性研究方面所取得的进步是实实在在的,是可以衡量的。人们最需要的是从文学中获得能力。然而相比之下,能力方面的进步却是难以确定的,并且几乎是无法检验的。能够检验的大多是关于文学的知识。但是,文学所提供的通识教育性的知识,不同于专业教育性的知识,而应该是另一种类型。这是一种贯通的知识,这些知识仅仅来源于对文学的专注。关于文学的知识*,虽然最初是为了有助于这种专注,但事实上往往适得其反。

学者当然明白这一点。在他自己备尝艰辛的学术成长过程中,他就已经得到了这种教训。但是,如果他的主要工作一直是在做研究和培养其他人从事研究工作,那么他就需要一种特殊的想象力,将以下两种情形区别开来:在阅读一部巨著时什么可能是对他本人有帮助的;对于一个既不拥有,将来也不会拥有这位学者的背景或素养的初学者而言,什么是有帮助的。为所有的学生开设名著课程的困难在于:适合于专家的处理方式,对那些不会成为专家的人来说只会是一种干扰。如果没有某些有关处理方式的规范,仅仅是阅读一些图书可能起不到多大的作用,因此规范可能同这门课程本身一样重要。同时,我们在这里还遇到了另一个困难:并不存在向人们介绍荷马、柏拉

---

* 指文学史、文学批评等知识。

图和但丁的最好途径；就算有，它也不为人所知。自由对于教师来说是有根本意义的，在这个领域，他的授课是努力让学生观察不同思想之间的互动。他展现给学生的这种互动必须代表——用英国诗人柯勒律治*的话来说——"每一个体心灵蕴含的全部思想"，而不能使学生的认识受到别的既有的关于"什么是最有效益的思想"的观念之束缚。可是，如果一门文学课程值得必修，那么在这门课程的目标和怎样去实现这个目标之间一定有着广泛的一致性。

第三个困难是，在文学学习中，由于读者不同，学习效果不同，因此缺乏人所公认的学习目的和学习方式。尽管如此，鉴于上述的首要目标，更具体的目标是在有限的时间内对名著加以思考和阅读从而达到一定的熟悉程度。必须分配好阅读和深思的时间。应当给学生留出时间去思考，否则对经典著作的熟稔就会流于空谈。这样就会减少阅读著作的数量。但是，由于对作者最好的解释往往就是他的其他著作，也由于伟大著作之伟大部分地在于作者构思的能力，所以需要阅读的每一个作者的著作的数量不可以被减得太少。这样一来，可供挑选的书就更少了。每一本著作都应当被充分而仔细地阅读，以使著作的每一个部分都有助于理解整个著作。因此，一门选中了八本经典著作的课程有可能太多了。可供选择的著作可能包括荷马史诗、一部或两部古希腊悲剧、柏拉图的著作、《圣经》以及维吉尔、但丁、莎士比亚、弥尔顿和托尔斯泰的作品。

讲授课和小组讨论对阅读都大有帮助。讲授课主要的目的在于为讨论发起适当的主题。在课堂内外都可以对每一本著作加以思考和讨论。同时，周密的时间管理是必要的。在每一本备受关注的著作中，不可能从中选出多个部分进行学习，选择什么内容需要所有的教师付出其才智。这些主题将首先包括最伟大的、最普遍的、最重要的属于人类当务之急的问题，而其他方面则可能因其重要性稍逊而被舍弃。对于伟大主题的处理方式只能尽其所能以展现其应有的价值。这些作品本身就极具启发意义，它们超越了全部的教育技术和学术技巧，其本身就是方法的大师。教师只能尝试着成为作者传授这门课程

---

* 柯勒律治（Coleridge，1772—1834），英国诗人，英国文学史上浪漫主义流派的创始人。

的手段而已。

有人可能会提出疑问,这些作品的思想高度是否超出了大多数学生的理解能力。这些作品往往是无可否认地超过了甚至是最好的读者中绝大多数人的理解能力。不过这并没有使它们的教育作用有所下降。开设这门课程的主要原因以及用这门课程来做实验的最大理由实际上在于,今天有太多的学生太少接触那些超出了他们的(专业以外的)思想,同时也在于,许多学生对于人们普遍关注的经典名著有着难以言状的极度渴求。

人文学科中其他通识教育课程。在我们曾经建议的通识教育课程的分布选修规则下,所有的学生都应当在人文学科领域内学习一门额外的课程,那些并不专修人文学科的学生有可能被要求学习两到三门这样的课程。我们并不提议去草拟一个内容广泛的、可以用来满足通识教育要求的课程清单,但我们认为为达成通识教育的目的,谈论一下课程设计的原则是必要的。

在我们看来,学习一门包括人文学科中所有或几乎所有领域的条条框框式的课程是完全不可取的。有什么综合原则能把哲学、美术、音乐和文学的教学内容集合进一门或者两门课程中呢(因为有关伟大文本的课程并不会穷尽文学对于通识教育的可能贡献)?对哲学、美术、音乐和文学相对肤浅而广泛的浏览,可能比较容易提炼出为数不少的信息,但这对于理解能力的增长是无益的,或者说对于我们所确信的作为通识教育之主要目标的智力品质的发展是无益的。

要求学生学习人文学科领域内的某种课程或任何一门课程并非就足够了。这样的要求明显基于这样一种设想:任何一门英国的或是外国的文学、哲学、美学或音乐课程,仅仅由于这门课程是由人文领域的系科提供的,就会有助于自由教育。一门课程并不因为它是由文学、哲学、艺术或音乐专业所提供的就必定是博雅的或人文的,或者就一定是通识的。这些课程像其他两个领域(社会科学和数学科学)中的课程一样有可能是专业教育性质的。

文学。文学在通识教育中的地位在前面的章节以及有关如何在课程中学习经典著作的部分中已经有了一定程度的讨论。正如上文所说的那样,我们认为这门课程对于那些希望通过学习额外的文学课程来满足通识教育的需要的学生们来说不是唯一的选择。很明显,现在哈佛大学提供了几种不同的文学课程,有的是为文学专业的学生设计的,有的是为通识教育设计的。不过,应当有多少可供选择的课程来满足通识教育的要求,应该由通识教育委员会来决定,并且这种决定应当在经过更长时间的研究和更多经验的积累之后进行调整。不同系科里的人员变动,将会带来由这些系科提供的课程的变动,这些变动偶尔会影响通识教育课程的数量和性质。

除了由个别系科提供的文学课程外,我们认为提供跨系性质的有关文学的课程和按照某种方式超越文学领域平常所说的国家界限的课程是非常适合的。后一种课程在一个广泛比较的和哲学的基础之上为有关文学的类型和风格的研究提供了机会。

哲学。哲学在通识教育中的地位一直是最近几年持续争论的主题,这种争论一直没有形成比较明确的一致意见。其中的一个障碍是哲学角色的不确定。哲学有时候被认为提供了一个包括所有知识的普遍的综合。两个世纪以前,这种说法大致正确。但从那以后,自然科学和大部分社会科学从其母体中分离出来,成为极端复杂和专业化的学科。在许多有关哲学处境的讨论中经常遇到的另一个困难是这么一种极端的说法:只有在哲学中或是借助哲学才能够获得处理人生主要问题的真正合理的方法。这对一些人来说似乎是真实的,但对其他人来说则是不符合事实的,因为对后者而言,那些哲学方法看起来是抽象的和不真实的。

尽管提出了这些忠告,但仍然有相当多的大学生能够在哲学中发现最有活力的学术经验,前提是教师借助了与这些学生的背景和需要相匹配的途径或方法来教授哲学。我们认为,要求每一个学生都学习一门哲学课程并不会带来好的结果。这样的规定会导致开设一些无趣的课程,既不适于哲学的启蒙,也不适于满足对哲学的强烈求知欲,更不适于成为哲学领域的行家里手。虽然我们认为不可能要求学生都学习哲学这门课程,但我们认为满足通识教育要求的那一系列课程中,至少应该有两门有关哲学的课程。我们并不是想暗示最多就只能有两门。我们只是在建议,应该有一门哲学课程提供给那些想要在大学一二年级学习哲学方面通识教育课程的学生,而另外一门课程将会安排给那些希望在大四或大三来学习哲学课程的学生。我们观察到，很多学生推迟了学习哲学课程的时间，而等到他们的知识和观点更加成熟时再学，这时他们发现哲学是非常有价值的。但也有学生在大一或大二时就能体会到哲学的价值。因此，在关于学生学习哲学的时间方面，并没有通则可用。我们相信，认识到以下这些是很重要的：有些学生只要相对晚一点学习哲学，就能够从中受益；同时，为那些已经对其他学问领域有所掌握，但在哲学方面还是初学者的学生开设一门哲学课程是恰当的，而且这门课程应该是专门为他们而设的。

对我们来说，去规定这些哲学课程的结构或内容都是很不明智的。我们可以更加明确这些课程的目标。这些课程一方面应当以培养学生自我批评的习惯——详细审查自己的基本思想——为目标，另一方面，还应向学生传授从历时的、宏阔的视野高瞻远瞩地把握真理的观点与能力。这些课程本质上还应当关注大哲学家们提出的那些问题，这些问题曾困扰了无数热爱沉思的人们——年轻人或老人。为了使哲学方面的课程能够与通识教育的目标相适应，这里有多种方法来组织哲学课程中所需的内容，而由不同的老师授课有可能会产生更加多样化的学习方法。分析六七位伟大哲学家的主要著作是哲学 A 课程一直沿用的方法，它与本章后面将要讨论的社会科学方面的名著课程以及导论性课程存在着有趣的类似之处。我们认为，这种学习方法并不是学习那些伟大哲学家们的哲学思想的唯一方法。另一种学习的方法是研究如下一些问题：因果关系、变化、自由意志和真理。第三种学习方法是研究哲学的类型，诸如唯心主义、实用主义、自然主义和唯实论。从效果上来看，这三种学习方法——有关大哲学家、哲学论题以及理论体系的研究——是不可分割的，因为任何一种方法的运用都要涉及其余的两种方法。与刚才提及的那些方法完全不同的是，鉴于将来有关通识教育的哲学课程还会有所发展，我们还应当建议另外一种方法。在哈佛学院，已经试验过这种学习方法，并且在初学哲学的学生中有了比较明显的效果。这门课程的目标是研究我们文化中的哲学遗产。西方文化可以被比做一个由希腊文化、基督教文化、科学和民主的细流汇集而成的大湖泊。以这些细流为基础的哲学课程能够提供一种绝对有价值的方法，去考察理性生活的诸多观念，并然有序的、可知的世界的原理,信仰、位格神以及人类个体的绝对价值,观察和试验的方法,经验性法则的概念,以及有关人类平等与友爱的学说。

美术。通识教育对美术的要求基于以下几个假定:首先,教育的作用在于提高我们的感知和理解能力;其次,视觉作品(如建筑、雕塑和绘画)是人类辉煌文化的一部分,对它们的研究构成了一个学术性学科,它在方法和价值观上类似于文学或哲学。

在这个领域内,所有学问的基础在于感知和理解视觉艺术(建筑、雕塑和绘画)的表达方式。艺术的形式是多变的,事物的主题也在不断变动,以至于没有哪个人有望理解所有的表达方式。一旦开始真正掌握艺术形式的意义,哪怕是整个艺术中的一个小部分,那么通往更深入理解的道路就畅通无阻了。学生一旦学会了怎样去"领会"艺术形式,他就能够自学了。因为在早期的学校教育中,通常都非常强调文学,所以进入学院学习的大多数学生都对文学有所掌握,并通过流行音乐、电台和音乐磁带对音乐也有所了解。然而,只有少数的学生对视觉艺术有所了解。因此,对我们来说,弥补这方面的欠缺,即通过在课堂上的系统性介绍,让尽可能多的学生对视觉艺术有所了解,似乎应该是学院的责任。否则,仍可能有人对这一人类辉煌文化的结晶一无所知。

本委员会自感无力断定美术的通识教育课程的特点和内容。历史的和分析的学习方法对于美术都是可行的。这两种方法有可能被综合在同一门课程中,但这样一种综合只有在负责这门课程的教师对此有信心的前提下才有可能获得成功。有趣的是,在哈佛学院有关美术的通识教育课程中,最为人熟知的可能是查尔斯·埃利奥特·诺顿[*]的课程,但他采用的是一种全新的能够让学生与艺术作品直接接触的方法。

曾经有人向我们建议,可以采纳接近于建筑学的方法来学习美术,而有关设计要素的课程可能被充分证明对许多学生学习美术是有

---

[*] 查尔斯·埃利奥特·诺顿(Charles Eliot Norton,1827—1908),美国著名作家,社会批评家,艺术学教授。

价值的。这样的一门课程可以传授外观、体积和空间结构的基础知识,还可能包含协调动手和构思的各个因素的最基本的知识。

虽然我们并不认为美术技能方面的训练应当属于通识教育,但是以愉悦和满足感为目的的创作能力的发展应当被重视,这种创作能力甚至可以由有着非专业基础的创造性工作带来。应当给予学生发现他们自己在素描、绘画、雕塑方面能力的机会。在课外,应当为他们提供便利的条件和专业的辅导。正如有着音乐天赋的学生在最好的专业指导之下能够在管弦乐队中演奏和在合唱团中唱歌一样,学生在真正出色的指导下应当可以画水彩或是做模型。最令人满意的目标是,一个由专业画家和专业雕塑家负责的工作室向所有的学生开放。

音乐。音乐技能方面的训练几乎不属于通识教育的范畴,但是,参加合唱团和管弦乐队对大多数学生来说很有价值。哈佛大学合唱团(Harvard Glee Club)为数百名学生提供了获得最有益的亲身体验的难得机会,正如我们在前面的章节中考察过的那样,这些体验同样有助于社会和谐的发展。哈佛大学管弦乐队也提供了相对较少数量的体验机会给那些在演奏乐器方面已经掌握了足够多技能的学生。

强调体验音乐表现形式的重要性并不意味着我们认为音乐历史和音乐分析方面的课程与通识教育是不相干的。许多学生对过去所学的这类课程至今都觉得十分满意,而其中一些学生从那些依赖于文字符号的学科中获得的益处并不太多。我们认为,为实现通识教育的目的,应当构想一门或几门关于音乐的课程并付诸教学,但我们并没有资格去断定哪些课程最适合于这样的目的。

(b) 社 会 科 学

我们建议,所有的学生都应学习一门名为"西方的思想与制度"的课程。我们曾考虑把这门课程取名为"自由社会的演进",但这一名称带有教化的含义,而这种教化对大多数人来说都是难以接受的,这就违背了我们设立这门课程的意图。虽然我们同意哈佛学院应当担负起"尽职地根据传统之原本特征来训练学生的全部责任,使他们作为自由人继承并发展文化传统的核心思想",但我们不认为这门课程应当使学生认为现存的思想和制度是完美无缺、永恒不变的。这门课程的主要目标将是考察西方制度与理论方面的遗产。

对我们而言,详细地勾勒出这门课程的框架,或者对所有应当被关注的主题都加以简要的说明都是不适当的。这门课程的内容和结构应当由负责这门课程的教师在授课过程中总结出来,并在实践的基础上逐渐加以修正。为了更清楚地说明这门课程的特点,我们将要建议一些适宜于这门课程的主题和作品。

任何一门试图考察西方遗产之性质的课程,必定会提出比这门课程所愿回答的问题还要多的问题。这门课程将会引发有关目的和手段的问题,以及价值、目标和制度性组织的问题。但也包括对曾被用来寻求上述问题之答案的重要尝试所作的分析。换句话说,这门课程应当涵盖对西方社会中特定的重大运动和变革的历史性分析,以及对由西方社会的变革所促成的政治、经济和社会思想的大多数著作的看法。

要想通过某一门课程综合地对从古希腊时代至今整个欧洲制度的发展和社会思想作出概括是愚蠢的,也没有任何与此相似的计划被提议过。我们认为这门课程应该是有选择的,而不是无所不包的。例如,从一开始就花一些时间来阅读两到三部古典文明时期的政治和社会思想方面的巨著是可取的。在柏拉图和亚里士多德的著作之外,其他的作品是否也成功地提出了一些有关社会中井然有序的生活的永恒的问题,这很值得怀疑。从这一点上来讲,这种学习不会贯穿一切问题,因为某个专修领域中的高级课程的学习才会具有贯穿一切问题的特点。不过,这种课程学习在说明一些长久以来形成的问题的性质方面,可能有着惊人的价值。在阅读部分这样的著作的同时,我们很可能会讨论古希腊城邦的特点,并有可能对古罗马帝国在文化、法律和政治生活上对古代世界的影响展开一些讨论。

应该分配给这些重要内容多少时间可以稍后再做定论。但是,这门课程应当侧重于以下一些制度的演进:代议制政府,法治,宗教改革对社会、政府、宗教和哲学的冲击,宗教宽容精神的形成,自然权利哲学的性质和遗产,对用理性的力量来处理人类事务的信心的增长,人道主义的发展,自由放任哲学的出现及其与前工业时代经济生活的关系,技术革命对于工业组织的冲击,人口增长,以及社会与经济立法的急速发展等。

让我们再重复一下，我们并不期望涵盖上述所有的主题，或者用另外的主题代替其中一些主题，或者甚至增加另外一些主题。全面的概括容易变成沉闷而缺乏新意的事情，不会在学生的思想中留下很多有用的东西。但是我们想要重申这样一个原则：过于专业化的课程或许涵盖了巨细无遗的问题，但它们无法明确地给出解决社会科学领域中通识教育问题的答案。我们可以认为，有关西方思想和制度的课程不能覆盖或甚至试图去探讨所有这些重要的主题。这就需要我们有重点地进行选择。这门课程的意图不是要考察所有的历史、所有政治的和社会的思想，而是要提出一些重要的问题，说明过去曾经尝试过的一些解决方法，集中研究部分主题、著名论断或思想。这门课程的一个很重要的收获是：学生会沿着这门课程所提出的问题，进行更深层次的探索。

显然，这类课程中有大量的哲学文献可供使用。选择适当的文献并不容易，我们也不期望去做那样的选择。但是，我们认为，仅仅在阿奎那、马基雅维里、路德、博丹、洛克、孟德斯鸠、卢梭、亚当·斯密、边沁和密尔等人的著作中，就可以找到能够极好地满足这门课程目标的材料。如果还原到当时的经济、社会和政治背景环境中来阅读这些书籍，这些著作对学生来说最好懂也最有价值。这就是说，研究这些著作时，不仅仅把它们当做伟大的著作，还应当把它们当做发源于特定历史背景之思想的伟大表达。只有将对它们的阅读和理解建立在对它们所出现年代的研究的基础之上，学生们才能够完全地理解它们第一次出版时的意义以及它们对 20 世纪的问题的意义。

可能有人会说，我们建议的课程超出了大学一年级或二年级学生的能力。我们同意，这门课程所建议的材料都不像简单的教科书。但我们也认为，这门课程对社会科学不同领域内的常规教学内容作出了最好的介绍；同时，即使学生当时没能领会大多数材料的重点，它也能为学生提供一整套有价值的学术工具。虽然哈佛大学先前一直没有开设我们现在所设想的课程，但它也可以充分地利用历史 I 和政府 I 这两门最大的导论性课程中所使用的材料和方法。这门课程非常类似过去 26 年里哥伦比亚大学所开设的"当代文明"这门非常成功的导论性课程，但我们建议适当减少主题和著作，而阅读每部著作中更多的篇幅。从形式上讲,"西方思想与制度"将是一门全新的课程,但正因如此,这门课程要以哈佛大学和哥伦比亚大学的一年级新生都学习过的那些成功的课程为基础。

这门课程还有另外一个优点,那就是可以避免重复高中期间在社会科方面已经做过的工作。那些在高中期间就已经很好地学习过欧洲历史的学生,会发现以前学过的东西对他们很有价值,但他们将不会被要求按照原来的方法重新学习一遍。重新审视欧洲历史或美国生活中的问题,这种令人乏味的教学方式并非罕见,诸如先前的大学一年级新生的历史概论课以及最近带有跨系科性质的社会科学概论课。

很明显,虽然我们所提议的这门课程并不能与我们所提议的人文学科领域中的名著课程完全匹配,但我们应当为人们对这两门课程进行相互参照和对比提供了有价值的机会。这两门课程,如同我们所建议的有关自然科学的导论性课程,将为理解西方文明遗产中的基本要素提供比较一致和统一的背景。

社会科学中的其他课程。今后,除了"西方的思想和制度",社会科学领域还将出现许多能够满足通识教育要求的必修课程。我们相信,有几门已经存在的课程如果稍加改进便可满足非专修者的要求,能够与上述目标相符合。

本章前面所提到的人文学科中通识教育课程内容是与有关社会科学中通识教育课程的考虑是相关的。我们认为,一门课程并不因为它是由历史系、经济系、政府系、社会学系、人类学系或心理系开设的,就一定符合通识教育的目标。同样的,一门导论性的课程也不一定会对那些并不想继续深入研究这一学科的学生有太大的用处。然而,在所有这些学科中,还是有一些课程可以实现通识教育的目的。有多少门这样的课程可以让那些在这些领域没有基础的学生去学习,这个问题应当根据不同情况来决定。

对我们而言,由三四类社会科学中互不相干的片断组合而成的概论性课程,似乎像人文学科中的多学科合成式课程一样是不恰当的。我们认为,社会科学领域内的课程有真正跨系的可能,但必须对一致性原则做仔细而通盘的考虑,否则这些课程将很可能无法达成任何的一致性。毕竟,由几个教师教授同一门课程并没有真正的教育优势。

原因很简单：他们属于不同的系，有着各自的专业出发点，因而他们的这种合作有着很明显的弱点。除非主要的目标既清楚又可行，否则这种课程很容易流于表面上的结合而完全缺乏真正意义上的整合——只不过共有一个课程名称而已。

美国民主。我们能够给出一门课程的例子，这门课程能够利用全部社会科学的资料，而不是由一系列互不相干的片断拼凑而成的。我们觉得，作为西方思想与制度课程的后续课程以及作为意在培养公民责任的一门课程，最适合通识教育目标的课程之一应当是一门可以被命名为"美国民主"的课程。这样的一门课程的短期目标应当是探讨美国人所面临的特定问题的成熟看法。无论如何，这不是一门有关时事和当前局势的课程，虽然我们希望它与当下的问题有紧密的联系。这门课程也不会由来自不同系科的教师主持的一系列讲授课组成。这门课程将从不同的社会科学中吸取材料和方法，在这个意义上，它是一门跨系科的课程，但这门课程不应该采用一种由若干位教师分头主讲几周的授课模式。这门课程的教师，像"西方思想与制度"课程的教师一样，可以从几乎所有社会科学领域中挑选，但是只能由一个教师来负责。

"美国民主"课程应当包括对一组精心挑选的主题的研究，这些主题包括美国民主制度的历史发展、制度特征、哲学范式、价值取向以及对该制度的独立、公正的分析评论等。

我们头脑中能设想到的这种方法的最好例子存在于外国学者所写的关于美国社会的三本书之中。托克维尔（Tocqueville）的《论美国的民主》（*Democracy in American*）和布莱斯（Bryce）的《美利坚联邦》（*American Commonwealth*），对于关心美国民主的过去或现在之特点的任何人来说，从来都是最有价值的书。冈纳·米尔达尔（Gunnar Myr-dal）的《美国的两难处境》（*An American Dilemma*）所涉及的主题相对较少，但他在书中的论述是如此之广泛，以至于他的方法展现了这样一种可能性，即以所有社会科学的相关内容为基础，对当下问题进行研究，并使其超越时代性。

这样的一门课程不可能在一夜之间被创造出来。开设这门课程绝对是一件很艰难的事。早先提到过的需要时间和需要进行小组实验，在这里确确实实是存在的。但我们同样感到，对这样的一门课程进行投入将会有明显的好处。这门课程可能主要是为那些不会专修某一类社会科学的学生设计的。然而,这门课程有可能被证明对那些社会科学领域的专修者以及那些不会进一步学习其他社会科学课程的学生同样有价值。

正如西方思想与制度课程对于那些在高中就受过一些完备的欧洲历史教育的学生会更有价值一样,那些在进学院以前就已经掌握了一定美国历史的学生会发现他们已有的知识对学习"美国民主"课程十分重要。

人际关系。我们认为,目前无需再提议许多社会科学方面的新课程,因为将会有很多由社会科学类系科或授课教师提出的课程建议供通识教育委员会考虑。但是,我们的确希望推荐一门"人际关系"领域的课程给通识教育委员认真考察,如果这门课程真的切实可行,就应该像其他的课程一样被开设。在校学生和校友都表现出对这门课程的极大兴趣。去年夏天,我们向拉德克利夫学院的大部分女毕业生们发放了一份问卷,问卷答案中的许多观点表明,学院所提供的通识训练中,这方面的内容尤其欠缺。问题非常重要,但任务同样非常艰巨。现在只有相对较少的资料是可用的。开设这样的一门课程需要以多年的实践为基础,并且还要限制上课学生的数量,这一点是确定无疑的。但是,这样一个实验的潜在价值看起来如此之大,以至于只认识到相关的困难或是采取不主动的原则来对待它,都是目光短浅的。

(c) 科学和数学

总体认识。从通识教育的观点来看,目前许多学院的自然科学教育的基本弊病在于,它由一些专门领域的课程组成,主要目标在于训练将来的专家,而很少施惠于普通学生。在这些课程中,学生的大多数时间都被用来学习科技概念和发展科技技能,系统地习得科学从过去传承而来的事实和理论。相比之下,科学事业的性质、该领域的基本概念、该学科的历史发展、该学科内重要文献以及该学科与其他兴趣和活动领域的相互关系,却很少得到关注。这些课程通常能够提供的只是科学大厦中的一些砖块。那些继续学习高级课程的学生可以用这些砖块来建造其他东西。普通学生很可能只能得到一些砖块。

最终他会利用其他的材料在其他地方构建自己的知识体系。

通常的情况是，即便一个学生专修的是自然科学领域，他对本专业的过分关注也使他不能对科学以及科学中各专门领域之间的相互关系有一个全面的认识。自然科学中的通识教育既应当提供给将来的科学家和技术专家，也应当提供给将来不从事科学工作的普通学生。例如，人们几乎不会坚持说，所有的历史学系或文学系学生都要学点生物学，但未来的物理学家或化学家则不必学生物学。

因此，需要开设一些导论性的自然科学课程，这种水平的课程的首要宗旨是通识教育而非专业教育。这些课程应当合理地呈现出科学和数学各领域内的广泛的融合，例如自然科学内的融合，或者物理学与数学或化学的融合，或者生物学、动物学和植物学的融合。这些课程应当传授某些综合的观点，教授科学的方法或者科学概念的发展史，以及科学的世界观。这些课程应当借助讲授课或实验来帮助学生理解科学得以进步的各种方法：提高观察和测量的精确度，基本概念的演进，新的仪器和实验过程的引进，各自然科学领域的成果，以及从描述到分析综合的进展、从定性到定量的转变。

然而，导论性自然科学课程的开设既不会穷尽自然科学对通识教育的作用，也不会穷尽我们对科学家通识教育的关注。自然科学本身不仅包括专业的知识和技能，还包括概念间的相互关系、世界观以及对人性和知识的看法，正是这些构成了科学哲学；另外，它也包括科学史（整个人类历史连绵不断的而又重要的组成部分），以及科学经典（它们对所有著述作出了重要的、令人印象深刻的贡献）。

在学院的自然科学教育中，自然科学的上述方面往往几乎被完全忽略了。有时候哲学系中的教师碰巧会关注科学哲学。不幸的是，专门的哲学家对于科学的性质可能只能给出一些模糊的评价。总之，他通常影响不到自然科学领域里的学生或教师。它只是针对哲学系学生的科学哲学。同样，科学史有可能用另外一门单独的课程来讲授，在哈佛甚至是由哈佛学院里的一个独立的系来加以研究的。这样的设置本来可能很有价值，但它仅仅强调要避开由科学家来讲授科学史和科学哲学。

通识教育认为，科学史是科学的一部分。科学哲学、科学元典及其社会和历史背景也是科学的一部分。既然科学包含这些要素,那么自然科学教育对大学生活和社会生活的影响也应当把它们包含在内。自然科学课程在结构上既然包含了上述这些要素,那么,它必然对通识教育有着重要的贡献。照这样看来,通识教育课程对自然科学教育的贡献也不会很小。我们可以认为,所有较好的自然科学课程都可以成为好的通识教育课程。

除下面讲到的导论性课程外,也需要向高年级学生提供科学和数学方面的通识教育。原则上,这种类型的课程应当是这些学生专业教育的一部分,渗透于其所有课程中。在某种程度上,这种类型的课程可能会采取自然科学相关联的专业课程的形式,也可能采取研讨班的形式。这种研讨班针对的是那些思想成熟的、在学术方面得到合理而充分准备的学生,它检验的是科学哲学、科学史的重要方面以及科学各领域间的内在联系。在这个过程中,自然科学经典能起到更重要的作用。这些著作能够为那些受过较好训练的学生的思考和讨论活动提供异常丰富的材料,帮助学生达成对本领域的宽广的视野和学术性掌握,这样的结果是其他课程很难达到的。

一个介绍性的大纲。在哈佛学院,我们建议,有关自然科学的通识教育必须满足那些在才能和训练方面程度很不相同的学生的需要。我们所能依靠的只是学生在基础代数和基础几何方面得到过某些指导。而在另一方面,我们承认每个学生有四年的时间可以用来学习数学和科学。虽然新生班级的自然科学素养千差万别,但哈佛学院的大多数学生都有着较好的高中数学和科学基础。除了少量学生(最近的统计显示为每900人中有23人),大部分学生都在中学学习过至少三年数学,包括第一年学习代数,第二年学习论证几何学,第三年学习代数。近40%的学生除了多一年的代数学习外,还学习了至少两门其他课程。大约95%的学生在中学学过至少一年的生物、化学或物理;50%的学生都学习了一年以上的自然科学课程。

数学。目前,要进入哈佛学院读书,并未被要求一定要精通数学,我们也没有作出这样的建议。然而,前文提到过,中学开设的基础代数和论证几何学等简单的数学课程对于一般学生学习自然科学课程是十分重要的,对于理解自然科学外的其他专修课程内容也很重要。

如前所说，进入哈佛学院的几乎所有学生，除了学习上述基本数学课程外，还多学习了至少一年的高中数学。只有极少数的学生仅仅学了两年中学数学便被允许进入哈佛，其原因在于，他们具备特殊的天赋，这种天赋足以弥补他们在数学方面的不足。因此，从通识教育的视角看，我们应该抱有乐观的态度，我们的学生在进入学院以前已经完成了那些简单课程的学习。

应当承认，有一些学生没有学过这些课程，在进入学院时他们并未掌握高中的数学课程。这是哈佛学院的某些系必须面对的问题，这些系的课程涉及了要求理解和运用数学的领域。然而，我们的态度是，对于那些对数学没有特别要求的专业里的学生，无论他们的数学学习成绩如何，建议他们补习数学都不会有太多的好处。这种补习只不过是对许多在中学阶段已学过知识的简单重复，想通过补习来巩固教育目标希望不大。

自然科学。为了提供自然科学方面的导论性通识教育，提议开设两门新课程，一门是物理学基本原理，一门是生物学基本原理。这两门课程都试图向学生传授一种能洞悉物理学基本原理、生物学基本原理以及自然科学特点的能力。这两门课程都不涉及系统的事实概述。两门课程都离不开讨论，都应该通过事例说明近四百年来科学知识不断前进的途径，应当展示在过去的科学进步中，逻辑分析、仔细的观察和实验以及充满想象力的洞见是如何融为一体的。

在物理学方面，科学的探究模式被应用于相对简单的体系。这使得物理学能够进行精确的定义和测量。物理学的要素能够被分析和单独控制，其性质能够被描述并在一定程度上被预测。因此，物理学提供了最清晰、最简单、最严谨的有关科学分析和研究的实例。

生物学关注更为复杂的，因而更难进行精确定义、分类和控制的物质构造。生物学课程应当向学生传授研究各种复杂多变系统的科学方法，以及对社会科学领域中以更极端的形式呈现出来的复杂问题之性质的某种理解。

这两类课程都应该包括讲授课、实验和讨论课。虽然每一门课程都能从科学家和其他感兴趣的学者那里获得学术帮助，都能因为偶尔的嘉宾讲座而变得更生动活泼，但课程的整体设计应该交给一个固定的教师来负责,此人对课程的宗旨应该了然于胸。

主题的表现形式很重要。屡见不鲜的是,即使是在导论性课程中,实际问题也仅仅以教学道具的形式出现。在这样的课程中,如同我们所设想的那样,应当尽力让学生理解和回答他们所面临的真实的科学问题。在一定程度上,这种结果能够通过发言、讨论来达成,通过证明和实验工作来澄清。然而,一个主要的困难是,课程所设计的有待学生思考的许多内容事实上没有提出当代科学家所关注的问题,甚至见多识广的学生已经预先知道答案。从历史情境中提出问题,可以使这些问题更有趣,同时也更有价值。许多主题现在可能只是反映了科学的积淀、学生所记住的既晦涩又枯燥的事实和公式,不过在历史上它们可能是引人关注的焦点或公开辩论的问题。它们的教育价值和学术质量与这一情形密切相关。因此,在我们的课程中,科目的历史发展应该在相关课程的设计中占据重要的位置。

这些课程的讲授形式必然迫使教师省略掉生物学和物理学中许多传统的教学内容。虽然如此,那些掌握了这类课程内容的学生将显示出对科学和许多基本现象的本质的充分理解。我们期望这样的一门课程在学生余下的正规教育里占据更重要的位置,而不是期望在物理和生物科学的各个领域里加入许多更具体和更系统的课程内容。我们提议哈佛学院的所有学生都要在物理学和生物学的诸多课程之中任选一门。

物理学原理课程。这门课程必须是为一年级和二年级学生设计的。他们的科学和数学方面的储备知识差别相当大,而且他们对科学的兴趣很一般。这门课程应当关注整个物理学领域中科学事业的诸多特殊面向,而不是向学生系统展示一门科学的大量内容。为了使这门课程更协调,应该以物理学为核心,而其他科学——化学、天文和地理——中的内容应该仅仅是与所讨论的问题相关时才能被提及。例如,这门课程可能不会描述化学和天文学。然而,它会解释基本的化学概念:原子理论、元素周期律、化合定律、原子价等等。同样,当讨论动力原理时可以介绍天体力学。

这样的一门课程在开始时必须摒弃想要纵览科学的全部内容的企图。当然,要想合理选择内容,就必须求助于一些重要的学术模型。

在目前的情况下，在物理学的基本原理和概念的发展中，以及在这些发展所借助的方法和途径中我们会找到这种模型。

按照我们的设想，这不仅仅是一门有关科学的课程。它将包含很多坚实的科学内容。学生将学到基本的事实和规律，而且将解决理论方面的问题以及在实验中遇到的问题。然而，学生拥有这些收获的前提是，教学内容都是精挑细选过的，因为在任何情况下，教学内容上的精挑细选都有助于实现课程的主要目的。

强调物理学的历史发展，绝不是要给科学内容仅仅加上人文的装饰。相反，引入学科的发展史是为了照亮和激活那些与这些学科发展史结合在一起的内容。把科学作为整个学术的和历史的进程的一部分来讲授应该是这门课程所要达到的目标，事实上，科学也一直是整个学术的和历史的进程的重要部分。学生因而得以见识科学的原理，并领悟科学的价值，而且他也将学到很多物理学方面的内容。

由于学生入学时数学成绩方面的差异很大，这门课程应该有两个版本。这两个版本的教育目标和基本结构应当是基本一致的。它们仅仅在讲授的难易程度和严格程度上有区别。

物理学课程的核心应该是讲授课。这些讲授课应该包括许多解说资料——幻灯片、可以利用的动感图片以及演示。理想的课程应该是由一位固定的教师指导，尽管也可以偶尔让其他教师的专题讲座来活跃课堂。讲授课还应该由每周一次的分组研讨课（conference sections）进行补充。这些活动应该根据学生的兴趣、准备和资质而有所不同。它们应该为师生们的讨论以及学生处理理论问题的练习提供机会。每个组的学生数目应该足够少，以便他们可以全面地参加讨论。除了正规的课堂作业，还应该要求学生解决问题和偶尔练习写论文。课外阅读应该包括直接接触科学的原始文献。这些文献中有一部分应该是专门为了这门课程而准备的，因为目前还没有令人满意的相关文献集成可供利用。

辅助这门课程的实验室尤其重要。它应该被用于演示探讨或解决物理问题的方法。应该尽可能像处理未知的问题那样去做实验，因此应该向学生提出一些他们并不知道答案的问题，而当这不可行的时候，就应该把问题情境拉回到由真实问题构成的历史框架中去。这样,学生在解决科学问题方面将有一系列真实的经验。他也将在运用科学数据得出普遍结论和基本原理以及预测未曾接触过的体系里的行为方面有相当多的练习。

生物学原理课程。生物学的这门课程的目的是提供有关有机体、动物和植物的整体观点。它应该把固定的重点放在普遍的概念以及生物学问题的科学研究方法上。它不仅仅应该传授有关有机体的知识,还应该传授这些知识是怎样获得的,以及它们怎样影响人类的兴趣以及学问的其他领域。

这门课程被期望在授课中发展和丰富它的主要内容。这些授课应该从动物学、植物学、生理学、古生物学和地理学中挖掘合适的内容。围绕这一核心,应该在实验室里和讨论会上进行演示活动和学生独立实验。实验室应该提供足够多的机会来探究活的有机物。学生应该可以用显微镜观察活的原生动物、植物细胞的细胞质、纤毛的拍扇和血液的毛细血管循环。只有通过这种方式,学生才能欣赏永恒的变化和作为所有生命之特征的运动。

为了引导学生进入有待研究的科学模型,与授课关系密切的实验室可以回顾生物学史上的一些经典实验。例如,瑞迪(Redi)、斯伯兰扎尼(Spallanzani)和巴斯德(Pasteur)推翻自然发生论(spontaneous generation)的实验就最好安排在这门课程的范围之内。巴斯德的实验也向学生介绍像防腐和巴氏消毒技术之类的实际内容。对普里斯特利(Priestley)和英格豪斯(Ingenhousz)的原始程序稍加修正,就能清楚地说明植物的光合作用与动植物的呼吸之间的相互关系,以及这两个过程之间的相互作用如何维持了动物和植物之间的有机平衡。

由指导教师准备和操作的小组演示能让学生看到很多他们没有技能也没有资源去证明的现象:心电图与脑电图、荷尔蒙与麻醉药的作用、维生素不足的影响等等。博物馆展览和一些挑选出的动感图片也非常有助于阐明和完善这门课程的工作。

小组研讨的工作应该是实现这门课程之教育目的的重要方法。有机体在结构上如此复杂,在活动中和相互作用中如此多变,以至于学生仅仅在听讲过程中或者在阅读时被动接受有关信息,是远远不够的。必须给学生机会,使他可以和他人谈论生物学,可以从多方面来思考概念,而且可以在问答、讨论、辩论的对话过程中修正其有关生物学的认识。讨论会也必须是引导和组织学生参与与课程有关的课外活动(参观博物馆、田野考察以及课外阅读)的重要手段。

除了基础性的教科书,还有许多权威人士写给非专业人士的有关生物存在之特殊方面的简明且有启发性的著作。例如,T. H. 赫胥黎(Thomas Henry Huxley, 1825—1895)的《人在自然界中的位置》(*Man's Place in Nature*),T. H. 摩尔根(Thomas Hunt Morgan, 1866—1945)的《进化和遗传学》(*Evolution and Genetics*),A. V. 希尔(A. V. Hill)的《活机器》(*Living Machinery*),以及 W. B. 加农(W. B. Cannon)的《身体的智慧》(*Wisdom of the Body*)。与原创性的权威的这种联系,为学生展现了特别满意的体验,而且把学生的兴趣更加深入地导引到生物学思想的各个具体领域。

在课程中应该有一个认真的尝试,即引导学生接触生物学经典文献。例如,哈维的《论血液循环》(*Circulation of Blood*),达尔文(Darwin)的《物种起源》(*Origin of Species*)和《人的由来》(*Descent of Man*)的一部分,克劳德·贝尔纳德(Claude Bernard)的《实验医学研究导论》(*Introduction to Experimental Medicine*)的一部分,威廉·博蒙特(William Beaumont)的《消化生理学研究》(*Observations on the Physiology of Digestion*),以及格里格·孟德尔(Gregor Mendel)有关植物杂交的第一篇论文,都是初学者很好的阅读材料。很幸运,这些作品中的一些——例如达尔文、哈维和博蒙特的著作——都有比较低廉的版本可以利用。而其他的则不是很容易获得。这也许证明这门课程需要准备一个有关生物学权威性资料的文集。

5.7 导师制与辅导

个别教学和指导的制度,即导师制,在不同的系实行的时间实际上有所不同:有些系大约 30 年前就采纳了,另一些系则是在近 20 年间才开始采纳。化学系从来没有采纳过这一制度,而其他几个理科系实验了几年后就放弃了。

应该记住的是,在哈佛,导师制从来不是任何领域中唯一被采用的教学方式。需要补充一点的就是,即使在那些已经十分强调导师制的系里,它仍然只是作为发展得很完善的课程制的一种辅助。的确,数量有限的学生获准将与导师在一起的额外学习代替一两门甚至三门课程,但即使在这种情况下,就数量而言,导师制也只占据很次要的位置。一个很重要的事实就是,在学生的整个学习过程中,人们都普遍认为课程将一直是哈佛学院的基本教学方法,基于这种认识,课程制的组织、过程和评价被普遍认为是理所当然的。

近 20 年间,不同的机构对导师制做过许多调查。这种制度在学生会的三个报告中被讨论过(1926,1931,1939)。它是 1934 年哈佛学院监理会(the Overseers Committee to Visit Harvard College)的一份详细报告中的主题。它也是 1936 年一个教师委员会的讨论主题,这个委员会完成了一份介绍导师制中某一变化的报告。此外,它还是教师工会在 1940 年出版和公布的一份报告的主题。1943 年文理学院院长就导师制这一主题向文理学院的成员提出了许多问题,作为回应,学院中的部分教师以个人身份写了 167 封信给院长,其中许多信对导师制中存在的问题做了相当长的论述,一些信件中还提出了修正的建议。

我们没有尝试对这一教学方式做其他的调查,但我们感到哈佛学院的通识教育讨论应当涉及对导师制的思考,即便只是因为导师制可能和通识教育关系更密切。我们已经注意到了以上所有的讨论和提议。我们也阅读了大约 200 份问卷,这是 1944 年夏天回收来的对拉德克利夫学院近 20 年接受过导师制的女毕业生调查问卷。我们本应该做一个针对哈佛学院男毕业生的类似调查,但因为他们中的大多数人分散在世界各地的陆海空三军里,不太可能保证收回的问卷具有代表性。

偶尔也有人提到导师制教学应该与通识教育而不是与专业教育联系在一起。我们认为这样的变革并不可取,即使我们坚信在很多情况下导师制都对通识教育贡献很多。这一贡献不是通过模糊不清的话题里的导师制辅导来完成的,而是通过讨论专修领域里的书和思想来完成的。确实,有时导师制只是为学生的分科考试做准备,但这是导师制的最差形式。如果导师制的内容只是平时所谓的"填补空白"

或为分科考试提供辅导,那它应该被全部抛弃。幸运的是,最好的导师所做的工作,远不止帮助学生补习他们感觉准备不充分的教学内容。我们已经多次提到,纯粹概论性的课程在教育上有很多缺陷。虽然说学生必须掌握而且必然会掌握一定量的基础知识,但是从总体上讲,基础知识是在课程里而非导师制里被更有效、更经济地实现的。说到这些并不是说想表明导师制没有任何教育价值,而只是说它应该被限制在合适的范围内。在那里,由于有掌握熟练技能的导师和适应这种教学方式的学生,导师制因而能发挥极大的价值。导师与学生之间的讨论,尤其是当这种讨论兼有论文写作和对论文的批判性分析时,不仅能使一个特定的研究领域具有连贯性,而且也能帮助我们拓宽视野和提升判断力。这样,即使我们建议导师制继续与专业教育相联系,我们仍然认为它能对通识教育作出非常大的贡献,因为在提高分析技巧和表述技巧方面,在对待普遍的思想以及创造与捍卫价值观念的能力方面,在那些对成功的通识教育至关重要的精神领域,成功的导师制非常有效。我们可以合理地预测,随着具有讲授通识教育课程经验的教师人数的增加,导师制对通识教育的贡献也会增大。

我们推断,导师制将不被那些认为这种教育方法不适合自己需要的系应用。显然,导师制在大多数自然科学中不如在人文学科和社会科学中那样具有令人满意的效果。化学与哲学的讲授方法必然存在不同。没有必要去要求所有的系都使用相同的教育方法。

只看到导师制能够作出的贡献以及经常对哈佛学院教育所作的贡献,而不考虑它压在学院的预算和教师的教学时间上的重负是不现实的。导师制确实是一种昂贵的制度,从财力上和人力上来说都是如此。应该记住,导师制是一种精细的课程体系的辅助物,在这种课程体系里,本科生几乎可以在每个学系中选课。即使是那些最热衷于导师制的人,通常也不会提倡大幅度减少课程以提供额外的时间给导师制教学。此外,导师制也是一种具有很高要求的教学形式,至少如果它要做好的话。在既给研究生和本科生上课,同时也可能参与相当数量的行政工作——这似乎是美国大学生活中必不可少的伴生物——的教师中,没有人能轻松地认为导师制教学不是负担;事实上,获得教授职称的教师很少有人愿意抽出稍多一点时间去参与导师制教学。

实际上,只有一小部分教师愿意在这个方面做一点工作。

导师制教学的情况在系与系之间存在很大的不同,但是可以肯定地说,那些拥有较大规模的专修领域(在刚刚过去的战争年代里,接受导师制教学的大多数学生专修了哈佛学院三十多个领域中的五个领域)的系已经把导师之责主要托付给所有兼任助教的研究生(teaching fellows)、年聘讲师(annual instructors)、讲师(faculty instructors),也就是说,托付给了教师中无长期合同的成员。这意味着导师制教学中很大一部分工作已经被相对缺乏经验的年轻导师承担了。他们中很多人的教学确实非常出色。但不幸的是,也有很多人并没有在哈佛停留足够长时间以掌握这项高难度的教学形式中的技巧。一些人甚至在他们熟悉专业课程教学之前就离开了,而其他一些人无论停留多长时间都永远成不了成功的导师。哈佛也有讲课不熟练、视野不宽广的教师,这一点无人反对,但是课堂教学比导师制教学更容易检查。课程制的传统有时给最有能力的教师的工作施加了过分的限制,但是它们对那些没有经验或者反复无常的教师也起到了引导和控制的作用。此外,导师制教学中师生关系的封闭性也使有些学生饱受其苦,因为导师的判断力不成熟、情绪不稳定、学识有限或者关注于指导自己的研究生,使得他无论是作为一个向导、顾问还是教师都不令人满意。

人们偶尔会建议用导师组制代替个人导师制,认为这样能带来更高的效率。但是根据经历过导师组制的导师和学生的经验来判断,导师组制是不能普遍代替个人导师制的。许多对导师制有经验的教师似乎感到导师组制通常并不能令人满意地代替大班授课制或个人导师制,认为它缺少这两种方式的大多数优点,它自己的优点却相对较少。即使它在特殊环境中已经并且能够被某些导师成功地应用,它也不能被所有的导师应用,或应用到所有的学生身上。我们的结论是,导师组制并不能带来实质性的好处,它应该仅仅被有经验的导师在有利的条件下应用。

此外,人员方面的问题应该得到更多的重视。长期保持一支足够有能力和有经验、对哈佛有价值的年轻导师队伍,但不能长到严重妨碍他们在其他院校的教师生涯,这是很困难的。我们必须继续假定,至少在比较大的系里,更多的导师将由那些在哈佛停留时间相对短的人员担任。如果导师制教学是面向全体学生的,这种情况就难以避免。出现在一些系里的不幸情况是,必须在相当多的有能力的年轻人通常希望离开哈佛去其他院校任教职的时候留住他们。

在我们面前似乎存在一个两难困境,即一个差劲的或没有经验的(这两个说法不一定是同义词)导师可能比根本没有导师更差,而且真正更困难的是留住年轻人足够长的时间以造福他们的学生及哈佛,但是时间太长的话,他们的学术生涯会受到损害。

在文理学院的教师写给院长的信中,不少人认为导师制教学应该进行改革。以前,导师制是每一个学生的权利,不论其品质和表现如何。现在,导师制应该是一项特权,仅为那些优秀、勤奋的学生而保留。这样的一种观点在导师制的讨论中绝对不是新的。1931年学生会的那份运思慎重的报告中有下列明显的论述:

> 导师制教学毫无疑问地在学院的几乎每个学生的教育上显示了有益的效果。同时,这种制度的真正目标却只在很少的情况中得到了实现。虽然统计数字很难比较清楚地反映问题,但学生会相信,哈佛学院有50%~70%的学生不是把导师制教学看做学院生涯的焦点,而是认为,在三年的学习时间里,导师制几乎就等于施加在每学期课程计划中的第五门课程。据粗略估计,大约有一半的学生不能从导师制工作中得到最好的回报,即使他们从中得到了一些收益。值得一提的是,即使是那些现在正从导师制教学中受益良多的学生,也几乎未能得到他们所期待的实际帮助。

三年以后,监理会发表了一份报告,表述了类似的观点:

> 目前导师花费在有责任心的学生与没有责任心的学生身上的时间同样多,而导师精力的耗费在后一种情况中比前一种情况还要多。既然每一种花费必须证明其合理性,常识告诉我们,导师制教学应该主要为那些真正能从中受益的学生而保留。如果导师的工作集中在主要有用的领域,导师制将更有效而且将更坚实地确立起来,如果工作集中在主要有用的领域,成本的节约将是相当多的。这样一来,实践与理论主张将彼此补充。

作为对这些报告中所表露出来的态度的回复,依据教师中多数人的观点,1936年一个教师委员会提出了一个漫不经心的申请,表示了导师制不适用于所有学生。这一提议支持了那些希望实行导师制计划 A 和导师制计划 B 的系。导师制计划 A 指普通的全日制导师制,而在导师制计划 B 中,导师制可以是对学生进行大量的指导,也可以在一年内除了在学生的学习计划上签字外,不给予任何指导。

本委员会认为,哈佛学院目前不可能同时实行内容格外丰富的课程讲授制以及每个学生都可通过个别教学而受益的导师制。我们认识到很不容易在客观基础上区分哪些学生最适合、最应接受导师制教学,以及哪些学生几乎无法从导师制教学中获益。任何区分的基础都是不完美的。全盘考虑每件事情之后,我们认为应该承认这样一个原则,即只有当导师制应用于学位考试优等生的候选者或潜在候选者的学生时,才是可以提倡的。如果我们期望真正有能力的导师为所有学生服务,那将会是另外一种不同的答案。但是所有这些证据,包括拉德克利夫女毕业生的回收问卷,都似乎表明糟糕的导师是没有价值的,而且为所有学生提供服务的导师制教学不可能保证达到哈佛课堂教学的标准。我们同意1934年监理会的看法,即如果我们更清楚地认识到导师制的合适领域,而且在这个范围内集中我们的资源,那么导师制将被加强而非削弱。

在近几十年中,成为学位考试优等生候选人的哈佛学生人数确实很多,大致在40%~50%之间,而且有1/3以上的候选者最终取得了优等毕业生学位。我们认为,这是极其理想的情况,而且我们认为每种努力都应该是维持和切实增加这种比例。一定要让学生认识到优等学位候选制和导师制是值得努力争取的特权。如果导师制的质量保持在一个充分高的水平,我们相信这是可行的。对那些希望得到额外的导师指导的学生而言,在三年级和四年级获准减少课程数会使得优等奖候选对一些学生更有吸引力,尤其对那些对常规课程感到厌倦的学生来说更是如此。当然,缩减课程不应该只是成为提前获得学位的工具。

我们已经提到过,导师制教学对于那些并不想成为优等学位候选人的学生来说,价值可能是有限的。我们还进一步提到过,对二年级的学生来说,包括对一些有望成为优等生候选者的学生来说,导师制的价值是值得怀疑的。多数学生在他们二年级的时候还没有充分掌握任何科目的内容,他们在学术上也未成熟到使导师制教学既不浪费学院的资源,也不浪费有经验的教师的时间。我们承认,事情并非总是如此,在几个已经建立了相关标准的系里,导师制应该向二年级学生开放。各系——或者也许更精确地说是领域——对导师制的需求是不同的,那些认为导师制教学更适合于实现其目标的系,应该自由地、相对较多地使用导师制,当然前提是它们能够把这种教学的花费调整到与它们的课程相适应的程度。其他的系或领域可能更喜欢通过更小范围的讨论组来实现类似的目标。

似乎有必要保持导师制在管理上的灵活性。为了达到这一目的,我们建议那些优等生候选者以及打算接受导师制教学的学生到第四学年开始的时候再做这样的选择。当某学生没有获得等级名单中的第四组(Group IV)时,只有在特殊的情况下,他才可以在三年级的时候与导师一起学习,而他在导师制教学下的学习时间既要根据他在导师制中的表现而定,也要参考他在课程学习过程中的进步。但是导师制教学不应该只是那些进入了院长名单(此名单上学生的平均成绩是B或更高)的学生的专利,倘若没有充分利用这一机会,他们也将被剥夺这种特权。与此类似,任何在三年级开始时因为课程成绩不好而被排除在导师制教学之外的学生,如果在三年级时学习成绩有了很大的提高,那么也应该被允许成为优等生候选人,并在四年级接受导师制教学。

在我们的设想中,在那些采取导师制的系里,大三和大四的学生中应该有差不多一半的学生接受了导师制教学,大二学生接受导师制教学的比例应该稍微少一些。我们认为,在整个大学四年期间,每位学生都应该有一位辅导员(adviser)。*

辅导(advising)问题是学院管理者所面临的最困难的问题之一。这些困难有不少是因为学生需要几种辅导,其中一些辅导必须由教师

---

* tutor 主要给学生提供学术上的指导,这里译为导师。adviser 指在学习、生活方面提供建议、咨询者,相当于我国的辅导员。

提供,另外一些则需要由专门的技术人员提供。教师常常无法就就业问题给出合格的辅导,这些问题通常是由一个就业指导办公室(placement office)处理的,而教师们一般喜欢把精神病学的问题留给受过训练的医务人员。许多关于学院规章制度的问题是由哈佛学院的院长及其手下的人员处理的。但是只有当辅导成为教育程序中的一部分时,它的功用才能够得到最有效的表现。导师制的优势在于可以向高年级学生提供与指导教师直接而且自然地接触的机会。如果我们只给大约一半的高年级学生提供导师制教学,那么重要的是用可以保证同样质量的辅导员制度代替导师制,使另一半学生也得到指导。

我们应该在这样的前提下设计这种制度,即所有的学生都需要与系里的一个教员有直接亲密接触的机会,或者,当这很难得到保证时,学生在专修领域里应该有这样的机会。同样重要的是,辅导员的功用是与学舍(Houses)紧密相连的。近些年来,各学科领域都在学舍中增添了辅导员,没有实施导师制的化学系也这样做了。曾经有人期望,教师可以作为与其学科相关的学舍里的学生的辅导员。总的来说,这样的实践还是进行得很好的,而且,它应该成为学舍中那些没有接受过导师制教学的高年级学生提供辅导的一种模式。当然,系里面也应为那些不住在学舍中的学生安排一名辅导员。尤其重要的是,二年级学生的辅导员与学生亲密接触,将比在学习记录卡上签名和对学生所选课程给予敷衍的建议有更好的效果。对这些辅导员来说,至少对那些能提供导师制教学的专修领域中的辅导员来说,向被指导者推荐读物以及与他们一起开讨论会(也许一年中有三四次)都是可以的,这既是为了鼓励学生专心学业,也是为了发现和确定哪些学生可以确保在三年级和四年级时实行导师制教学。很多学生都是因为这样或那样的原因在一年级时没拿到优等生资格,但是如果在他们最需要的时候给予他们鼓励和好的建议,他们就有能力和潜在的兴趣去学习,以达到更高的标准。另外也有一些学生是直到三年级才开始对学术研究有了浓厚的兴趣,此时,辅导员像在二年级时一样,可以扮演一个重要角色,鼓励学生努力学习,并推荐他们在大四期间接受导师的指导。

为了成功实现这一目标,我们不仅希望这些辅导员是几个学舍的工作人员,而且希望他们是熟悉本科生工作(包括熟悉他们所在领域中的导师制和分科测验制)的人员。在许多情况下,这些人员是导师,他们不仅是那些没有接受导师制教学的学生的导师,与此同时,又担任导师制教学中受其指导的那些学生的辅导员。在另外一些情况下,担任辅导员的人士也可能是那些没有担任导师职务的教师,他们愿意与学生建立密切的关系,而在一个有很多大课且师生交流不多的学院里,除非采用特别的措施,否则这种关系是不可能的。

采纳这样一种制度,使得学舍中比过去比例更大的学生能够被分配给那些与其学舍有联系的辅导员。在目前的导师制中,将学生分配给自己学舍中的导师经常是不可能的,因为学生的专业与这些导师的专业并不相符。在这里我们提议,辅导员的专业与学生的专业相符并不是绝对必要的,当然,如果辅导员熟悉学生的专业要求和方法,那就再好不过了。然而,辅导员可能来自相邻的系——由于条件不允许,并不是每个学生都能如愿地在本系找到辅导员。也许应该更进一步地提出,本章上文所讲的设立学舍讨论课程,也将有助于给予学舍令人向往的学术活动,而这在过去并非总是成功的。

我们建议,如果有些系里学生在四年级结束时需要接受分科考试,那么,所有的学生——无论是接受了导师制的学生还是仅仅接受了辅导制的学生——都必须接受这样的测验。基础知识的覆盖主要是课程教学的任务。在学院生活结束时,对专修领域进行终结性的总体评估,对所有学生来说都具有重要的教育意义,因此任何人都不应被剥夺这种权利。那些没有接受过导师制教学的学生很可能比那些过去被导师指导过的第五组(Group Ⅴ)和第六组(Group Ⅵ)的学生获益更少。但证据显示,这些学生中的大部分曾经接受过敷衍塞责的导师制教学指导。辅导员的职能应该包括对分科考试、课程的选择以及阅读课外书籍或其他资料等提出建议。系和学部也许希望在优等生获得者的分科考试和通过资格考试者的分科考试之间作出区分。我们希望这种区分以考试类型和问题的难度为依据,而不是以知识覆盖面的宽度为依据。我们能够而且应该期望每个学生都能掌握本领域中相当多的东西,但我们不能期望所有人都同样出色。提高了标准的导师制教学,应该提供给那些被杰斐逊称为"最好的天才"的学生,提供给那些有思想、有成熟的价值观,关心学习数量也关心学习质量的学生,提供给那些善于提出问题并自主解决问题的学生,以及那些有能力和有理想努力解决这些问题的学生。对这些学生来说,导师制教学是非常合适的,也正是因为他们,导师制应该保留下来并得到加强。

5.8 作为大学学院的哈佛

到此为止,我们已经有一两次用到大学学院(university college)这个术语,用它来表示一种学院的具体特征。这种学院有着很强的学院传统,同时也受到所在大学的强烈影响。在美国,学院是更为古老的机构,是由早期的殖民者依照英国的模式建立起来的,并且在国家开发时期被广泛移植并逐渐本土化,直到19世纪后半期大学依据欧洲大陆的模式得以创建的时候,它还几乎是最普遍的高等教育机构。在一个比较大的高等教育机构中,本科部与研究生部的融合因此成为一种特征,这一点在许多情况下是美国教育的独特而显著的特点。当然,没有两个这样的机构是完全一样的。除了纯粹的地方性色彩,像学院(college)和研究生院(graduate school)之间彼此在重点上的不同也规定了各自的具体特征与个性。哥伦比亚不同于耶鲁,耶鲁不同于芝加哥,芝加哥不同于密歇根。在哈佛,学院悠久的历史、传统、实力和规模使得它能够与研究生院保持一种均衡,这源自埃利奥特校长所建立的独特而牢固的传统。很清楚,到目前为止,本章要处理的大多数问题在某些方面回到了学院在大学中的位置这一中心问题。因此,最好还是对哈佛的大学学院的特殊形式稍加评述。

现代学院起源于文艺复兴时期,在创建的时候,或多或少地站在早已建立的欧洲大学的对立面。在学院中,学生与教师朝夕相处,以获得一种完整、全面的教育(精神上的、智力上的、身体上的),以为积极参与公共生活做准备。它从古典理念中的完人概念得到灵感,在起源上具有贵族色彩,是训练标准绅士的地方,这种绅士在卡斯蒂寥内(Castiglione)的《朝臣》(*Courtier*)中被描述过,也形象地体现在莎士比亚所勾勒的作为"朝臣之眼、学者之舌、士兵之剑"的哈姆雷特形象上。但是在学院这一独立概念稳稳立足的英国,它也被清教徒这一宗教改革中反贵族的力量所改造,所强调的不是全才的绅士,而是牧师以及笃信宗教的入世者。S. E. 莫里森(S. E. Morison)的《哈佛学院的建立》(*The Foundation of Harvard College*)中有一段话(第56—57页)有趣地抓住了从旧剑桥带到新剑桥*的两种理念的融合:

  几乎没有人能夸大"年轻的绅士"闯入英国大学的重要性,因为他们本来就存在于英国大学中。上述情况是因为这样的事实,英国同时接受了宗教改革、文艺复兴和绅士教育观,使得在文雅和学识之间产生了不情愿的妥协,在贫穷的学者和贵族的儿子之间产生了摩擦,而这致使英国的和美国的学院成为它们今天的样子:一个令教育改革者和有理性的教师感到绝望、大陆学者感到惊讶,既不是学习场所也不是游戏场所,但也可能两种都有一点儿的地方;此外,它们还是一个我们所生活的世界的缩影。我们把英语国家中成为一种传统的共同的"绅士学者"的人物形象归因于16世纪的这一妥协。

  新英格兰和哈佛创建者中的带头人是:温斯罗普父子(Winthrops)和索尔顿斯托尔(Saltonstalls)家族,唐宁(Downing)和布兰德斯特里特(Bradstreet),贝林厄姆(Bellingham),以及彼得·巴尔克利(Peter Bulkeley)。科顿·梅瑟(Cotton Mather)曾经这样描写巴尔克利:"他的教育……是博学的、高雅的和……虔诚的。"他们给哈佛带来了一种圣经信仰和人文传统的新的热情。哈佛自开办之日起,就吸引了一大部分没有专业意图的年轻人。这三百年来,这些年轻人一直被更为严肃的校长们所抱怨。他们犯了种种愚蠢和奢侈的罪行。为了给贫穷但虔诚的年轻人提供一个受教育成为牧师以及不被哈佛中的"浪荡子"、"血统"和"花花公子"污染的地方,像威廉姆斯(Williams)和阿默斯特(Amherst)之类的许多新学院创建起来,但前述这些人又涌入了新的学院。甚至当不计其数的通过这种不合理的混杂使绅士成为学者以及学者成为绅士的例子发生后,有些人还是不让除了认真的

---

* 旧剑桥指英国剑桥,新剑桥指美国的剑桥,后者又译为坎布里奇。

学生之外的任何人进入学院，其他人则建立了一套奢侈和花费的标准以阻止贫穷的学生入学。只要哈佛保持她原来的传统，富人的儿子和贫穷而又认真的学者，以及轻浮的浪子、圣徒和有罪之人、清教徒和天主教徒、犹太人和非犹太人就将在她的学舍里、庭院里和运动场上相遇，磨掉彼此的棱角，通过友好的接触学习那些在书本上学不到的东西。

但是另有一点值得注意。民主，通过拓宽统治基础将所有人囊括于其中，原则上要求以前专属于特权阶层专家的教育向所有人开放。现代社会已经不再将人区分为接受事务性训练的下等人和为统治国家而接受宽广的高级训练的上等人。文艺复兴时期的学院教育实际上正好是一种统治者的教育——这些人足够全面和灵活，同时有眼光有原则。这一传统精神传承至现代学院——甚至某种程度上也传承到了现代中学之中。既然治理国家的人现在也是普通公民而不再仅仅是绅士和贵族，那么这种"绅士教育"也成了公民教育。上面提到的清教徒的影响是这个方向中的一个步骤。这种教育首先谋求的是在一个不断增长的大群体中培养普遍的责任和能力。

相比之下，大学（university）的传统是一种专业传统。正如学院可追溯至文艺复兴时期的全面发展的理念，大学也可追溯至中世纪培养神父和律师的专业主义。这一传统随着时间的发展也得到了极大的拓宽，不过，在不到一个世纪之前，专业主义在进入这个国家后，顽强地保留了专业化特征，而且或许正变得越来越专业化。因此，埃利奥特校长的独特成就在于加强了并在某些情况下建立了不同的研究生院，并把它们的丰富影响带入学院；正如前面所讨论过的，甚至当这样做有可能威胁到后者的传统地位时，他也在所不惜。这是大学学院的由来，一个从此依然为公民和有教养的人们部分地保留培训场所的地方，但是现在也是为初步培养专业能力提供场所。

哈佛的卓异之处在于保持了学院力量和大学力量之间的平衡，即使这种平衡有时不稳定而且总是遭受巨大的对抗性张力。同一支教师队伍既教研究生也教本科生，而且最优秀的教师经常讲授最基础的课程。许多本科三年级和四年级学生与研究生混在一起上课。最近发明的七年连读制读完文学士学位和法学士学位是一种将法学院与文理学院紧密联系起来的尝试。所有这些都证明了大学作为大学和学院联合中的一个合作者所具有的影响力。那么另一个合作者在哪里呢？它的对应的影响力表现在导师制、学舍、分科考试制和优等生制度中，到此为止，至少这些都代表了对学生仔细的、个性化的关照。学院传统影响的另一个证据是，由于没有区分本科教员和研究生教员，很多如果进行区分就会将全副精力用于教授研究生和从事研究著述的学者也在从事本科生教学。阿加西（Agassiz）、詹姆斯（James）、哈斯金斯（Haskins）、基特里奇（Kittredge）、怀特海（Whitehead）已经体现了大学学院的理想，这些杰出的学者以及略逊一筹的学者使我们认识到，强调学者和教师迥然不同的过度的两分法已经被证明是错误的。的确，不是所有的学者都能把他们的学术和本科生的需要联系起来，但是已经有很多学者很出色地做了这一工作。这样的学者有能力打开学问的新天地，有能力建立严格和诚实的标准，有能力提出人文、社会和科学研究中重大问题的解决办法，对这些问题无论是教科书还是讨论充其量只能给予苍白的回答。

然而，正如我们从最初就开始讨论过的，学院最看重的全面发展的要素缺乏它自己所特有的载体，而专业主义作为大学的要素在专修制中找到了自己的载体。我们不希望沉溺于刚才抱怨过的那种黑白两分的做法。的确，专修制，尤其是被看做一种思维的方式时，被许多人认为是体现了通识教育旨在达成的那些素质。而且同样正确的是，正如刚刚所论及的，最伟大的教师会使自己的课程（courses）远远地超越专门而狭隘的学科中的授课（lessons）。然而仍然存在着这样的事实：现行体制偏好专业主义，只有强大的教师才能冲破这一束缚。甚至，从大学学院很精确的定义来说，专业主义只是在一定范围内才是正确的和可取的。因此，我们相信就像专修制是大学要素的合适载体一样，我们希望，从通识教育中得到的东西以及通识教育所能提供的东西正是学院构成要素的合适载体。我们重申，在这里所做的严格区分是错误的甚至有害的。专业主义对通识教育不是毫无意义的，通识教育对专业主义也一样。没有一种东西是学院的唯一载体，也不可能有另一样东西是大学的独特载体。然而它们的双重存在事实上将强调和体现大学学院的双重本质。

最后，一个类似的不严格的但可能有用的对照可以被应用到教学中。人们一直说教学天然地有两个阶段：神圣的和世俗的。在神圣阶段，在实际上和象征意义上都与学生有一段距离的老师，很清楚地说明了科目的客观权威性——这样的权威性客观地存在着，可以说不论学生是否留意，这种权威性都高于他自己和老师，代表着几乎不受个人影响的世界的严肃的一面。在世俗阶段，老师和学生平等地坐在一起，讨论彼此面前出现的问题的真相。每个人对真相的适应是最主要的。当老师测验学生的时候，他也同时受到测验。我们并不是说神圣阶段的教学适合大学而世俗阶段的教学适合学院。研究生教育明显地涉及了讨论和个人监督。然而事实上在目前看来，既然学院的目的是发展全面的人，那么它必须对世俗阶段的教学予以特别的重视。在某种程度上，所有的教学——尤其是这一类教学——的正当性就在于民主生活方式这一前提之中：教学是重要的，因为人类自身就拥有价值——不是作为一个潜在的学者，而是作为一个有能力同时也有局限性的人拥有价值。从这个前提出发，接下来就是前面提到的导师制教学、辅导员和小组讨论在作为一个整体的学院中的角色，及其在与学舍相联系时的角色。大学学院必须运用神圣的和世俗的两种方法来达成它的目的。

这个目的是什么呢？那就是尽可能地给予国家和世界它所能培养的技能和可靠的判断力。如果有人试图估计，例如，哈佛对战争的贡献，那么人们最先会想到什么？是这样或那样挽救生命或帮助赢得战争的工具或发明？是战时所需要的技术娴熟的人员？是有着辽阔的人类智慧，并且以其理想激发并领导国家的人？是成千上万更加默默无闻地在各自岗位上尽职尽责的人们？显然我们无法作出选择。所有的这一切都是必需的，每一个都不能放弃。因此，关注个体是学院的中心，推进学问是大学的中心，它们是彼此不能分离而又绝对必要的。

六 社会中的通识教育

6.1 干扰与障碍

如果我们在第二章中所阐明的原则能够被各位接受的话,那么其对学校后教育和校外教育的影响就会随之显现。本章的目的就是要讨论这些影响,同时指出我们所面临的机会和可能遇到的挑战;此外,还要尝试性地估计我们目前所面临的机遇和可能遇到的阻力。本委员会最初拟定的标题中是包含"目标"(objectives)这个词的。这是教育界很流行的一个行话,但是,当今这个概念几乎专属于军事科学领域;同时,尽管从军事科学与教育学对"目标"的界定对比中得到的含义可能令人遗憾,但这个词无疑非常清晰有用。在教育这一可以被恰如其分地视为一场战斗的事业中,我们首先要去关注战略,在较小程度上关注战术,对后勤只是稍加注意。这是一场和人类自身一样古老的战斗。教育可以被视为人类完善自我的一种努力。只要人类存在着,这种努力就不会停止。而任何人所怀有的对终极胜利的确信都是值得怀疑的。但是我们的职责是在当代。毋庸置疑,现在对学校后教育和学校外教育的重视,与对课堂教学的重视同样多。有一点至少很清楚:既然学校教育未能完成其目标,那么就越发要求各种机构通过众多的手段在校外继续追求这些教育目标。同样非常清楚的是,校外教育的广泛成功很大程度上依赖于学校教育阶段所取得的成果。

学校教育怎样才算得上成功,仍然是一个有争议的问题。但是,或许很少有人会否认,学校教育的成就还远远达不到"人的尊严"这一理念所要求做到的一切。申请从军者因教育背景不足而被军队拒绝的情形是教育不成功的一个表征。军队因此而损失的精壮士兵差不多有一百万很可能是过低的估计。1940年的人口普查表明,在美国有超过1000万的文盲,其中大约200万6~15岁的少年儿童没有上学。国家教育联合会(The National Education Association)发现,有接近2000万选民的文化水平低于六年级教育水平。这是一些令人不安的数字。无论就人类个体还是一个民主社会的公民而言,存在着如此大比例的文盲数量,谁都不会满意。出版商、新闻记者、广告人、无线电广播的主持人和电影制片人等,对公众的能力与兴趣的判断既不够准确,而且禁不起推敲。民意测验专家的经验往往不会与这些发现的一般趋势背道而驰。鉴于近来物质生活水平的提高和由此而带来的机会增多,教育的滞后越发令人震惊。事实上,物质生活带来的机会——是"旅行"或打开自动点唱机,而不是讨论问题或冥思苦想——可能会使人的智慧止步不前。学校教育如果更加清楚自己的教育目的,或许可以从当前的种种娱乐中找出某些主要的干扰因素。

这些显然属于价值判断问题,并且很难得到证明。但是大家基本公认的是:学校教育有很多未竟之事,同时,在校外补充和延续学校教育的手段仍然十分缺乏。但这是在用一种否定方式提出更具积极意义的说法。积极的观念是让我们回到人的本性,回到第二章所描述的人的四个特征上来,并把它们作为界定通识教育的重要目标,它们也同样界定了通识教育的每部分应该培养人的哪种相应的能力。如上文所述,这些能力包括有效的思考能力、交流思想的能力、作出恰当判断的能力和辨别价值的能力。称它们是特征或能力也许并没有足够清楚地表明,它们不是强加于人的外在力量,而是人的内在的"闪光的本质"。这些特征(或者说能力)使得一个人成为真正的人,是一个真正的人首先应该追求的东西,而其他的东西在人自身成长的过程中仅是手段而已。正如前文所说的那样,这些特征或能力本身看上去很像是实现某种更高目标的手段。但进一步从整体上来看,它们既是人的本质也是人的目的。人在成长过程中需要努力培育这些能力。当这种努力之心衰减或受挫时,他身上属人的特质就会减少。人所受的教育,从最深层次意义上讲就是要发展这些能力,以使自己达到完美的境界。

尽管对人的这些基本能力加以描述的任何尝试可能都是必要的,但现在看来却都是不完全的而且是容易引起误解的。下列描述是一种回顾,它能提醒我们自己我们现在知道什么。这种描述有很多。下面主要对比三个不同时代、不同传统下的三种十分有趣的描述。孟子有一段著名的话:

> 牛山之木尝美矣。以其郊于大国也,斧斤伐之,可以为美乎?是其日夜之所息,雨露之所润,非无萌蘖之生焉,牛羊又从而牧之,是以若彼濯濯也。人见其濯濯也,以为未尝有材焉,此岂山之性也哉?
>
> 虽存乎人者,岂无仁义之心哉?其所以放其良心者,亦犹斧斤之于木也。旦旦而伐之,可以为美乎?其日夜之所息,平旦之气,其好恶与人相近也者几希,则其旦昼之所为,有梏亡之矣。梏之反复,则其夜气不足以存。夜气不足以存,则其违禽兽不远矣。人见其禽兽也,而以为未尝有才焉者,是岂人之情也哉?故苟得其养,无物不长,苟失其养,无物不消。

早于孟子一些年的柏拉图曾这样写道:

> 至此,我们已对灵魂目前的表象做了真实的描述。但是我们还认为,灵魂的状态与海神格劳孔的情形很类似:格劳孔本来的面貌已经难以辨认,因为他的肢体遭到海浪夜以继日的破坏,上面还覆盖着层层的海草、贝壳和石头,以至于看起来更像个怪物而失去了本来的面目。我们所看见的灵魂被无数的恶所糟蹋,情况亦复如是。

现代哲学则这样来表达同样的观点:

> 现在让我们远离物理学来考虑一棵橡树。我们明白,橡树有自己的生长规律。一个植物学家或者园艺家能够详细地告知我们什么是正常生长的橡树以及任何一种橡树的外表会是怎样的。给橡树合适的土壤、水分、阳光、肥料,让其自由地远离其他植物

和害虫以及类似的东西,那么橡树便会得到正常的生长。橡树的生长规律就展示在其实际存在的状态中,一如地心引力的法则就显现在掉落的球体上一般。但如果把橡树种植在贫瘠的土地上或荒凉的山上,或种在茂盛的森林里,那么它将无法正常生长而发生扭曲,恰如行星在运行时偏离正常的重力轨道。这使得橡树的正常生长规律因受到其他规律的干扰,而无法展示出其应有的特质而产生扭曲的结果。

在动物、人和人类社会的规范中,相同的原因将导致相同的扭曲。[1]

这些哲学家都承认人类有自己的规范,但对教育的陈述并未对此规范作适当的陈述。使个体明确人类社会的规范,既是教育的本质,也是教育的目的。有关教育的书籍在这一点上不能相互对立。

但是,我们可以讨论所使用的方法和可能遇到的风险;在做这些事情时,我们必须做到既不忽视学校对社会的影响,也不忽视学校对其学生的影响。孟子所说的斧头工人、山羊吃草,十分像校内教育和校外教育。现在,我们关心的是学校教育之后发生了什么、应该发生什么和不应该发生什么。如果有一天,我们因为太多毕业生离开学校后表现得空洞肤浅而极欲批评学校时,我们不要忘记这个社会在不断地对他们采取什么样的措施。并且,我们也不要忘记学生离校后的几年里所接受的教育对他们特别重要。

6.2 作为学习者的成人

学校后教育有持久性和紧迫性两个方面。从长期课程规划来看,必须评估战后的各种社会情况对于刚离校的年轻人所产生的影响。尽管战后的就业机会很多,但依然存在着大量的没有就业的年轻人。如前文所述,在大萧条时期,失学且失业的人数大约占到了16~24岁

---

[1] Stephen C. Pepper, *World Hypothesis*, p.179.

之间的年轻人的 1/3。当然，处在较低年龄段，即成长期（16～19 岁）的年轻人占最大比例。在这个时期，这些年轻人刚刚离开学校，正要开始一段新的生活，并且，他们最容易得到新机遇，也最容易失去机遇。我们同时也看到，甚至在经济繁荣时期里，年轻人也完全可能失学和失业。在很多情况下，家庭由于经济来源不足，甚至无法供他们上公立高中。同样可能的是，年轻人上了高中后，高中由于资源有限，因而不能给学生提供他需要或想学习的课程。在美国的许多地方，就业机会都很缺乏。就业机会缺乏的地区最明显的标志是年轻人与成年人之比最高的地区，也恰恰是最需要就业机会的地区。尽管各州劳动法有所不同，但在许多方面这些法律都有同一种倾向，那就是阻止处于就学年龄的年轻人辍学得到一份正式的工作。另外，一些行业和协会也制订了严格的法规条例，将年轻人拒之于劳动力市场之外。

不管情况如何，这个年龄段的年轻人既远离学校影响又没有工作约束，终究不是件好事。这是一种浪费。它使得这些孩子在他们最脆弱、也最应该接受帮助的时期必须面对各种各样的罪恶现象。为了解决这种状况，联邦政府在过去十年里成立了两个主要的机构：公民保护联合会和国家青年管理局。尽管这两个机构现在都已不存在，但它们的经验对将来的教育规划仍是十分有用的。

在公民保护联合会存在期间，它服务了超过 250 万的年轻人和失业的退伍军人。这个机构原归战争部（War Department）管理。它的主要工作是野外筑营、重新造林和土壤保护。在公民保护联合会工作的大多是 17 至 19 岁的年轻人，工资大致是每人每年 1200 美元。这是个人收益，社区并不会从这种收益中提成。这种战争期间的贡献方式，我们可单独予以高度的评价。其实如果全面考虑的话，价值则会更高。公民保护联合会提出了一项教育计划，但和联合会其他方面的工作相比，这份教育计划既缺乏想象力，也不太成功。国家青年管理局的工作分为两个主要的部分。一方面它为 175 万名失学年轻人提供了离家较近的兼职工作，另一方面它为约 180 万名在校学生（中学生和大学生）制订了工作计划。国家青年管理局对在校学生的帮助几乎没有任何异议，但它援助失学学生计划的有效性遭到了严重质疑，部分原因在于它建立了一套和现行学校系统类似的设施，但运行得不是很好。另一些批评主要是针对公共事业振兴署（Works Progress Administration）的"徒劳无益之任务"。

因为公民保护联合会和国家青年管理局计划的人员来自同一部分年轻人，所以对他们的计划进行重建时要协调一致。教育政策委员会（The Educational Policies Commission）已经提出建议，为了避免重复建设，将来失学计划的管理要与公立学校系统合作并受其指导。此外，可取的做法是，在重建这些机构的过程中，应该对通常意义上的公民教育做更多的准备。怎样才能把失学群体的工作做得更好尚需很多试验，在这些建设性项目中自我管理可能具有举足轻重的地位。正如第三章所述，通识教育的重大任务就是使其自身适应具有不同能力和观点的人，同时还要保持所有人的目标的一致性。

20世纪30年代，除公民保护联合会和国家青年管理局外，许多城市里还有一种趋势，那就是为大龄青年建立公立学校中心，它除了提供公民教育和职业技术培训，还提供咨询和工作安置服务。这些学校的一些方法很可能为其他类型的学校所仿效，例如，丹佛职业发展学校（Opportunity School at Denver）即是如此。同时，欧洲和英国的经验也提供了有益的指导。举个例子来说，巴特勒（R. A. Butler）[*]报告所推荐的英格兰的乡村学院和丹麦的民众学校（the Folk Schools），展现了为这些过早离开正规学校的人提供持续的通识教育的其他方法。其实我们不必看国外的社区学院是怎样运作的。比如，加利福尼亚各初级学院现在既为失学年轻人也为成人提供服务，取得了超出其倡导者预期的成功。1943年，在这些学校注册的16.6万的学生中有3/4是非全日制的学生和成年人。这些初级学院实际上已经变成了"地方性学府"，可以极好地实现我们所描述的目的。

同样让我们看到希望的是，在美国各地，各种各样的带有合作性质的"工作学校"（work school）计划已经发展起来。这些"产学合作"计划留出了大量时间帮助学生学习有关理解社会和文化传统的材料，颇具价值。极具意义的是，在这些产学合作中，工业界和学校都已表

---

[*] 1944年，英国议会通过了教育大臣巴特勒（R. A. Butler）递交的教育法案，称《1944年教育法》。

达了这样一种愿望,那就是将通识教育和职业技术训练结合起来。这也适用于劳工提出的建议。

一个特别的问题涉及战后对文盲的政策。在1942年6月1日至1944年5月31日期间大约有20万的"功能性文盲"*参军入伍,然后这些"功能性文盲"被大量地派去上学,并且往往会取得较以前的教育努力更大的成效。海军新兵特别训练计划已经报告了这些令人鼓舞的经验。年纪较长者,虽然已经不能像年轻人那样快速地学习新知识了,但他们表现出更强的活力去学习一些基本的技能。而这种倾向是原来没有的。是什么力量唤起了他们学习的热诚呢?

这个答案就是,社区里低下的教育水平。一个把文盲视为正常现象的社区,要么认为他们没有能力做好事情,要么取消了他们接受更高级教育的机会。而在训练中心,所有这一切都改变了:受训者被广泛地重新组合成多种形式,他们各自依据自己的受教育程度加入不同的团体。再也看不见态度轻慢的年轻人。首先是学会阅读和书写。此外再增加智能教育,并对其作业进行评分,如此一来,教育成果是显著的。文盲在很大程度上是坏传统所造成的结果。这些计划为从家庭这一根源上扫除文盲提供了难得的机会——如果军人复员后还能继续学习的话。战争中对文盲的训练所得到的经验在和平时期也不应该被忽略,这是学校的责任所在。

当我们从对失学年轻人的教育转向构成了所谓的成人教育的各种各样的影响时,我们更难给出具体的建议。但由于成年人对年轻人的比例在持续性地增长,因此成人教育对于国家健全来说肯定是越来越重要了。成年人和年轻人不一样,他们决定了一个社会的基本氛围。几乎毋庸置疑,学校中的人们和一般的公众都高估了学校教育对塑造人的性格、信仰和思考习惯的影响。而学校之外的社区的影响是学校所不能达到和替代的。如果社区生活不能巩固并与学校教育保持一致的话,那么社区里的人更倾向顺应社区而不是坚持中小学教育或学院教育所传授的东西。拯救社会要依赖那些受过教育的人,是教

---

* 功能性文盲(functional illiterates),指那些读写能力不能满足职业和形势需要的准文盲人士。

育给了他们道德和智慧的力量,这样在必要的时候他们才会站出来抵制流俗。还需指出的是,在完备的成人教育体系中,这些人恰好可以担任教师。

成人教育的类型大致可以分为两种主要的形式:中学和学院主办的学校以及社区主办的学校。前者包括在学校资助下开设的大量课程,学校这么做有时是为了声誉,有时不是。在这些计划中每一种努力都是为了尽可能缩短学校教育和成人学习之间的断裂。显然,如果成人教育尽可能在正规教育结束之后就立即开始的话,那么这对个人和学校来说都是有利的。另一方面,成人教育和学校教育在很多方面迥然不同。因此,学校教育向成人教育的这种过渡,要求在形式上作大刀阔斧的变革,以与实质的变化相一致。

尽管如此,在很多情况下学校教育本身还是应该成为成人教育的市政中心(当然了,如果学校位置偏僻,公共图书馆也可以起到同样的作用)。新的学校建筑应设有更舒适的休闲室,以供成年人抽烟、娱乐和进行讨论。旧的建筑也应该为此目的尽量作出改造。而在下午刚过了一半的时候、晚上以及在暑假的大部分时间里,学校中一些服务设施的关闭从经济角度上讲是一种浪费。这种浪费应该被制止,因此应该允许成年人为了学习的目的自由地使用这些设施。

此外,作为市政中心,学校能够而且应该为其他公共福利的社区机构提供交流的基地和渠道。博物馆、公园、市立图书馆、广播文化教育节目、电影、电视、许多现存的社会机构以及各种俱乐部都因为无法实现信息的有效传播而丧失了众多的服务机会。公告、系列课程和教学大纲虽然被广泛使用,但并不是十分有效。它们可能会吸引目光,但很少能真正激起听课者的兴趣。它们中的大多数由于没能唤醒、丰富和发展听课者的好奇心而无人问津。尤其是一些谦逊之人经常因为谦逊的品质而丧失了他们尤其应该拥有的受教育机会。他们需要巧妙的鼓舞,而这是那些有经验的老师特别擅长的工作。尽管我们不应该低估宣传做到顶点时劝说的作用,也不应该忽略其因为害怕显而易见的危险而能提供最好的服务,但是,我们仍然相信只有人际交往才是消除不信任、害羞和自卑的根本途径,而恰恰是不信任、害羞和自卑阻止人们将微弱的受教育的热情转化为行动。人们认识到自己不情愿、犹豫、害怕丢脸以及害怕自己力有不逮并不需要过多的想象力，大多数具有自我批评精神的成年人正是有了这类体验后才开始考虑要去学习新的东西。这是各层次谦逊之人所共有的情感。任何不彻底的成功记录以及不如预期或所望的探索记录都会大大强化这种情感。正是这些精神而不是课堂上的傲慢无知，在最终的学习中使自己和他人都受益。

要解决成人教育的基本难题，以上这些提示都是很有价值的。抛开少数幸运的人（他们并不在我们考察范围之列），大多数成年人都有大量的经验证实一点：他们在处理一些很难立即理解的问题时压力很大，在压力面前他们往往会退缩。正是认识到这一点，许多成人教育采取一种明智的做法，那就是按比例降低对这些成人学生的要求，缩减课程，以免人们对剩下来的课程的教育价值产生怀疑。"最主要的事情是先让这些成人回来上学"，这可能是并非少数课程存在的理由。如果这些学生继续来听课，并且在回来后真正受益，这无疑是很充分的理由。如果上面说的没有得到满足，失望反而会加剧将来工作的难度。

那些要从事成人教育计划的人对这些思考很是熟悉。这些思考并未使人悲观，而是让人更加确信这一点：和学校教育相比，成人教育需要最能够进行周密计划的有才华的人，需要理解和驾驭成人学生的特点以及他们惯常的惰性。此外，我们在学校更有机会弥补我们的过错，因此成人教育计划必须包括咨询辅导。如果学生不接受课程和学习团体的引导，也不愿意接受任何建议，那么最好的计划恐怕也要失效。甚至在最好的学校系统里，咨询也还是一件远未完善的事情，尽管所有的测验和其他学校都认为有所助益。在成人教育中，咨询要困难得多，因为它需要更多的技巧和洞察力，它不只是教育家的梦想，实际上已成为成人教育的一项充分准备。

尽管如此，一旦成人教育的需求日渐迫切，成人教育的潜力以及它所带来的整体收益将清楚可见，同时每年增长的趋势也更为必要——我们没有理由不承认成人教育即将蓬勃发展。这些趋势中有两个可能会被提到。第一，医学已经改变了人们的正常寿命。成年人对年轻人比例的变化使继续成人教育越来越有助于防止社会的精神衰老。第二，机器时代只是刚刚开始。闲暇——"失业"的未来代名词，正在越来越宽广地（就像科尔特斯*面前的太平洋那样宽广）展现在人类面前。我们不得不进行的重大调整是，用其他职业代替必要的辛苦工作。这绝非胆大妄为的猜想。我们正通过工作时间的缩减来实现它，当然，换句话说，我们还没有成功实现它。我们今天知道，无所事事的危险还不为人们所广泛认识，但我们已经看到了希特勒是怎样把失业人员引向战争的。我们没有能够清醒地认识到，教育的功能不仅仅是预防战争，而且如威廉·詹姆士所说，它还是精神上的战争。借用上文用过的话语，这意味着许多人能通过教育实现杰克逊式的提升。

这个报告开始时提到我们学校教育系统的空前发展，我们称之为"火山爆发"。后学校教育平稳地发展也好，"火山爆发"式地发展也好，都能对未来的成人教育有所启迪和帮助，这似乎是报告结论所证实的。从某种程度上看，学校教育更可能在这些方面获得成功，而通识教育只要永无此境地努力探索它自身究竟为何就可以使自身不朽。在第一章里我们将高中所提供的课程的多样性比做对社会多样性的模糊反映。成人教育的一个很重要的功能就是提供一个更全面的反映，但是通过我们的努力，让这些成年人成为自觉的国家护卫者。

我们已经考虑到一些阻碍成人教育计划发展的心理上的障碍，人们需要提供充分的信息、个别的建议以及对于身边可利用资源的引介等诸如此类的大量引导系统。成本、有经验的指导老师的缺乏和管理问题都是很难克服的困难。但是，这些限制条件对中学的发展来说同样存在。在一个时期看来是教育奢侈品的东西，可能在下一代的教育中变成必需品。联邦政府、各州和地方基于共同的利益，应该一起努力来提供开展教育计划所需的资助。

我们尚未发现，成人仅仅只对或主要对他们能够在职业上获益的教育服务感兴趣。例如，"在位于威斯康星州密尔沃基市（Milwaukee）的著名的肖伍德职业培训学校（Shorewood Opportunity School），只有不足8%的活动是与职业有关的"。① 尽管这一百分比小得不同寻常，

---

* 赫尔南多·科尔特斯（Hernando Cortez，1460—1521），西班牙航海探险家。
① 根据《1940年教育年鉴》（*the Educational Yearbook for 1940*），第358页。

职业教育仍然有特殊的地位。职业教育一旦取得成功,很大程度上就不必再继续了。它可以结束,也能实现其目的。但是,通识教育,正如我们前面所讨论的,是一项永无止境的工作,因为它是为人的绵绵不绝的需要服务的。的确,如果学校能够为其学生做到我们所期望的一切,它们的毕业生一定会在余生中充分开展自我教育。这份报告只把教育看做是教师与学生之间的关系。然而,教育的首要意义是自我教育,而学校的目的是使学生懂得如何自我教育,并节省他独自探索的时间。教学的目的是帮助学生获得自学所需要的独立性、自由探究的好奇心和坚持不懈的精神。但是现实主义者都会承认,如果成人缺乏外界的条件和设备,很少有人能做得出色。日常的工作、休息以及轻松的娱乐活动阻止了他们的进步。如果不能诱人地或反复地邀请成人学生去开启新兴趣或激活旧的兴趣,如果没有秩序井然的食品供应和关心,就不能对他们的成长期望太多。

当然,日常工作本身可能也具有很高的教育意义。有些种类的工作的确如此。对教育的更广泛的关注要求尽可能让更多种类的工作具有教育意义,即使要以牺牲部分生产率为代价。一些公司已经明智地认识到这一点。但是在我们材料所及的范围内,我们却不得不慎重地思考那些以"培养"(cultivation)和"研究"(study)为名的机构。

我们要在这两个名称上稍作停留。"培养"暗含的意思是手艺的进步而不是人格的成熟。"研究"的弦外之音是夹杂着某种狭隘的学者味道。成人和辍学的学生需要摆脱沉闷的课堂气氛,这是问题的核心。他们也需要已经摆脱了课堂气氛的人做向导。柯勒律治正确地指出,教师是一种"心灵的香料"。这是高水平的职业能力的标志。成人所需要的教师不同于正规学校的教师,而是一些兼具智慧和实践经验的人。然而,他必须有能力教学。他必须懂得在教什么人,而且始终能以此观点把控学生的讨论。他必须具有进行清楚解释的能力,鼓励、激发和建构学生思维的能力。事实上,他必须具备教师所应有的所有能力,并且能够在不具备教师职位的优越性和强制性的权力时使用这些能力。总之,他必须能够洞察到人的最明显的、最难以捉摸的、最难以识别的特点。这往往成为成人教育的障碍。成人教育的瓶颈就是缺少这些具有经验的专家充当其教师。

正如我们已讨论过的,并非只有少数人认为,那些在中学和学院里已经受到良好培养的人要比专业人士更适于做成人的指导教师。他们似乎与成人更容易保持接触,并能清醒地意识到自己正在做什么。他们更容易在成人教育——一种没有诱人的回报而又要求圣人般耐心的工作——中发现令人满意的生活,甚至获得类似于担任神职工作一样的回报。

谈到讨论的效果,思想开明的学校里的教学技巧可能会有所帮助。在这些学校中开展学习的方式或许可以在成人群体中得到最好的应用。即使如此,成人学生的成功教员仍然既需要不同凡响的智谋,也需要得到尽可能多的帮助。曾经雄心勃勃地注册入学却又中途辍学的成人所占的比例,就是一个令人信服的证据。

现在该谈谈教材和教科书的问题了。很少有人详细探讨什么科目最适合成人初学者。它们要么给予得太多,使成人初学者困惑不解地接受实际上他不理解的东西,要么拉他去接受一套难以承受的系统训练。在很大程度上,这种情况在所有学校中都普遍存在。因此我们有理由说,对教育过程中知识和技巧的一个重大的挑战是提供更适合学生学习的课本或教科书。对于成人学生来说,经典原著可能具有特殊的价值。因为这些著作是许多人终生研读的范本。获得更多的信息不是他们的目标,他们需要的是高度成熟的理解力和洞察力。

在教育研究中,系统的学习设计是最奇怪地遭到忽视的领域之一。许多科目(数学和语言尤其突出地证明了这一点)有其天然的顺序,这种顺序使得学习者学习起来更容易、更清晰,各个步骤之间不容易受到干扰。但是除了算术,对于最优顺序的追求很少引起注意。传统思想、流行风尚和直觉,始终在取代对基本原则的探究。只有当课本对学习者的心理特点有充分的认识和体认时,成人教育和儿童教育才能避免诸多不必要的挫折。这种挫折感将更为严重,因为不管发展的内容如何,它们都将无法取代教材本身的更深层的意义。

6.3　教育的新媒介

利用电影和电视等手段对传统教材进行补充,也仍然是我们的当务之急。在这两个领域中已有了许多试验和研究进展。对于语言教学和连续性较强的课程来说,电影和电视教学都需要与声像有关的书面材料,并把它们设计得生动活泼、有声有色。当电影、电视屏幕不再仅仅是语言的图解或装饰,而真正成为同等的或更具优势的交流媒介时,它们就给教材带来了巨大的机遇和挑战。

随着这些新技术的产生,随着它们改变了我们对世界的看法,在某种意义上革命确实发生了。传统意义上,语言是对非现场情境的说明。它告诉我们看到了或听到了什么。但它经常阻碍或取代所有可能的意义。"通过我所掌握的语词,我开始能够欣赏大自然的美丽",这是写在八年级学生的"学生信条"上的一句广为传诵的话。当今社会为改变贫穷学生的处境而提供了更好的机会。既然事物和事件本身已经直接呈现给我们,那么语言的角色也应该改变了。我们不再需要用语言来表达或表现事物,而是将事物和实际过程直接呈现给学生,这可以使学生更好地理解语言或者对语言的准确性提出怀疑。在制作一个好的教学影片或纪录影片时,语言的作用也受到了调查,同时传统课本中不必要的含糊其辞也被暴露出来。一种健康的批判开始了,现在语言正是在新竞争对手促进下得到了新发展,将自身的清晰度提高到了一个新水准。

迄今为止,"声音-动画"教学的主要成就还只是在职业训练类科目方面,而不是通识性科目领域。举例来说,打铆机人员的培训成功与否较之于振奋士气方面成功与否更容易判断。隶属于美国教育委员会的电影教育委员曾宣称,"在为军工行业培训技术人员和军事人才时省的时间,从25%到75%不等"。"声音-动画"教学在所有的领域里都有很好的效果,这也表明原来对它们的高期望并不过分。在许多课程中,"声音-动画"增加了教学清晰度和学生对课程的兴趣;此外,长期以来课堂教学内容陈旧、方法单一的情况得到了根本性的改变。学生不再觉得自己是在别扭的教学方法中被反复地"推来推去"。我们有理由相信,这些方法在解决文盲问题上也会发挥特殊的作用。

影片对于教学和早期的阅读支持帮助有限,很难说影片还会不会做得更出色。但是我们可以肯定,教学中的很多部分都还可以做得更生动。影片还是一种引起兴趣的有效手段。它们可以服务于各种各样的主题:传记的、历史的或道德的等等。当各种新颖的手法被恰当使用在影片中时,教学效果将极其明显。当然也有例外,有些由名著改编的影片对原书改变和脱离太多,以至于"通过影片读书"的效果往往令人不满。原书本身永久的魅力在电影中变成了直接的、短暂的诱惑。但是导致这一切的并不是电影这种媒介本身,而是由导演的有缺陷的指导思想造成的。

和故事片不同,纪录片在这方面做得很棒,产生了许多优秀的纪录片。大多数的纪录片是以最广义的"人文地理"为题材的,像职业、宗教、社会问题和合作文化等。令人颇感奇怪的是,有关历史题材的纪录片非常少。描写名人的故事片司空见惯,但是对大量媒介资源的充分使用可能会带来更惊人的效果,比如,用伊拉斯谟(Erasmus)的《对话集》(*Colloquies*)来表现文艺复兴时期的欧洲就是一个不错的例子。查尔斯·里德*的《修道院和家庭》(*The Cloister and the Hearth*)就能够为那个时期的社会情况提供一个框架,它里面描述了无数的习俗、工艺、生活条件和社会结构等等。呈现当代丰富的生活背景的阅读、音乐和艺术资料应该不难搜集。对洞悉教育之目的的制片人来说,无数的机会在等待着他们,只要他们敢于发挥想象力去追求。电影已经证明了自己有这份能力,当然了,前提是人们有运用它的智慧。

在教育领域里,无线电广播的前景似乎不太好。它有盲目性的缺陷,当然了,它在用各种各样的技术克服或者减少这种缺陷。这种媒介的效果很少人知道,或者说很少人想要知道。我们生活在一个充满着臆猜的国家里,各种各样的趣味都在有意或无意地影响我们。无线

---

* 查尔斯·里德(Charles Reade,1814—1884),英国小说家,主要作品有《亡羊补牢,犹未为晚》、《硬币》、《不公平的竞赛》等。

电广播的那些显而易见的用处，像发布新闻和演说，激起公众对当前一些问题的兴趣，以及作为音乐频道、娱乐频道等等，现在看起来已不那么具有表现力了。普通的听众习惯在平常的交谈（甚至是在那些需要专注的严肃学习）时开着收音机，这更说明了这一点。令人遗憾的是，这一长期伴随着大家生活的基本背景，正在逐渐消失。

　　作为一种讨论的媒介，广播经历了从颇具吸引性的混战到井然有序地交流意见的阶段。一般来说，节目主持人总是像贺拉斯笔下的诗人那样，希望能"起到教育或娱乐的作用，或集二者于一身"。其实集二者于一身是件很难的事情，如果不是非常谨慎小心，他一样也做不到。讲道纯粹是为了赢得听众的信任，而娱乐仅仅是为了吸引听众。除了一系列的竞争节目需要听众打电话外，广播大多是用来倾听的，因而极大地阻碍了教育水平的任何大幅度提高。然而，加入音乐元素效果要好得多。但音乐仅仅是听的艺术。它的成功无法和戏剧等其他艺术表现形式相提并论。对于戏剧来讲，即使没有演员的表演，索福克勒斯和莎士比亚也并不会被埋没。但是，催人泪下的感人歌曲每一次都可以击败"神圣的诗人的篇章"。

　　尽管如此，关于想听什么、怎样听和谁在听，这些方面还有许多不确定的影响因素。系统地对这些问题进行探索才刚刚开始。快速发展的听众调查机构同时呈现出机会、希望和困难。同时，众多的传播技术革命大大地冲击了我们，它们中的每一个都足以创造一个新纪元。我们所赖以测试和安置它们的心理假设、哲学坐标一脚迈进了无意识的领域，一脚却还在中世纪。事实上，我们处在人类事务的一个转折点上，然而我们能做的仅仅是猜测用什么向量来描述我们的剧变。

　　通识教育是唯一能够避免这种过于剧烈的变化给社会带来不利影响的途径。因为，它关心的是在所有变化中相同的东西、变化过程本身以及评估变化的技巧。政治上的趋势和剧变很自然会吸引我们的注意力，但或许也使我们忽视了更广泛和深层次的变化。蒸汽机的发明是人类历史上的一个更重大的事件，它甚至比政府中最重大的变革之外的其他事件都要重大，这一点不仅仅在于它是一种客观的事件，还在于它所引起的精神转变。正是蒸汽机的发明使人类能够开始栖息于地球这一星球上。但是，它所带来的流动性的增加也自然而然地扩大了战争的范围,同时,它也提示我们危险与实力是不可分的。新闻出版、广播、摄影、电视等是我们进步的体现,它们以及日益增多的大众传播手段的迅速扩展也都有其潜在的危险。广告引起了不少注意,但人们主要注意的是广告对消费者判断的潜在威胁。当伟大的文字经常服务于一些微不足道的目的时,语言的堕落就是最危险的了,这一方面是因为这一现象很普遍,更重要的是它威胁的不仅仅是钱袋而是精神。"在充满战争的世界里,只有啤酒里才有和平",这种口号已不是什么讽刺作家的创造。这种口号充斥在珍珠港事件之前的许多报纸上,并且它只不过是大众传媒将所有领域里的标准暴露于批判之下的一个愚昧的而且伤害较小的一个例子。要反抗这些不良影响,我们只有在所有层次上推行通识教育。这使我们想起了赫克托耳(Hector)在《特洛伊罗斯和克雷西达》(*Troilus and Cressida*)①中所说的:"旧伤痕是平安证明,证明安全无忧。"或者如穷汉理查②所说:"要居安思危。"

这些危险,在宽泛的和更富活力的意义上对个人和集体而言都是一种责任的鞭策。公众参与程度的扩大是我们这个时代的本质特点。比如说,也就是不久以前,大众可能将而且确实将和平的希望寄托在政治家身上。但现在,大多数人开始感觉到自己肩膀上的责任。仅仅在一代人以前,人们还不关心其他人如何生活。但现在,所有人都是邻居。在驱使人受教育的所有个人的和民族的动机之中和之外,这种刚刚萌芽的集体责任感逐年上升,反过来它也深刻地影响着个人的受教育动机。迄今为止,激励校外教育发展的两个主要的驱动力是对成功的渴望和提高劳动者地位的渴望。这两者正在发生转变,那就是向着更广阔的民主社会大为有利的方向发展。"战争是最大的教育家。"敌人曾这样宣传,当然他们几乎没有把它放在心上。它已经表明,我们在利用技术进行教学方面是如此的没有抱负和进取心。同时它也告诉我们,在通识教育中最重要的激励因素来源于整全的人(the whole man)对自我担当共同命运以及参与共同事业的认识。

---

① 莎士比亚根据荷马史诗创作的悲剧故事。
② 本杰明·富兰克林(1706—1790),曾以穷汉理查为笔名,从1733年至1758年间在费城发表《穷汉理查的历书》。

附录一　哈佛大学核心课程述评

李曼丽

核心课程(Core Curriculum)是哈佛本科课程的三大组成部分(核心课程、专业课程、自由选修课程)之一[①],是一种通识教育课程,体现着哈佛一贯的教育宗旨和理想,在美国也极具典型意义。当前,在我国高等教育改革中,加强通识教育、祛除片面强调专业教育的弊端,已成为高等教育思想和课程改革中广泛受到重视的问题,研究哈佛的核心课程对我国当前的高等教育改革具有一定的借鉴意义。

一、哈佛核心课程的建立与发展

1.《哈佛通识教育红皮书》提出了高等教育应由通识教育和专业教育两部分组成的观点,构建了通识教育课程的基本框架。

第二次世界大战期间,詹姆士·B.科南特(James B. Conant)任哈佛大学校长。他认为哈佛当时的通识教育课程不能达到向学生提供他们所必需的共同教育的目的。为此,他在 1943 年组织了"自由社会中通识教育的目标"(Objectives of General Education in a Free Society)教师委员会。该委员会发表了颇具影响的《自由社会中的通识教育》(General Education in a Free Society),又称《哈佛通识教育红皮书》。该书提出:通识教育和专业教育是高等教育的两个组成部分,通识教育的目的在于培养有社会责任感的人和公民,专业教育在于培养

---

① *Introduction To the Core Curriculum*, Harvard University, 1994, p.10.

学生具备从事一定职业的能力,二者有区别但不可分割或对立。在它提出的课程计划中,要求每个学生毕业时修满16门课程(学年课程),其中应有6门是与通识教育有关的。这6门课程应涵盖人文、社会科学、自然科学三个方面。学生必须在人文课程中的"文学名篇选读"、社会科学中的"西方制度和思想"以及自然科学中的生物学和物理学中选修一门(或选一门两者结合的课程),再从这三个领域中各选一门较高深的或跨学科的课程,如"人类关系"、"科学史"等。《哈佛通识教育红皮书》所提出的观点和课程方案构建了通识教育课程的基本框架,奠定了哈佛以实施通识教育为目的的核心课程的基础。

2. 20世纪五六十年代通识教育的滑坡与70年代"核心课程"的开始设置及其后的发展。

《哈佛通识教育红皮书》所提出的方案在哈佛并没有得到很好的实施。1949年,虽然哈佛正式通过了以"红皮书为基础"的通识教育课程,但该项课程事实上与"红皮书上所说的大相径庭"[①],并没有提供较高深的通识教育。大多数学生都以系里的某些课程来替代通识课程中的必修部分,已开设的通识课程在内容以及质量上也因教师的不同而参差不齐。因此,学生连所需的最低层次的共同教育也不可能受到。1975—1976年的一项调查表明,学生认为大多数的通识课程和系里的专业课程没有多大区别。这种滑坡使通识教育的倡导者们十分不安。1976年,哈佛文理学院院长亨利·罗索夫斯基(Henry Rosovsky)组织了一个研究开设通识教育"核心课程"之可能性的教师小组。1977年,该小组提出了关于"核心课程方案"的报告,建议为对本科生实施通识教育,专门设置一组独立于系的课程,称为"核心课程"。该课程为新生入学后第一年所必修,其内容包括:写作、数学、非西方文明、政治和道德哲学、现代社会分析5个领域。该报告一经提出就被立即通过,并设立了相应的委会员,研究各个领域所需要的课程及学分。这样,哈佛历史上的第一个"核心课程"方案就正式出台并开始实施了。此后,哈佛对其核心课程进行了多次反省和改革,几次

---

① Arthur Levine, *Handbook on Undergraduate Curriculum*, Jossy Bass, 1978, p.360, p.861.

反省的焦点均集中在课程内容的更新和有关教学规定的完善两方面，但核心课程这种基本形式未曾改动，一直沿用至今。

二、哈佛现行核心课程简介

什么是核心课程？前康奈尔大学校长 H. T. 罗德思（H. T. Rhodes）说："核心课程不是以名著为基础的课程，而是用一种方式把人文科学、社会科学直接与人类休戚相关的事物联系起来。"①曾任美国全国人文科学中心主席的查尔斯·弗兰克（Charles Frankel）认为，受过核心课程教育可以使你"对生活有多维度的理解，你不会对事件仅仅作出被动的反应，也不会仅仅只从个人的角度去关心它们，至少你可以把自己的命运看做是人类环境和人类命运的反映"。这就是核心课程的愿望。具体地说，核心课程是一种通识教育课程，其目的不仅在于使学生掌握基础知识，而且还要使学生掌握学科间的联系，最后能将知识应用于生活。核心课程注重阐明所有人应具有的共同经验，注重那些可以加强人类关系和改善生活质量的共同活动。

哈佛《1994—1995学生手册》对在校学生的修课规定是：每个申请学士学位的学生必须修32门学期课程（half-course），其中16门是有关专业的，8门是通识教育的，其余8门则可依据个人兴趣自由选修。8门通识教育课程必须从哈佛核心课程中选学。下面对哈佛的核心课程做一简要介绍②：

哈佛核心课程包括6个领域内的若干课程。这六个领域是：外国文化、历史研究、文学艺术、道德、自然科学和社会分析。

1. 外国文化：该领域课程的目的是扩大学生的文化修养，并为其提供一种看待本土文化现象和传统的广阔视角。首选内容是当代文化，尤其是当今亚、欧、非、美主要文化传统的代表。有些课程也讨论已不存在的文化，或对几种文化进行比较。课程的内容大致包括各种文化体系的宗教伦理观、社会经济政治体制、各种思潮，另外，文学艺术及其他文化成就也在其考虑之列。

---

① Fridrick Rodolph, *Curriculum*, Jossy-Bass Publishers. 1997, p. 269.
② 本文中关于核心课程的举例来源于：Harvard University, *Introduction To The Core Curriculum: A Guide For Freshmen*, 1991—1992; 1994—1995.

外国文化领域开设了三种形式的课程供学生选择：(1) 一学期的外国文化课，这门课程所介绍的文化须与美国迥然不同，用英语讲授；(2) 一学期的外国文化课，这门课程所介绍的文化与美国文化一样同源于西欧文化但又不尽相同，用非英语讲授；(3) 两学期的外国文化课，用非英语讲授，适合于二年级外语水平的学生选修。现就该领域的课程举例如下："印第安文明的起源"课，介绍印第安文化的思想、传统及其对现代印第安人的重要影响；"当代中东"课，介绍19世纪以来中东各国社会政治的演变；"中国文化革命"课，介绍1966—1976年间中国的"文化大革命"及其对中国人民和其他国家人们的启示，等等。

2. 历史研究：该领域课程的目的在于通过历史研究使学生获得历史知识，并能以历史的眼光认识世界。其课程分为A、B两类，各有自己的侧重点。A类：重点介绍现代世界中全球性或者接近于全球性的重大问题和观点的发展状况及其渊源，包括当代各国不平等的历史背景、现代政治意识形态的演变、美国作为超级大国的历史作用、现代社会科学技术的巨大作用，等等。通过这些课程的学习，学生可以获得有关世界若干重大问题的重要历史知识。如"发达与欠发达：各民族不平等的起源"课，用各种史料说明世界范围内的经济发展和不平等的历史根源及现在所面临的问题。B类：侧重于一些重大事件的具体细节介绍，目的是培养学生对人类事务复杂性的理解——政治、经济、文化、宗教以及重要历史人物等诸多因素如何综合作用形成各种事件。它要求学生对一些重大历史事件进行深入的思考，使学生认识到历史演进是一个具体而复杂的过程，是人类的努力和现实世界中各个因素交互作用的结果。这类课程涉及社会史、政治史、文化史以至科学史等内容。例如，宗教改革、达尔文进化论、美国内战等重大历史事件一直都被列入这类课程。上述两类课程都是跨学科的，涉及社会学、人类学、政治学、神学、自然科学等多种学科，但本质上都属于历史研究。

3. 文学艺术：该领域课程的基本目的是培养学生的高尚审美情趣，以及对文学艺术作品的批判性理解能力。分为A（文学）、B（美术和音乐）、C（文化背景）三类。所有学生必须在每类中各选修一门。

A类：主要进行文学作品和文学分析方法的学习。该类课程为学生提供一系列文学批评和分析方法以及一些理论问题的讨论结果。

如文学的功能、文学分类、文学传统的演变以及作者、作品、背景与读者之间的关系。有小说、戏剧、诗歌、民间文学等课程。如"戏剧和小说"课,通过欣赏大量著名作家的作品来介绍戏剧和小说的基本理论、创作风格、文学成就,以期达到提高学生文学素养的目的。

B类:主要进行美术手法、视觉艺术、音乐风格等方面的介绍,目的在于培养学生理解和欣赏艺术作品的能力。如"浪漫主义和视觉艺术"课,通过回顾法国大革命之后的两种截然不同的艺术表达方式及各自的艺术成就,不仅能使学生了解不同艺术流派的不同表达方式,而且还能使他们欣赏到历史上知名画家的作品。

C类:主要探讨文化史上特定时期及艺术作品在特定社会中的作用。如"希腊文明中的英雄主义"课,介绍的是希腊历史上英雄主义对其文学、艺术、祭祀仪式的影响等。

4. 科学:此类课程的基本目的是加强学生对科学的总体理解,增长他们的科学知识和培养他们获取科学资料的能力,从而形成一种看待人类自身和世界的科学态度。科学类核心课程所要介绍的相关重大理论和发现,不仅包括科学家已发现的原理和规律,而且包括这些原理和规律是如何被发现的,特别是在科学发现过程中观察和实验的重要作用。科学领域的课程分为A、B两类。

A类:这些课程主要是通过定量方法处理和研究自然现象与自然规律。为此开设的课程有"相对论和量子物理学"、"大气"、"太阳和众星"等14门课程。以"太阳和众星"课为例,它介绍了各大星系和星际物质的性质、规模、能量等,并根据太阳黑子的运动对星际运动做了一些理论上的预测。

B类:这类课程涉及那些难于做定量处理的自然现象,对其提供描述性的、历史的、动态的定性说明。如"地球和生命的历史"课,从地质特征和化石的角度介绍地球和生命史。

5. 道德:这类课程讨论人们生活中不断出现的有关选择和价值观方面的重要问题,其目的在于探索作出道德和政治的理性选择的方法。为了实现这个目的,这些课程努力使学生熟悉已往关于如何做选择的重要思想传统,拓宽学生对高尚生活的理解,帮助学生正确理解正义、义务、公民、忠诚、勇气和个人责任等观念。课程内容大多选自西方思想传统,不过也包含一些非西方的思想传统。该类课程不全面论述哲学、法学、伦理学或宗教的所有原则,只介绍那些与个人进行道德与行为的选择有关的内容。如"伦理学和国际关系"课,意在对哲学家和思想家在某些问题上的观点进行比较,阐明缺乏统一的道德认识将对人类命运造成威胁,揭示人权、正义、道德责任感的含义。

6. 社会分析:这类课程的目的是使学生了解社会科学的主要理论、观点和方法,从而加深对现代社会中人类行为的理解。如"经济学"课,解释在资源紧缺的情况下如何作出合理的选择;"人类学"课,论述文化的本质及其对人们认识和处理问题的方式的影响;"心理学"课,论述人格、动机和智力等关键概念的含义;"社会学"课,论述社会分层的性质、原因和含义;关于政府的课则探讨政府决策中的问题等。

上述6个领域中的每一个都由若干课程组成。在《哈佛1994—1995年核心课程目录》中,外国文化课有27门,历史研究课有29门(A类11门,B类18门),文化艺术课有48门(A类17门,B类17门,C类14门),道德课有12门,科学课有26门(A类14门,B类12门),社会分析课有11门。要求学生用本科学习时间的1/4左右来学习上述6个领域的8至10门课程,每个领域至少应选修一门。否则,学生将不能获得学位。

三、对哈佛核心课程的几点初步看法

1. 哈佛核心课程反映该校非常重视通识教育。哈佛委员会的教授们认为,学校不能仅仅把学生培养成为律师、商人或工程师,强调"哈佛学生所受到的广泛教养应和他们所受到的专业训练一样好"。同时教授们还坚信,不管毕业生将来从事何种职业,他们从大学教育中应得到的首先不是专业知识,而是指导专业知识如何运用的知识,即能使专业知识充分发挥作用的一般文化。1945年哈佛委员会提出的把学生培养成"有责任心的公民",1978年提出的毕业生应该是一个"有教养的人"都是这种教育思想的体现。1992年报告中关于培养目标的表述更具体地阐述了哈佛委员会的通识教育观点。该报告认为,现代人应该:① 掌握获取关于社会、自然和自我的各种知识的方法;② 了解别国和本国不同历史阶段的文化以使自己更好地理解现代世

界生活;③ 具有一定的伦理道德判断能力;④ 熟悉各种获取知识的必要手段和工具;⑤ 具有解决不同领域不同问题的能力;⑥ 掌握定量分析和语言、写作的基本技能。这种通识教育显然有助于促使学生全面发展,避免使他们因专业局限性而成为完全专业化的、片面发展的人。

2. 哈佛核心课程方案是一个以培养能力为出发点的方案。哈佛1991—1992年核心课程选课手册写道:"核心课程与其他通识教育方案不同,它没有像有的方案那样确定知识宽度的范围,或要求消化特定数量的知识信息,而是努力把获取知识的主要方法介绍给学生。每个领域内的课程无论在内容上多么不同,其着重点——思维训练则是相同的。"在现代社会中,科学技术飞速发展,知识信息量猛增,让学生全面掌握纷至沓来的知识已不可能,重要的是教给他们学习和掌握知识的方法。哈佛核心课程摆脱了把学生看做"知识容器"的传统观点,重视培养学生的理性,重视培养具有深刻思维力和明智判断力的人,这是值得思考和借鉴的。

3. 哈佛核心课程在一定程度上与发展的需求相适应,因而有一定的合理性。第一,它提出了关于道德观、价值观和对心灵、理性的培养要求,这有助于克服目前高等教育中普遍存在的唯智主义倾向,有助于培养符合社会道德、品格标准的人;第二,它提供了关于自然、社会和人文的广泛知识,这有助于克服目前高等教育过分专业化的弊端,使学生有可能打破专业限制,以跨学科的、文理综合的广阔视角观察世界、认识世界,而这正是处理和解决当今世界各种实际问题所需要的;第三,它着力于能力的培养,这有助于使学生善于学习,善于创造,符合终身学习的思想和"学习社会"的发展趋势,有助于使学生符合当今和未来社会关于个体应能适应岗位更动和职业转变的要求;第四,它重视国际知识和国际问题的学习,这符合高等教育的国际发展趋势,符合培养面向世界的人才的要求。

参 考 文 献

① Jerry G. Gaff, *General Education Today*, Jossy-Bass Publishers, 1993.

② Gary E. Miller, *The Meaning of General Education*, Teachers College Press, 1988.

③ Harvard University, *Report of the Special Committee*, May 1964.

④ Harvard University, *A Letter to the Faculty on Undergraduate Education*, October 1974.

⑤ Harvard University, *Report to the Faculty and Students on the Core Curriculum*, May 1979.

⑥ Harvard University, *Report to the Faculty on the Core Curriculum*, May 1989.

附录二　哈佛大学新制通识教育方案及其实施效果辨惑

李曼丽

1945年,《哈佛通识教育红皮书》发表,通识教育成为哈佛本科生教育中的显性部分。1978年,哈佛大学再次公布集全校师生之智而全新设计的本科通识教育方案"核心课程"。正值各国院校仍热衷于借鉴哈佛的"核心课程"方案之时,2007年,哈佛大学又发布了《哈佛大学通识教育改革方案》(*Report of the Task Force on General Education 2007*,简称"2007方案"),宣布废止前者。哈佛大学三次发布的通识教育方案,吸引了教育人士的关注,社会媒体也不遗余力地参与传播和讨论,本文特别关注哈佛大学通识教育"2007方案"及其实施效果。

一、关于"老瓶装新酒"的评论

美国大学每隔一二十年就会对人才培养计划、课程方案进行盘点(Take Stock)[1],成立各种委员会讨论与此相关的种种主题,召开数不清的大会小会,举办道不尽的论坛沙龙,之后抛出一份报告。这种报告一般很少吸引公众的注意力,但是哈佛除外,1978年哈佛核心课程方案、"2007方案"都是大新闻。之所以如此,部分原因是其他院校已经习惯于把哈佛当做示范而乐见其新动向,"当然也许还因为一种隐秘的心理——原来哈佛也并不总是那么完美"[2]。因此,对于这份期待已久的"2007方案",人们发现其中的建议不过是其他大学正在执行的办法而已,多少有些失望[3]。

2001年7月1日,劳伦斯·萨默斯(Lawrence H. Summers)出任哈佛大学校长。2002年4月,他决定启动通识教育方案修订工作。2004年5月,萨默斯校长授意成立以时任哈佛文理学院院长、中国近代史专家柯伟良(William C. Kirby)担任召集人①的执行委员会(Steering Committee)。执行委员会下设四组:"通识教育"、"学生的整体性经验"、"教学"(Pedagogy)、"专业"(Concentration)。每组成员12人,执行委员会由各组召集人组成[4]。整个调研从启动至报告形成、通过,历时五年有余。

目前学界讨论所依据的"2007方案",其官方通过版本共27页,于2007年5月获正式颁布。方案形成大致经历了三个阶段:第一阶段,从2002年4月到2004年5月,由柯伟良、鲍弼德两位教授作为召集人,起草了共69页的方案第一稿;第二阶段,2004年5月28日至2005年10月底,由柯伟良(该阶段鲍弼德没有参与)召集完成了一份长43页的方案第二稿;第三阶段,2006年3月至2006年10月,黯然辞职一段时间后的柯伟良再次被召回,继续引领完成了45页的方案第三稿。此稿根据各方意见修改之后缩减为34页,于2007年2月7日提交校务会讨论,在5月15日通过并被接纳为最后版本,也就是现在大家看到的"2007方案"。

"2007方案"中最重要的建议有如下几点:(1)取消"核心课程"方案(这曾经是全体哈佛本科生都要完成的必修内容),学生在通识教育课程上有更多的选择自由;(2)提供小班课以加强学生与教师的直接沟通;(3)人文专业的学生应该学习更多的科学;(4)鼓励哈佛本科生在学习期间拥有海外学习经验;(5)在书面写作和口头表达上为学生提供更高质量的教学。此外还包括本科生必修说明、通识教育教学法、完善学术咨询体系、住宿制等一系列相关的问题及规定。

由于此前在哈佛校内经过了较为充分的讨论,"2007方案"公布后,总的来说,反应相对平静。但也有不少师生(包括一些帮助起草报告的学生)抱怨"报告想说的太多","从住宿到说明文写作无所不包。"[5]参与此次课程修订工作的哈佛大学物理系教授费尔德曼(Gary

---

① 另外一位中国史专家鲍弼德(Peter K. Bob)与柯伟良担任通识教育小组的共同召集人。

Feldman)说:"这个报告囊括的主题太多了,非常难落实。"[6]

在哈佛校园外的专业人士反应更为激烈,多数人认为"不过如此"。"本方案中的大多数建议基本都是其他高校做了多年的做法,看起来,这份报告如同我见过的其他几百份学院课程回顾报告一样。"[7]伊利诺伊大学(芝加哥分校)的英文与教育学教授戈瑞飞(Gerald Graffi)指出,"以我的经验而言,所有的建议中没有一条是独特的"[8]。用乔治·华盛顿大学的校长川腾伯格(Stephen Joel Trachtenberg)的话来讲,"就是老瓶装新酒"。他还说:"很高兴看到哈佛大学认可了众多学校的做法,就像大拉比在宣称'这家食堂符合犹太教规'。"[9]

诚如大家所见,这份报告在内容上平庸而缺乏新意;但是反过来讲,平庸对于新闻媒体行业或许是致命伤,但对于文化教育事业却未必一定是坏事。在笔者看来,比起最终的方案内容,其实施过程更值得关注。该方案在实施近十年后,其效果也在一定程度上显现出来了,这或许有助于我们更深入地理解"2007方案"的原则和建议。

二、方案修订中的若干重点议题及讨论过程

在"2007方案"出台的过程中,哈佛师生进行了充分的调研和讨论。讨论的过程不仅漫长,而且充满了争议与妥协,尤其是在通识教育方案修订过程中,文理学院院长和校长先后辞职引发了更多的关注。但这毕竟只是问题解决过程中的插曲,本文仅列出其中讨论较多的议题进行回顾。

问题一,为何废止核心课程、重拾分布必修制?在"2007方案"中,抛弃哈佛核心课程这一最具争议性的建议,在哈佛师生中却得到了广泛支持,校务会投票以168:14达成压倒性的赞成。[10]长期以来,核心课程一直饱受批评,学生抱怨核心课程过于狭窄。在调研中,学生举例指出:"'前哥伦布时期美洲的艺术:媒介与主题'课程,这一狭窄的主题课程被认定为通识必修,这是非常武断的做法";"核心课程里的必修规定非常复杂恼人,背后的道理总是不甚清晰"。[11]参与课程修订调研的政府与社会政策研究生韦斯特(Martin R. West)说:"的确这是令人沮丧的真正原因。"[12]就连那些多年来帮助推行核心课程的人,包括哈佛学院(Harvard College)院长格罗斯(Benedict H.

Gross，2003—2007 年在任）也说："我们从学生那里听到的是，核心课程限制性太强。这些课程往往不能很好地介绍某一学科的基础知识。"[13]他认为是该改变了。

讨论表明，哈佛人发现，1978 年哈佛大学开始采用的通识教育核心课程制度，经过三十多年的实践，已经存在问题。首先，范围太狭窄，面对日益复杂的外在世界，数量有限的核心课程实不足以应付多元的世界；其次，选课的自由度太低，学生得不到他们所需要的知识；再次，核心课程的开设与各专业系科无关，造成系科对通识教育疏离而不直接担责。[14]

废止核心课程并非回到完全自由选修的方式，在核心课程（限制）与自由选修（自由）之间还存在较为适中的分布必修制度（Distributed Requirements）。哈佛在 19 世纪末首倡自由选修，20 世纪 20 年代改行分布必修制，意在修正自由选修制度所产生的问题；1978 年实施核心课程制度，是为了纠正 20 世纪 60 年代以来美国社会的混乱秩序。通识教育的四种主要课程制度①[15]，哈佛实行过三种，而且每次的改革都是回应时代的挑战。这次改革也不例外，只是令人感觉像是又回到了 20 世纪初的体系。

问题二，为什么要以及如何加强学生与教师的直接沟通？载于哈佛校刊的一些比较坦率的批评性文章指出，"今天对哈佛学院的批评是直接的，学生与教师的联系太有限了"，"这个批评是有道理的"。[16]它还指出，很多学生在大型讲座上没有机会和教授交谈，"大学不仅是学生可以坐在报告厅的机构，而且还应该作为学生与研究生和小班教授互动的地方"。报告指出，调研过程中发现，师生互动的需要非常清晰而迫切，"我们发现这是大多数学生普遍抱怨和失望之处"。[17]

"2007 方案"提出要广开小班制（Small Courses），并提倡研讨式课程（Seminar）。研讨课这一教学方式曾被 19 世纪德国大学广泛采用。这是把教学与研究结合的有效方法，成就了德国高等教育与学术研究

---

① 通识教育有四种课程制度：名著课程制、自由选修制、分布必修制、核心课程制。哈佛实施了后三种。参见李曼丽：《美国大学通识教育实践研究》，载《高等工程教育研究》2000 年第 1 期。

相结合的灿烂花朵。研讨课在芝加哥大学实施最为持久而颇有成效。除了开设小班研讨课,"2007方案"讨论中还提出,让所有学生选学哈佛的"顶石课程"(Capstone Course)——这是一系列旨在使学生的大学就读体验更有凝聚力和意义的高级课程。

但是,无论小班制还是研讨式课程,均需要投入较大的资源。三份方案反复提出:哈佛大学应增进学生与教授直接联系的方式,除了聘请足够有能力的教师,还需要完善学术咨询制度(Academic Advising System)、助教体系等。基于这种认识,哈佛划拨出专用资源,用以支撑小班制教学①。

问题三,人文专业的学生为什么应该学习更多的科学?此次哈佛通识教育修订的主要目标之一是培养学生回应世界变化的能力,因此在2004年5月公布的《通识教育课程检审工作报告》中强调必须加强哈佛学生对科学的学习,"重新思考科学学习"成为一个议题,尤其是对于非科学专业的学生而言。报告指出:"我们不应该再接受这样一个主张,即我们的部分学生不能学习科学,而另外一部分学生不能掌握人文学科和社会科学。"柯伟良也指出,"教师们在任何提案上做出最终决定之前,至少要进行一年的辩论","这是一个长期的报告,我希望更多人能够找到他们喜欢的内容,并提出他们更感兴趣的建议","我相信我们会听到来自同事的大量反馈"。[18]

由柯伟良牵头的这个计划于2004年4月上呈学校,学校在之后的两次校务会议上进行了广泛的讨论。虽然同仁对新计划表示支持,但也有教授提出这个新计划缺乏道德规范方面的教育,特别是政治学知名教授霍夫曼(Stanley Hoffman)对此直言不讳,英国文学研究领域的著名教授恩格尔(James Engell)则认为新计划对科学技术教育让步太多。总之,大家对这一课程方案的反应态度复杂、喜忧参半。

柯伟良在听取这些意见后,在2004年5月18日宣布重写这份计

---

① 每个大一新生入学后,便安排一名学术顾问帮助选课,并在学生学习困难时为其提供辅导。这位学术顾问陪伴学生到第三学期(大二上学期)。此时学生已经选好主修领域(Concentration),改由专业部门提供主修顾问(Concentration Adviser)。因此,每位学生在大学四年中都有顾问相陪。每个学生都有固定的顾问,这样学校便能发现不同学生的不同兴趣与学习需要,从而有助于因材施教的落实。

划书。以后一段时间,委员会听取各方意见,积极进行修订。然而,这段时间里哈佛大学不幸遇上了一连串有关"多元化"的问题。2005年1月,萨默斯校长讲了一句错话。他说他对女性在科学领域方面表现落后于男性颇为同情,这大大惹恼了文理学院的教授(可以想象女教授的愤怒),因此爆发了危机①[19]。2015年3月15日在柯伟良的领导之下,哈佛文理学院通过了对萨默斯的不信任投票,一触即发的危机变成了不可收拾的局面。2005年4月以后,课改工作搁置了。柯伟良无心恋战,于2006年1月21日提出辞职,萨默斯也没有挽留;一个月后,萨默斯也黯然辞职。

柯伟良辞职前3天,发布了《通识教育课程检审工作报告》第二稿。在已发表的第二份报告书中,提到加强科学教学、增加对学生的辅导、要求一年级新生修写作及口头表达(Writing & Speaking)课程。从2006年3月开始,校长和院长都下台后,由代理校长接替推进的这份报告还特别谈到"写作与口头表达能力"及"本科生国际研修计划";而关于如何加强科学教学内容,则埋下伏笔。

2007年2月在报告书送呈校务会议时,专题调研组(Task Force)联合召集人西蒙斯(Alison Simmons)教授在她的咨文中强调的,仍是上面提到的"辅导""写作与口头表达技巧""专修(Concentration)与辅修(Secondary Fields)""国际研修计划""教学""科学教育"等大家有相当共识的议题,这些似乎都没有什么人反对。但是柯伟良也指出,愿意出来辅导大一学生的教授还是很少。柯伟良直言,哈佛一向很懂得慷慨陈词,肯出来实际参与工作的人却很少,因此效果也很不彰显。哈佛英文系主任恩格尔(James T. Engell)将哈佛通识教育与美国宪法相类比,他用富兰克林的话形容这份方案是"不完美的文件","我希望,在表达担忧的同时,我们也可以看到其中的优点"。[20]可以说,这份报告书是在委员会经过多方咨询,最终大家都疲惫不堪、不愿再争吵之后产出的差强人意的文件。

---

① 这件事在全世界被广泛报导,使哈佛及其校长突然变成了笑柄。与此同时,萨默斯为了贯彻他的信念,还把许多钱挪用于有关科学的计划,这就造成一触即发的危机,课程修订无法顺利进行。参见 Robert Mitchell. General Education Task Force Issues Final Report. (2007). *Harvard Gazette*, February 8.

三、2007 新制通识教育方案要点

新制哈佛通识教育方案是围绕着通识教育重点而系统改进的本科教育方案,于 2007 年通过后,2009 年秋季开始实施。在这个方案中,哈佛本科课程由三大要素组成:主修(Concentration)、选修(Electives)、通识教育(General Education)。主修使学生追求某个特殊领域里的专深,选修使学生探索主修之外的其他领域及拓展兴趣,通识教育尝试使其在哈佛所学更有效地面对毕业后的工作和生活。此次哈佛的通识教育改革强调通识教育的目标是"博雅教育"(Liberal Education),而博雅教育的精神是使学生自由、自主地学习,并有益于毕业后的人生(To Life Beyond College)[21]。博雅教育将帮助学生认同和理解世界的复杂性,深刻体认自己在未来世界应担当的角色。

哈佛大学本科毕业需要完成 16 个全课程(Full Courses)或 32 个半课程(Half Courses)①,下文将分述其组成方式与修课年限、学分数要求。哈佛本科课程架构的第一部分含通识课程(占总学分 25%)和全校本科必修课程(占总学分 9%),二者占 34%。通识课程含八个领域:美学的阐释与理解(Aesthetic and Interpretive Understanding)、文化与信仰(Culture and Belief)、经验与数学推理(Empirical and Mathematical Reasoning)、伦理推理(Ethical Reasoning)、生命系统科学(Science of Living Systems)、物理宇宙科学(Science of the Physical Universe)、世界诸社会(Societies of the World)、世界中的美国(The United States in the World)。通识课程可分散在本科四年内(8 个学期内),且须在八大领域中各修一门课程,可以有一门是以 A、B、C、D、E、F 等级制考核的半课程(One Letter-graded Half-course)。全校本科必修课程含写作课程(Expository Writing,占总学分 6%)和外语课程(Foreign Language,占总学分 3%),这是全校学生的必修课程。

第二部分主修约含 11~16 门半课程,占 34%—50%。哈佛大学目前共设 46 个主修领域。此外,还有双主修(Joint Concentration),需与主修结合,必修学分为 8~12 门半课程;还有自定主修(Special

---

① Full Course 为两学期课程,Half Course 为一学期课程,Half Course 约等于 2~4 学分。

Concentration），必修学分为 14～16 门半课程，自定主修需学生提出申请并得到校课程委员会核定批准；还另有辅修（Secondary Field），不需与主修课程相关，可依学生个人兴趣修习，必修学分为 4～6 门半课程。

第三部分选修含 6～8 门半课程，占 19%—25%，也可用辅修（Secondary Fields）学分充抵选修学分。

值得注意的是，哈佛的通识教育不限于课程计划。尤其是在"2007 方案"中，详细规定了小班课的支持体系、院系设立专门委员会指导基于活动的学习（Activity-based Learning）以及系统的学生学术辅导体系（Academic Advising System）。

四、2015—2016 年哈佛新制通识教育实施效果的评估

在此次全面课程评估之后，2007 年 5 月，哈佛大学投票通过了新计划，正式文件要求院长任命一个委员会，五年后评估该计划实施情况。于是，在 2014 年春天，院长选举成立了通识教育评估委员会（the General Education Review Committee，简称 GERC）。评估委员会由文理学院和工学院资深教授代表组成，这份中期检审报告不仅通报了目前的实施现状与问题，而且着重提出了提升措施和改进方向。

（一）实施现状与问题

新制通识教育计划通过后，文理学院成立了一个委员会，引导师生如何从核心课程过渡到新制通识教育计划，其主要目标是确保提供足量的通识教育课程，能够轻松满足 2009 年秋季选课学生的需求。由于时间压力、改革前后通识教育课程标准不统一、审查程序不明确等缘由，进入通识教育计划的课程规模大到几乎难以控制。2014 年秋季，通识教育目录列出的课程已达 574 门。其中，大约有一半是"前半部目录课程"（Front of the Book Courses），属于通识教育课程类别；另一半是"后半部目录课程"（Back of the Book Courses），属于可满足通识教育标准的各院系开设的课程。根据 2014 年评估委员会的报告，大多数进入通识教育目录的院系课程似乎并不是根据通识教育哲学原则而开发的，其中部分是从原有"核心课程"体系里引入的课程。

2014 年评估委员会调查并收集了四个人群的意见：学生、教师、助教及管理人员。在 2014 年秋季学期,他们一起召开了几十个小时的公开会议,还面向更小群体、在更多元化的背景下征求了反馈意见,并收集了各种调查的数据。在院校研究专家的帮助下,他们对数据进行了统计分析,初步发现如下结果[①]:通识教育必修是哈佛学院教育的核心特征,按规定占总学分的 25%,标志着哈佛学院学生最具一致性的学习经验。[22] 然而,调查的结果并非那么乐观,笔者试从一长串问题中略作列举。

首先是通识教育在学生心目中没有地位。学生们报告说,从中学到大学,他们很少了解到什么是通识教育或者它在哈佛大学本科教育中发挥了什么作用。此外,还有诸如教师和学生常常无法阐明通识教育的基本原理,许多满足通识教育要求的课程并不遵守通识教育计划的哲学原则,部分担任通识课程教学的老师并不知道他们的课程是否符合要求,学生和教师往往不了解通识教育必修和分布必修要求之间的区别,许多通识教育课程规模比较大[②],助教有时候并没有接受过所教领域的学术训练,等等。

评估委员会强调,尽管许多学生和教师都承认部分通识教育课程是成功的,但从整体上来说,哈佛大学的通识教育计划还没有在师生中建立起清晰和一致的认同。而且,通识教育尽管在每个学生的课程体验中占有突出地位,但对于他们在哈佛学院的身份塑造却不存在任何决定性的作用。大多数学生都认为执行良好的通识教育计划是有价值的,但是他们对当前的计划感到困惑;相比之下,教职人员对通识教育价值的看法分歧更多。

(二)改进建议

2015 年,哈佛大学对"2007 方案"的实施问题又进行了修订。在 2015、2016 年重新评估通识教育的年度报告中,仍然通过回顾哈佛大学的通识教育课程史重申通识教育改革的指导思想,就是重回博雅教育的古老目标——帮助学生为掌握"生活的艺术"而打下良好的基础,例如在 2016

---

① 下文中反映出来的问题来自《通识教育评估委员会 2015 年中检报告》(General Education Review Committee Interim Report[February 2015]),下页简称《2015 年中检报告》。
② 课程规模通常为 50~99 人,非通识教育课程规模为 10~19 人。

年的评估报告中提到,通识教育是哈佛学院博雅教育使命的中心[23]。

针对《2015年中检报告》提出的问题,委员会提出了建议。

第一,委员会提出了一个课程结构,以帮助师生理顺通识教育的认同问题,同时明确通识教育的地位和课程规模问题。哈佛学院的课程应包括以下三个部分:通识教育课程必修部分,应包括四门不同的、明确满足通识教育目标的全课程,以满足通识教育的目标,应由"通识教育常务委员会"核定、批准;分布必修部分,应包括三门系科课程,分别分布在文理学院(Faculty of Arts and Sciences,简称 FAS)、工程和应用科学学院(School of Engineering and Applied Science,简称 SEAS)①等学院所属的三个不同系科内;学院或系科应提出一套关于写作课程、外语课程的量化书面要求。

第二,明确通识教育课程的标准。通识教育课程的设计过程是独特的,在设计系科专业课程时,常常以"学生掌握专业学习的方法和内容时需要了解什么,以便为进一步学习做好充分准备"这个问题为指导,这是正常的。相反,在设计通识教育课程时,建议由以下三个问题指导课程的选择:该课程领域对社会或文化有什么价值;学生可能不会进一步深入学习领域,如果仅限于了解这个领域,需要知道些什么;这些所学、所知如何能帮助学生对自己的道德决定进行不同的思考,或以不同的方式对自己作为公民的言行有何贡献。

第三,建议在教学管理上对通识教育课程进行标签化处理。一旦某个课程获得批准,它将被授予通识教育课程编号。每门通识教育课程都将被标记,其中三个标签大致对应于 FAS 和 SEAS 各个系科所代表的知识领域,分别是:美学、文化与人文阐释(Aesthetics, Culture, Interpretation),历史、社会与个人(Histories, Societies, Individuals),社会科技发展(Science and Technology in Society);第四个标签是伦理与公民(Ethics and Civics)。

---

① 哈佛大学的 Faculty 相当于一般大学的 School,两者常常混用。哈佛大学共有 10 个 Faculty 或 School,另外还有几个同等级的研究或附属单位。在这 10 个 Faculty 或 School 中,文理学院又包含 4 个学院:哈佛学院(Harvard College,即本科部)、文理研究院(Graduate School of Arts and Sciences,从事学术研究以及培养博士和硕士研究生)、工程与应用科学学院、继续教育学院(Division of Continuing Education)。哈佛的通识教育改革由文理学院主持。

为了便于通识课程的转换和批准,哈佛设立通识教育常务委员会(General Education Standing Committee,简称 GESC)。该委员会可根据当前类别和教师的主要部门隶属关系默认分配标签,但是教员也可以向 GESC 提出一个不同的或额外的标签。所有课程从此将被批准一定数量的迭代,之后 GESC 将审查课程、重新批准。

最后,2015、2016 评估委员会还提出设立一个行政和财务支持体系,加强对承担通识教育任务的教师、教学人员和管理人员的支持,以确保通识教育计划能实现其目标。

五、哈佛大学通识教育改革的经验与启示

笔者曾在两年前有关"二战"后日本著名大学通识教育改革的研究中指出:"日本大学的通识教育改革是一个跌宕起伏的过程。"[24]哈佛大学最近这次通识教育改革,自修订方案、颁布实施直至实施一轮之后的评估,也充满一系列令人唏嘘的变化。虽然"2007 方案"被评价为"旧瓶装新酒",但是笔者认为,此次改革本身也是使人才培养目标与课程教学更加契合、内涵更丰富的过程。结合 1945、1978 年两次改革予以分析,这一过程或许能对我们有所启示。

(一)历次改革始终不变的就是恪守哈佛教育之魂——博雅教育。从 2002 年 4 月到 2007 年 5 月五年余时间里哈佛陆续出台的各份报告中不难发现:哈佛大学里存在着一种无可辩驳的"信仰",那就是哈佛人一贯坚持的博雅教育理念。2002 年 4 月开始着手调研并于 2004 年 5 月公布的《通识教育课程检审工作报告》[25]中,召集人柯伟良在写给全体教师的信中提到:"在哈佛学院,我们必须在每一代哈佛人身上重申本科教育的核心目标——博雅教育。"①在"2007 方案"中,文首用了三段文字申述恪守博雅教育的理由:哈佛的教育是博雅教育,它不是关注局部知识领域或职业效用的教育,而是关注进行自

---

① 在这份哈佛报告中,Liberal Education 与 General Education 混用,都指通识教育。Liberal 原指古希腊的自由民。古希腊是奴隶社会,分为自由民与奴隶。Arts 原意指"记忆",引申为知识。Liberal Arts,指自由民的知识,后成为西方培养社会精英的大学的教育内容。Liberal Arts Education(或简称 Liberal Education)即是"自由教育",本文使用中文世界广为接受的"博雅教育"译法。

由探索精神的教育;博雅教育是为大学后生活做准备的教育;博雅教育是有用的教育。[27]

因此,哈佛大学通识教育实施方案无论如何变化,历次都申明恪守博雅教育传统,缘由大致有二。其一,作为美国最重要的高等学府,哈佛是培养美国社会与国家领导人才的重要摇篮。哈佛大学历次改革,都有意无意地注意到这一独特地位。博雅教育是哈佛本科教育使命所系,因此始终是哈佛大学高度关注的核心。其二,当今研究型大学常常以博士、硕士教育或研究活动为主,存在学者对大学教学工作投入不足的问题,多少有悖于哈佛的使命与承诺。此次改革也与哈佛对自身本科人才培养的不满直接相关,作为世界最发达、最先进的高等教育机构,对于领袖人才培养的关注程度多少与哈佛丰富资源不相匹配,"2007方案"重申博雅教育传统就显得迫切而不足为奇了。也正因为如此,无论通识教育的实施方案如何变化,都会试图守护博雅教育的灵魂。换句话说,无论核心课程还是分布必修课程,都是在以不同的姿态向哈佛的博雅教育传统倾诉衷肠:"我并非十全十美,只是想默默守护你。"

(二)自觉关注时代需求,调整通识教育课程结构,关注教育教学过程,提升教育质量。尽管"2007方案"后的哈佛通识教育回到了"二战"后的分布必修制,一段时期曾引起其他高校的哂笑,但是它在分布必修制的改革中越来越多地关注了各专业院系参与通识教育课程开发和资源提供的积极性,调动了更多主体来承担通识教育的责任。另外,该方案制定过程中各种不厌其烦的讨论都聚焦于促进通识教育课程教学质量的落实,例如建立小班讨论课的支持体系、通识教育课程的咨询辅导体系、特别关注写作与外国语全校必修课程、认定学生国际教育经验为通识教育经验,等等。这些新举措的实施都更符合哈佛大学的本土实际。在哈佛这一世界顶尖研究型大学里,如何利用创新型的教学管理措施,使本科生与知名教授在教育过程中不断交流思想、学生同伴之间有更多的沟通协作,如何促进学生的问题解决能力、国际视野以及可迁移的技能(Transferable Skills)等高阶能力的培养,哈佛都做出了本土的探索。这些把通识教育工作的基础与核心放在关注课程质量、培养过程上的做法值得效仿,而非一味增加学分课程,毕竟大学本科学士学位课程的学制时间是相对有限的。

（三）哈佛设立"通识教育常务委员会"，将其作为筛选和认定通识教育课程的管理机构。笔者曾经研究了日本国立基干大学大纲化后20年的通识教育改革，在入学方式、专业选择、选课方式、课程设置、实施体制等诸多环节中，通识教育的管理主体也是日本大学通识教育改革最重要的环节之一。在大纲化改革前，原有的大学教养部的方式走向末路；大纲化后，全校共同承担通识教育的方式又产生了权责不明确的问题，通识教育的组织运营成了烫手的山芋，造成通识教育实施的困局。哈佛大学也面临同样的问题，作为世界顶尖大学，哈佛大学不乏高品质的通识教育优秀师资，也不缺潜在的、高质量的通识课程，关键问题是需要一个机构来统筹。哈佛大学"通识教育常务委员会"在通识教育的实施中具备毫无争议的管理职能，担负了筛选、确认课程内容等重要职责。为了满足2009级学生入学选课的需求，哈佛大学通识课程一度增加到570多门，其中不少课程并不符合通识教育的理念和目标，需要有一个机构按照通识教育的理念和原则把控、筛选课程，协调、分配各个院系在通识教育中的责任和任务。

中国自1995年始，原国家教委开始有计划、有组织地在52所高等学校开展加强大学生文化素质教育（内涵同通识教育）试点工作。加强文化素质教育，旨在提升全体大学生的文化品位、审美情趣、人文素养和科学素质；加强文化素质教育，从更深的层面和更综合的角度体现了人的德、智、体全面发展的要求，是新形势下全面贯彻党的教育方针的重要举措。这是中国高等教育近年来一直倡导的育人导向。近二十年来，高校做了大量的工作，采取多种途径和方法进行探索，在高校和社会上引起强烈反响。实践证明，加强通识教育，对于培养适应21世纪需要的高质量人才具有重要意义。然而在课程体系、教学质量的改进方面，如何将通识教育融入已有的高等教育课程体系，仍然需要做很多工作。哈佛大学2007年通识教育方案是继其在1945、1978年围绕本科通识教育课程体系改革之后的又一次改革，三次通识教育改革反反复复，其在课程体系、教学管理方面做出的新探索特别值得学习和关注。

参 考 文 献

[1][2][3][6][7][8][9][11][12][13][16][17][18] Bartlett, T., & Fogg, P. (2004). What's wrong with Harvard. *Chronicle of Higher Education*, 50(35), A14—A16.

[4][5] 李弘祺.美艺的慧识,人文的素养:哈佛修订新课程的背景及内容[J].通识在线,2007(7):23—25.

[10] Cornblatt, J. C., & Jacobs, S. P. (2007). After 4 years of debate, faculty approves Gen Ed. *The Harvard Crimson*, May 16. http://www.thecrimson.com/article/2007/5/16/after-4-years-of-debate-faculty/.

[14] 林孝信.哈佛大学改革初探[J].通识在线,2007(7):26—30.

[15] 李曼丽.美国大学通识教育实践研究[J].高等工程教育研究,2000(1):45—49.

[19][20] Mitchell, R. (2007). General education task force issues final report. *Harvard Gazette*, February 8. https://news.harvard.edu/gazette/story/2007/02/general-education-task-force-issues-final-report/.

[21][26] Harvard University Faculty of Art and Science. (2007). *Final report of the task force on general education*. https://provost.umd.edu/SP07/HarvardGeneralEducationRe-port.pdf.

[22] Members of the General Education Review Committee. (2015). *General education review committee interim report*. https://harvardmagazine.com/sites/default/files/FAS_Gen_Ed_Interim_Review.pdf.

[23] Members of the General Education Review Committee. (2016). *General education review committee final report*. http://generaleducation.fas.harvard.edu/files/gened/files/gerc_final_report.pdf.

[24] 刘爽,李曼丽.日本大学之通识教育变革(1991—2015):进步抑或倒退——七所综合性基干大学改革与实践的回顾与反思[J].清华大学教育研究,2016(1):39—46.

[25] Harvard University Faculty of Arts and Sciences. (2004). *A report on the Harvard college curricular review*. http://www.fas.harvard.edu/curriculum-review.

附 注

本文主要基于以下哈佛大学通识教育改革文件而完成,包括:

1. Harvard University Faculty of Art and Science. Final Report of the Task Force on General Education. 2007年2月哈佛大学最终版专门小组通识教育改革报告,此报告书成为哈佛大学最新改革通识教育方针;

2. Harvard University Faculty of Art and Science. Final Legislation for the Program in General Education. 2007年5月所通过的通识教育改革方案,此计划于2009年9月开始实施;

3. Harvard University Faculty of Art and Science. A Compact to Enhance Teaching and Learning at Harvard. 2007年1月所提出的教学改进与学习成效评估报告书,其中针对哈佛教学所面临的问题提出检讨,并具体提出5个目标及18个建议,作为日后改革的方向;

4. Harvard University Faculty of Art and Science. Report of the Committee on General Education. 2005年11月提出的通识教育改革报告,第一部分为陈述通识教育的过去与现在,具体提出本次改革原因和面临的困境,第二部分为哈佛通识教育的要件及改革方向;其中第二部分与2007年2月所提出最终版的改革报告相去甚远;

5. Harvard University Provost. Harvard University Fact Book 2007—08. 哈佛大学教务长(Provost)每学年公布之全校组织简介及人数、财务等统计资料;

6. Harvard College. Handbook for Students 2008—2009. 哈佛大学本科生手册,内容包含所有学生所需要了解的事项,如校历、学术资讯(毕业学分要求、全校必修信息提供)、主修领域介绍、辅导系统介绍、学生行为准则及规定、生活资讯、财务资讯、教学设施、课外活动资讯等;

7. Harvard College Advising Programs Office. (2009). Advising Matter. 哈佛大学学生完整辅导制度及相关资源介绍。

译者后记

不知算不算是巧合,10年前的夏天,我完成了博士学位论文,也可以说阶段性地完成了关于"通识教育"研究的工作。时光荏苒,毕业10年后的夏天,我在攻读博士学位期间结缘的《哈佛通识教育红皮书》的中译本要出版了。

我庆幸自己能够读到这本好书。我要感谢我的博士生导师汪永铨先生,他引导我进入通识教育研究这一广博深奥的研究领域,并且介绍我阅读了这本名著。10年来,我由于钟爱此书,一直研读不辍。"桃花潭水深千尺,不及恩师指导情",最深的谢意要献给汪师永铨先生。

另外,我还要感激促成本书中译本出版的北京大学出版社教育出版中心。

北京大学出版社教育出版中心

部分重点图书

一、北大高等教育文库·大学之道丛书

大学的理念	[英] 亨利·纽曼
德国古典大学观及其对中国的影响（第三版）	陈洪捷
哈佛通识教育红皮书	[美] 哈佛委员会
哈佛，谁说了算	[美] 理查德·布瑞德利
美国大学之魂（第二版）	[美] 乔治·M. 马斯登
大学理念重审：与纽曼对话	[美] 雅罗斯拉夫·帕利坎
什么是博雅教育	[美] 布鲁斯·金博尔
美国文理学院的兴衰——凯尼恩学院纪实	[美] P. E. 克鲁格
营利性大学的崛起	[美] 理查德·鲁克
学术部落及其领地：当代学术界生态揭秘（第二版）	[英] 托尼·比彻等
大学如何应对市场化压力	[美] 埃里克·古尔德
美国现代大学的崛起（第二版）	[美] 劳伦斯·维赛
大学的逻辑（第三版）	张维迎
我的科大十年（续集）	孔宪铎
教育的终结——大学何以放弃了对人生意义的追求	[美] 安东尼·克龙曼
知识社会中的大学	[美] 杰勒德·德兰迪
高等教育理念	[美] 罗纳德·巴尼特
美国大学时代的学术自由	[美] 罗杰·盖格
高等教育何以为"高"——牛津导师制教学反思	[英] 大卫·帕尔菲曼
美国高等教育通史	[美] 亚瑟·科恩
现代大学及其图新	[英] 谢尔顿·罗斯布莱特
印度理工学院的精英们	[印度] 桑迪潘·德布
麻省理工学院如何追求卓越	[美] 查尔斯·韦斯特
后现代大学来临	[英] 安东尼·史密斯
	弗兰克·韦伯斯特
高等教育的未来	[美] 弗兰克·纽曼
学术资本主义	[美] 希拉·斯劳特等
美国公立大学的未来	[美] 詹姆斯·杜德斯达等
21世纪的大学	[美] 詹姆斯·杜德斯达
理性捍卫大学	眭依凡
美国高等教育质量认证与评估	[美] 美国中部州高等教育委员会
大学之用（第五版）	[美] 克拉克·克尔
废墟中的大学	[加拿大] 比尔·雷丁斯
高等教育市场化的底线	[美] 大卫·L. 科伯

| 世界一流大学的管理之道——大学管理决策与高等教育研究 | 程星 |
| 美国的大学治理 | [美]罗纳德·G.艾伦伯格 |

二、21世纪高校教师职业发展读本

教授是怎样炼成的	[美]唐纳德·吴尔夫
给大学新教员的建议（第二版）	[美]罗伯特·博伊斯
学术界的生存智慧（第二版）	[美]约翰·达利等
如何成为卓越的大学教师（第二版）	[美]肯·贝恩
给研究生导师的建议	[英]萨拉·德兰蒙特等
如何提高学生学习质量	[英]迈克尔·普洛瑟等

三、学术规范与研究方法丛书

如何成为优秀的研究生（英文影印版）	[美]戴尔·F.布鲁姆等
如何撰写与发表社会科学论文：国际刊物指南（第二版）	蔡今中
给研究生的学术建议	[英]戈登·鲁格
	玛丽安·彼得
社会科学研究的基本规则（第四版）	[英]朱迪思·贝尔
如何查找文献（第二版）	[英]莎莉·拉姆奇
如何写好科研项目申请书	[美]安德鲁·弗里德兰德
	卡罗尔·弗尔特
高等教育研究：进展与方法	[美]马尔科姆·泰特
教育研究方法：实用指南（第二版）	[美]乔伊斯·P.高尔等
如何进行跨学科研究	[美]艾伦·瑞普克
社会科学研究方法100问	[美]尼尔·萨尔金德
如何利用互联网做研究	[爱尔兰]尼奥·欧·杜恰泰
如何成为学术论文写作高手	[美]史蒂夫·华莱士
——针对华人作者的18周技能强化训练	
参加国际学术会议必须要做的那些事	[美]史蒂夫·华莱士
——给华人作者的特别忠告	
做好社会研究的10个关键	[英]马丁·丹斯考姆
法律实证研究方法（第二版）	白建军
传播学定性研究方法（第二版）	李琨
生命科学论文写作指南	[加拿大]白青云
学位论文写作与学术规范	肖东发　李武

四、北大开放教育文丛

西方的四种文化	[美]约翰·W.奥马利
人文主义教育经典文选	[美]G.W.凯林道夫
教育究竟是什么？——100位思想家论教育	[英]乔伊·帕尔默
教育：让人成为人——西方大思想家论人文和科学教育	杨自伍
我们教育制度的未来	[德]尼采
透视澳大利亚教育	[澳]耿华
道尔顿教育计划（修订本）	[美]海伦·帕克赫斯特